普通高等院校"十三五"规划教材
"互联网+"业财融合系列教材

计算机审计
——基于用友CPAS审计信息系统（第二版）

陈艳芬　彭俊英　陈绍彬／主编
幸　㤎　陈世忠／副主编

立信会计出版社
LIXIN ACCOUNTING PUBLISHING HOUSE

图书在版编目(CIP)数据

计算机审计:基于用友 CPAS 审计信息系统/陈艳芬,彭俊英,陈绍彬主编. —2 版. —上海:立信会计出版社,2023.7

ISBN 978-7-5429-7377-1

Ⅰ.①计… Ⅱ.①陈…②彭…③陈… Ⅲ.①计算机审计 Ⅳ.①F239.1

中国国家版本馆 CIP 数据核字(2023)第 118488 号

策划编辑	郭 光	张忠秀	
责任编辑	郭 光		
助理编辑	张忠秀		
美术编辑	吴博闻		

计算机审计:基于用友 CPAS 审计信息系统(第二版)
JISUANJI SHENJI JIYU YONGYOU CPAS SHENJI XINXI XITONG

出版发行	立信会计出版社
地　　址	上海市中山西路 2230 号　　邮政编码　200235
电　　话	(021)64411389　　传　真　(021)64411325
网　　址	www.lixinaph.com　　电子邮箱　lixinaph2019@126.com
网上书店	http://lixin.jd.com　　http://lxkjcbs.tmall.com
经　　销	各地新华书店
印　　刷	上海盛通时代印刷有限公司
开　　本	787 毫米×1092 毫米　1/16
印　　张	14.75
字　　数	323 千字
版　　次	2023 年 7 月第 2 版
印　　次	2023 年 7 月第 1 次
书　　号	ISBN 978-7-5429-7377-1/F
定　　价	49.00 元

如有印订差错,请与本社联系调换

第二版前言

《计算机审计——基于用友 CPAS 审计信息系统》自 2019 年正式出版以来,经过 4 年的检验,其教学目标和特征得到普遍认可。

《计算机审计——基于用友 CPAS 审计信息系统(第二版)》的授课对象主要为普通高等院校财会、审计专业大三学生。本教材以案例为依托,介绍审计实务工作的流程、方法与结果。在虚拟审计工作环境中培养学生审计风险评估、风险应对的职业素养,具有较强的实务性。学生可以在学习过程中切实感受审计实务人员的工作过程。

高校教学改革不断深化,慕课、微课、翻转课堂、行动学习项目、在线开放课程等形式不断翻新,我们在计算机审计教学中也增加了这些改革元素,但我们不求花样翻新,主要追求教学改革的实质:让学生由被动学习转变为主动学习、热爱学习。为了提高学生自学、主动学习的能力,也为了课堂教学更加活跃、更加丰富,第二版教材主要显现以下特征。

1. 适用面广

CPAS 审计软件在瑞华、信永中和、天职国际等多家大型会计师事务所中推广使用,全国 30 余所高校采用 CPAS 审计软件开展计算机审计教学。此外,北京用友审计软件有限公司自身研发人员、培训讲师还不定期开展 CPAS 审计软件培训。因此,本教材的适用面广,既可用于高校"计算机审计"课程的教学,又可用于会计师事务所以及北京用友审计软件有限公司人员专业培训和业务学习。

2. 可理解性强

本教材打破了原有实验教材只讲操作不讲原理的通病。在实验操作环节增设了理论概述和实例分析,在增强可理解性的同时增强趣味性,旨在培养懂理论、会实务的应用型审计人才。

3. 案例丰富,培养学生审计思维逻辑

本教材基于 CPAS 审计软件自带模拟案例,从计划审计工作、风险评估、控制测试、实质性程序、审计完成等按实务流程介绍软件使用方法和底稿填写步骤。此外,第二版教材新增第十三章,该章主要提供审计模拟案例的基本资料,部分记账凭证、原始凭证,审计主体的情形设定、审计过程的情形,通过案例数据导入 CPAS 审计软件,力求还原审计实务全过程,使学习过程更有画面感、现实感,激发学生学习兴趣。

4. 体现审计理论和实务的前瞻性与国际化

在党二十大精神指导下,为全面落实《国家中长期人才发展规划(2010—2020)》的战略部署,推动"财经应用型创新人才培养模式改革",本教材作为普通高等院校"十三五"规划教材、"互联网+"业财融合系列教材,在第二版的研究和开发过程中,根据审计准则以及审计理论和实务的最新变化,及时调整了教材内容与体例,与时俱进,力求使学生获得最前沿的知识与技能。

本教材由广州新华学院教学经验丰富的审计学专业教师陈艳芬、彭俊英和北京用友审计软件有限公司高级工程师陈绍彬任主编,广州新华学院幸惊、陈世忠任副主编。与此同时,教材编写过程中听取了诸多实务工作人员的意见与建议。由于编者能力有限,如读者发现错误之处,请反馈至邮箱 theresa008@qq.com,不胜感激。

编 者

2023 年 5 月

第一版前言

"计算机审计"是信息化环境下高校培养应用型审计人才的重要课程,也是信息化审计学专业课程体系中的核心课程之一。在系统地学习了"审计学""注册会计师审计实务"两门基础理论课程后,学生对于审计实务依旧有许多困惑,如审计程序如何设计、审计范围如何确定以及审计结论如何得出等。这些困惑表明学生未能有效地将审计基础理论知识与实务实践有机地联系起来。学生渴求掌握一名合格审计人员应具备的理论知识,同时更渴求拥有相应的实践技能。因此,为满足信息化环境下应用型审计人才的需求,深化审计教育改革,各大高校在审计学专业课程体系中设置了"计算机审计"实验课程。

当前,"计算机审计"实验课程相关配套软件种类繁多,质量参差不齐,软件更新不及时以及缺乏优质的与软件配套的教材等一系列问题严重影响了"计算机审计"实验课程的教学效果,严重影响了信息化环境下应用型审计人才的培养。鉴于此,编者以中国注册会计师审计信息系统(CPAS)为基础,依托案例,从审计实务视角介绍审计业务全过程,编著了《计算机审计——基于用友CPAS审计信息系统》(以下简称"本教材")。中国注册会计师审计信息系统(以下简称"CPAS系统")是中国注册会计师协会推广的、北京用友审计软件有限公司研发的一款综合型风险导向审计软件,其独特的优势在于强大的数据采集、数据分析、风险识别评估及应对功能。

本教材与同类计算机审计实验课程教材相比,主要有以下三大特点。

1. 适用面广

CPAS系统在瑞华、信永中和、天职国际等多家大型会计师事务所的审计实务中被广泛应用,全国30余所高校采用CPAS系统开展"计算机审计"实验课程教学。此外,北京用友审计软件有限公司自身研发人员、培训讲师还不定期开展CPAS系统培训。因此,本教材的适用面广,既可用于高校"计算机审计"实验课程的教学,又可用于会计师事务所以及北京用友审计软件有限公司人员专业培训和业务学习。

2. 实务性强

本教材以案例为依托,介绍审计实务工作的流程、方法与结果,在审计工作环境中培养学生审计风险评估、风险应对的职业素养,具有较强的实务性和可操作性。学生可以在学习中切实感受审计实务人员的工作过程。

3. 易于理解

本教材打破了原有实验教材只讲操作不讲原理的通病。在实验操作环节增设了理论概述和实例分析,在增强教材的可理解性的同时增强趣味性,旨在培养懂理论、会实务的应用型审计人才。

本教材由广州新华学院教学经验丰富的审计学专业教师陈艳芬、彭俊英和北京用友审计软件有限公司高级工程师陈绍彬任主编,广州新华学院幸惊、陈世忠老师任副主编。与此同时,在编写过程中,我们也听取了诸多审计实务人员的意见与建议。由于编者能力有限,如读者发现错漏之处,请反馈至邮箱theresa008@qq.com,不胜感激。

编 者

2019年3月

目 录

第一章 计算机审计概述 ··· 1
第一节 相关理论概述 ··· 1
第二节 计算机审计的工作流程 ··· 6
第三节 计算机审计与传统审计的区别与优势 ····························· 7
本章练习 ··· 9
兴趣拓展阅读 ··· 11

第二章 用友 CPAS 审计信息系统 ·· 13
第一节 用友 CPAS 审计信息系统简介 ··································· 13
第二节 用友 CPAS 审计信息系统的安装 ································· 17
第三节 用友 CPAS 审计信息系统上机操作流程 ··························· 20
第四节 用友 CPAS 审计信息系统上机操作情形设定 ······················· 22
本章练习 ··· 23

第三章 用友 CPAS 审计信息系统管理端基础设置 ·························· 25
第一节 机构人员管理 ··· 26
第二节 客户档案管理 ··· 31
第三节 审计项目管理 ··· 34
第四节 模板管理 ··· 36
第五节 知识库管理 ··· 39
第六节 独立性管理 ··· 42
本章练习 ··· 49
兴趣拓展阅读 ··· 51

第四章 审计工作底稿管理设置 ·· 53
第一节 相关理论概述 ··· 53
第二节 用友 CPAS 审计信息系统中审计工作底稿的操作管理 ··············· 56

本章练习 ··· 59
　　兴趣拓展阅读 ··· 61

第五章　数据准备

第一节　数据采集 ··· 65
第二节　数据转换 ··· 75
第三节　数据初始化 ··· 77
第四节　数据导入 ··· 78
第五节　无电子数据导入 ··· 80
第六节　未审财务报表 ··· 80
　　本章练习 ··· 83

第六章　数据分析

第一节　相关理论概述 ··· 85
第二节　账簿查询 ··· 86
第三节　科目分析 ··· 89
第四节　其他要素分析 ··· 94
　　本章练习 ··· 99
　　兴趣拓展阅读 ·· 101

第七章　计划审计工作

第一节　相关理论概述 ·· 104
第二节　初步业务活动 ·· 104
第三节　总体审计策略 ·· 107
　　本章练习 ·· 109

第八章　风险评估

第一节　相关理论概述 ·· 111
第二节　了解被审计单位及其环境 ·· 112
第三节　风险评估操作 ·· 115
　　本章练习 ·· 123
　　兴趣拓展阅读 ·· 125

第九章　控制测试

第一节　相关理论概述 ·· 126
第二节　控制测试工作底稿 ·· 128

第三节　控制测试审计抽样 …………………………………………… 130
　　第四节　内控缺陷 ……………………………………………………… 137
　　本章练习 ………………………………………………………………… 143
　　兴趣拓展阅读 …………………………………………………………… 145

第十章　实质性程序 ………………………………………………………… 148
　　第一节　相关理论概述 ………………………………………………… 149
　　第二节　底稿加载项 …………………………………………………… 150
　　第三节　底稿工作表的编制 …………………………………………… 160
　　第四节　风险应对工具 ………………………………………………… 163
　　本章练习 ………………………………………………………………… 173
　　兴趣拓展阅读 …………………………………………………………… 175

第十一章　审计完成及审计报告 …………………………………………… 177
　　第一节　审定表和试算平衡表 ………………………………………… 177
　　第二节　相关底稿 ……………………………………………………… 179
　　第三节　底稿复核和审计报告、归档 ………………………………… 181
　　本章练习 ………………………………………………………………… 187
　　兴趣拓展阅读 …………………………………………………………… 189

第十二章　集团审计 ………………………………………………………… 192
　　第一节　新建集团审计项目及管理组成部分 ………………………… 192
　　第二节　集团审计底稿管理 …………………………………………… 195
　　本章练习 ………………………………………………………………… 197
　　兴趣拓展阅读 …………………………………………………………… 199

第十三章　基于用友 CPAS 系统的审计实训 …………………………… 201
　　第一节　被审计单位基本资料 ………………………………………… 201
　　第二节　实训情形设定 ………………………………………………… 208
　　第三节　益发五金发放部分业务凭证 ………………………………… 211

第一章 计算机审计概述

本章学习导航

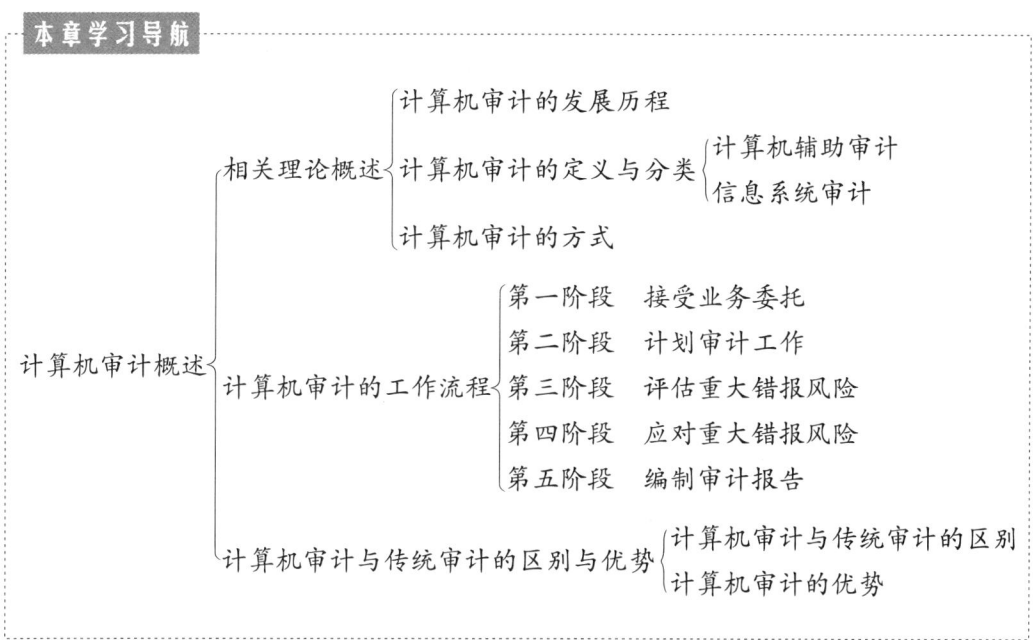

第一节 相关理论概述

随着我国会计电算化工作的不断深化，会计电算化的普及已经达到了一定的规模，社会其他行业的信息化成果也十分显著，这给审计工作带来了极大的挑战。一方面，电子数据取代了传统的纸质凭证、账簿和报表，使得一些传统的审计人员在开展审计工作时不断遭遇"打不开账"的尴尬；另一方面，随着我国科技大厦改造的普及，会计核算、管理的效率不断提高，传统手工审计已经不再适应当前的发展形势。因此，利用信息技术开展审计工作已成为必然。正如国家审计署前审计长李金华强调："审计人员不懂得计算机审计知识和技术，将失去审计的资格。"在当前信息化、大数据、云计算的时代，审计人员应积极学习计算机系统下的审计知识，以适应审计工作发展的需要，促使挑战变成职业发展的机遇。

一、计算机审计的发展历程

计算机审计最早产生于 20 世纪 60 年代中期,一些国际会计公司(会计师事务所)为了提高审计工作效率,开发了能够应用于多种审计环境的审计管理和审计作业系统。然而,真正的商品化审计软件出现在 1987 年,加拿大的 ACL Services Ltd. 推出了第一个商品化的审计软件 ACL(audit command language),随后一些大型软件公司也研制了通用的审计软件。这些审计软件有强大的数据存取、访问和报告功能,并且易学好用,对审计人员的计算机水平要求并不高,在很多国家得到了广泛的应用并受到了普遍好评。

国外会计师事务所常用的审计软件有 ACL、CaseWare(快思维)的 IDEA(interactive data extraction and analysis)、Compass3、QPL 和 APT 等。普华永道、毕马威等大型会计师事务所都有信息系统研发部门,专门从事审计软件的研究与开发。如普华永道使用 Aura、毕马威使用 eAudit、安永使用 Canvas。会计师事务所内部研发的审计系统各有特点,都具有风险导向理念。从架构上来看,这些审计系统普遍未形成一个整合的系统。各子系统之间相对独立,如审计管理、审计作业、数据采集、抽样软件等都是独立的子系统。因此,审计系统的数据共享、数据交换会存在一定限制,容易形成信息孤岛,数据一致性上较难达到要求。

在我国,审计软件从 20 世纪 90 年代开始发展,1990 年 11 月山西省审计局开发的工业企业财务收支审计软件是我国第一个通过审计署鉴定的审计软件。2002 年 7 月 28 日,国家发改委批准了"金审工程"建设,标志着我国政府审计信息化的开始。金审工程的总体目标是:建成对财政、银行、税务、海关等部门和重点国有企业事业单位的财务信息系统及相关电子数据进行密切跟踪,对财政收支或者财务收支的真实、合法和效益实施有效审计监督的信息化系统。增强审计机关在计算机环境下查错纠弊、规范管理、揭露腐败、打击犯罪的能力,维护经济秩序,促进廉洁高效政府的建设,更好地履行审计法定监督职责。

"金审工程"一期重点推广现场审计实施系统(AO,audit office)试点联网审计工作,并初见成效;"金审工程"二期重点推广联网审计,试点信息系统审计;"金审工程"三期以国家审计免疫系统为顶层设计模型,以数据库的建设为重点,从而提升国家审计在保障经济社会健康运行中发挥免疫系统功能的能力,切实发挥国家审计推动完善国家治理的作用。

在社会审计方面,上海博科资讯有限公司在 1997 年正式发布的"审计之星"成为我国最早的商品化审计软件。目前,市场上有大量的审计软件,如北京用友审计软件有限公司开发的"用友 CPAS 审计信息系统"、北京通审软件技术有限公司开发的"通审 2000"、广东中审软件技术有限公司开发的"中审审易软件"、珠海中普软件公司开发的"中普审计软件",这些审计软件已经成为管理信息系统中不可或缺的重要组成部分,有力地推动了我国审计信息化的进程。

二、计算机审计的定义与分类

计算机审计是随着计算机技术的发展而产生的一种新的审计方式。计算机审计是传统审计的相对概念,有时也被称为电子数据处理审计、电子数据审计、信息系统审计等,计算机审计和传统手工审计基本的审计目标是相同的,但是审计的对象、方法和技术等方面发生了巨大改变,计算机审计将计算机作为重要的作业工具,即被审计单位用计算机记录财务会计核算和经营管理,而审计机构用计算机进行审计。从内容上看,计算机审计可包括利用计算机进行审计和对计算机系统进行审计。

我国对于计算机审计概念的正式表述最早可以追溯到2001年。2001年11月,国务院办公厅《关于利用计算机信息开展审计工作有关问题的通知》对"计算机审计"作了如下描述:"简单地讲,计算机审计包括对计算机管理的数据进行检查,对管理数据的计算机进行检查。"通知发布后,国内学者对计算机审计概念开展了广泛的讨论。

杨周兰(2002)认为,计算机审计这一概念包括两方面的含义:一是指在IT环境下,审计人员对被审计单位的会计报表和其他资料及所反映的经济活动进行审查,对被审计单位会计报表和其他资料及所反映的经济活动进行审查,对被审计单位的会计报表的合法性、公允性发表审计意见,称为计算机辅助审计或IT环境下的审计;二是指对被审计单位计算机信息系统保护资产的安全性、数据的完整性及系统的有效性和效率进行审查、评价而发表审计意见,称为信息系统审计。信息系统审计由来已久,从信息系统的理论和实践出现开始,就有信息系统审计,它是对计算机信息系统的性能和效率进行评价和审查。而计算辅助审计或IT审计是随着信息技术对企事业等的经济活动逐步渗透后,慢慢得到审计界的关注。

李学柔、秦荣生(2002)和张金城(2009)认为,计算机审计主要包括两个方面:一是对执行经济业务和会计信息处理的计算机系统进行审计;二是利用计算机辅助审计。即计算机既作为审计的对象,又作为审计的工具。审计署前副审计长石爱中在2011年非洲审计长会议的讲话中便采用了这一定义。

时现(2009)认为,信息系统审计是指信息技术风险评估与控制。目的是加强对信息技术资源的管理与控制,其审计对象为信息系统本身,审计范围侧重运营阶段。

此外,在我国审计署2008年以前的发文中,均用计算机审计指代计算机辅助审计,即计算机系统作为支持财政财务收支审计的工具。大部分学者都采用类似定义。例如,李学柔、秦荣生(2002)在《国际审计》一书中对"计算机审计"是这么定义的:计算机审计与一般审计一样,同样是执行经济监督、鉴证和评价职能。其特殊性主要体现在两个方面:①对执行经济业务和会计信息处理的计算机系统进行审计,即计算机系统作为审计的对象;②利用计算机辅助审计,即计算机作为审计的手段。概括起来说,无论是对计算机进行审计还是利用计算机进行审计,都统称为计算机审计。

可见,计算机审计通常指计算机辅助审计或信息系统审计。从发展趋势看,计算机辅助审计和信息系统审计将成为两个并列的概念,计算机辅助审计是指对计算机管理的数据进行检查,信息系统审计是指对管理数据的计算机进行检查。

(一) 计算机辅助审计

1996年,国家审计署在《审计机关计算机辅助审计办法》中,将计算机辅助审计(政府审计)定义为:"审计机关、审计人员将计算机作为辅助审计工具,对被审计单位财政、财务收支及其计算机应用系统实施的审计。"因此,计算机辅助审计是指把计算机作为辅助工具,将计算机及网络技术等各种手段引入审计工作,建立审计信息系统,协助审计人员完成部分审计工作,实现审计工作的办公自动化。

计算机辅助审计包含以下两种情形。

第一种情形是指在审计业务中利用Excel、FoxPro、Word等电子表格、数据库、文字处理常规软件中的一些功能,或审计人员自编的一些小程序,帮助审计人员计算、复算、复核、分析审计数据,主要目的是节约审计时间、增加准确性、减轻劳动量、提高效率。例如,在项目审计中利用Word、WPS等字表处理软件,将全部的审计工作底稿输入计算机中,在编写审计报告时仅需调用底稿文件,稍加修改即可完成。另外,借助工程预决算软件对投资项目进行竣工决算审计也属此类情形。

第二种情形是指利用专门的辅助审计软件进行项目审计,包括利用专门的辅助审计软件进行审计情况的汇总以及利用专门的辅助审计软件协助审计工作。

在计算机辅助审计用于审计情况汇总的情形下,在开展行业审计时,根据审计工作方案,编制专门的审计汇总软件,自下而上,从审计底稿开始,对审计情况进行逐级汇总。如审计署统一组织的工商银行系统审计、国税系统审计就采用了这种方式。

在计算机辅助审计用于协助审计工作的情形下,用专门的审计方法进行比较全面、系统的审计,这是辅助审计的主流。近几年,审计署和地方各级审计机关研发了大量的这方面的审计软件,有不少软件还通过了审计署的评审,在各级审计机关不同程度地投入了使用。例如,预算执行审计软件、投资审计软件等。

本书侧重于介绍面向数据的计算机辅助审计技术,主要讲述各大会计师事务所和注册会计师如何利用计算机辅助软件——用友公司开发的CPAS审计信息系统进行上市公司财务报表审计。

(二) 信息系统审计

国际信息系统审计和控制协会(ISACA)认为,信息系统审计是收集和评估证据,以确定信息系统与相关资源能否适当地保护资产、维护数据完整、提供相关和可靠的信息、有效完成组织目标、高效利用资源,并且存在有效的内部控制,以确保满足业务、运作和控制目标,在发生非期望事件的情况下,能够及时地阻止、检测或更正的过程。

我国审计署2012年颁布的《信息系统审计指南——计算机审计实务公告第34号》中指出,信息系统审计内容包括对应用控制、一般控制和项目管理的审计。

(1) 应用控制包括信息系统业务流程、数据输入、处理、输出的控制,信息共享和业务协同。

(2) 一般控制包括信息系统总体控制、信息安全技术控制、信息安全管理控制。

(3) 项目管理包括信息系统建设的经济性、信息系统建设管理、信息系统绩效。

三、计算机审计的方式

由于审计对象具有多样化特征,计算机审计的审计方式也应灵活运用。以下从宏观角度介绍普遍使用的审计方式。

(1) 筛选方式。这是最简单、最常用的审计方式,筛选的条件十分灵活,简易通俗。包括按某关键字查、按满足的逻辑条件查、按设定的金额条件查、按时间条件查等,计算机会将符合条件的信息筛选出来。如被审计单位在某一广告业务合同管理电子文件中含有收费金额字段,可通过对该字段收费金额为 0 或者非数字的信息进行筛选,查找出非正常收费的广告业务数据,作为审计疑点进行具体分析,并做进一步查证。

(2) 比较方式。审计人员可以利用数据之间本身具有的关联性,对被审计单位不同性质的关联数据进行比较。如对业务收入数据中收入合计数与财务数据中收入合计数进行比较,查找被审计单位是否存在收入不入账或者在年底调节收入等问题。

(3) 计算方式。有些数据之间的关系不能直接对比,但可以用一定的计算关系式,借助计算机强大的计算功能来审查其真实性、合规性。例如,审核某商业银行期末短期贷款电子数据,审计人员编制贷款期限计算程序,计算结果显示部分短期贷款期限在 1 年以上,应属于长期贷款,经进一步查证落实,揭示了被审计单位为掩盖长期贷款超出规定控制比例而进行人为调节的违规问题。计算方式比较适合一些需要大量重复使用某一计算公式计算结果的审核工作。计算方式可以通过审计人员编制循环结算程序或直接通过审计软件的特定功能完成。

(4) 分析方式。手工条件下,审计人员通常只能依靠被审计单位提供的汇总数据进行一些财务分析,而计算机有着无与伦比的计算能力,使得数据分析变得非常快捷、容易。审计人员只需要提出思路,编写适当程序或通过审计软件分析功能,就可以对电子数据进行全方位、多角度的透视分析,分析结果可以为审计提供目标和方向,或者为审计建议提供参考。分析方式也是审计人员业务水平、审计经验、数理统计等知识综合运用的体现。

(5) 编程判断方式。部分计算机审计思路中需要一个反复进行逻辑判断的循环过程,这时上面的几种方式都不能完成审计目标,如在医院进行审计时,需要审查所有药品售价是否符合规定,而每一种药品的售价是有一个范围的,手工审计不容易检查每一种药品的售价是否在其规定范围内。在这种情况下,审计人员可通过编制一个循环判断程序或利用审计软件的预警功能,实现让计算机按顺序判断每一种药品的售价是否在其规定范围内。

第二节　计算机审计的工作流程

无论传统审计还是计算机审计,风险导向的审计模式均要求注册会计师在审计过程中,以重大错报风险的识别、评估和应对作为工作主线。相应地,计算机审计的工作流程分成下面5个阶段。

第一阶段　接受业务委托

会计师事务所应当按照审计准则的规定,谨慎决策是否接受或保持某客户关系和具体的审计业务。在接受新客户的业务、决定是否维持现有业务或考虑接受现有客户的新业务时,会计师事务所应当执行有关客户接受与保持的程序,以获取如下信息:①考虑客户的诚信,没有信息表明客户缺乏诚信;②具有执行业务必要的素质、专业胜任能力、时间和其他相关资源;③能够遵守相关职业道德要求。

第二阶段　计划审计工作

对于任何一项审计业务,注册会计师在执行具体审计程序之前,都必须根据具体情况制定科学合理的计划,使审计业务以有效的方式得到执行。一般来说,计划审计工作主要包括:在本期审计业务开始时开展的初步业务活动、制定总体审计策略以及制定具体审计计划等。具体工作包括明确审计任务,了解计算机在这次审计任务中将发挥怎样的作用;组成计算机审计小组;了解被审计系统的基本情况;最后,确定计算机审计的范围和重点,拟定计算机审计方案。需要指出的是,计划审计工作不是审计业务的一个孤立阶段,而是一个持续的、不断修正的过程,贯穿于整个审计过程的始终。

第三阶段　评估重大错报风险

审计准则规定,注册会计师必须实施风险评估程序,以此作为评估财务报表层次和认定层次重大错报风险的基础。风险评估程序是指注册会计师为了解被审计单位及其环境,以识别和评估财务报表层次和认定层次的重大错报风险而实施的审计程序,是必要程序。了解被审计单位及其环境,评估重大错报风险,实际上是一个连续和动态地收集、更新与分析信息的过程,贯穿于整个审计过程的始终。

第四阶段　应对重大错报风险

注册会计师在评估财务报表重大错报风险后,应当运用职业判断,针对评估的财务报表层次重大错报风险确定总体应对措施,并针对评估的认定层次重大错报风险设计和实施进一步审计程序,以将审计风险降至可接受的水平。

第五阶段　编制审计报告

注册会计师在完成进一步审计程序后,还应当按照有关审计准则的规定做好审计完成阶段的工作,并根据所获取的审计证据,合理运用职业判断,形成适当的审计意见。审计任务完成后,为了便于日后的复审和检查,除必须将审计工作的所有纸质材料归类存档外,还应该把与审计工作有关的计算机资料保存在磁性介质或光盘上,并按电子文档要求保管。

第三节 计算机审计与传统审计的区别与优势

一、计算机审计与传统审计的区别

传统审计,即手工审计,之所以称为"手工"是针对"计算机"而言。如本章第一节所述,计算机审计是指利用计算机进行审计和对计算机系统进行审计,由于计算机审计和传统审计所用工具的差异,导致了它们之间的区别。这些区别主要体现在以下5个方面。

(1) 审计环境不同。一方面,审计人员必须利用计算机实施审计,要求审计人员能熟练操作计算机,特别是相关的审计软件;另一方面,信息化建设使得会计数据不再是纸介质的凭证、账簿及报表,而是无形的电子数据和处理这些电子数据的会计核算管理系统。

(2) 审计线索不同。在会计电算化系统中,传统的账簿、相关的文字记录被磁盘取代,传统的审计线索在逐渐减少。

(3) 审计风险不同。传统手工审计模式下,审计风险的构成要素为重大错报风险与检查风险。在计算机审计模式中,审计风险的构成要素除了为重大错报风险与检查风险,还增加了数据采集、转换风险,如果审计人员控制不当或缺乏控制该风险的能力,使用计算机审计而产生的审计风险会大大提高。

(4) 审计测试的对象与范围不同。在会计电算化信息系统中,由于会计事项由计算机按程序自动进行处理,因疏忽大意而引起的计算或过账错误大大减少了,但如果会计电算化信息系统的应用程序出错或被人为恶意篡改,后果将不堪设想。因此,会计电算化信息系统及其处理的合法性、正确性、完整性和安全性以及系统内部控制的合理性、健全性和有效性直接影响着数据的真实性、正确性和完整性。为了控制数据风险,保证审计目标的实现,计算机审计的一项重要内容是对系统内部控制进行调查、测试和评价,包括会计电算化信息系统的审计与测试,这是传统审计所无法实现的。

计算机审计还包括对电子数据直接测试,即审计人员无需将被审计单位的电子数据转换成电子账套再实施审计程序,而是摆脱传统的电子账套及其所反映的财务信息,深入到计算机信息系统的底层数据库,获取更多更广泛的数据,然后通过对底层数据的分析处理,获得大量多种类型的有用信息。这些信息不但包括传统的财务信息,而且还包括非财务信息、自行组合的财务信息、财务数据与非财务数据组合的混合型信息。这些类型的信息在传统账套中是无法轻易取得的,从而扩大了审计人员的可用信息。此外,由于运用了先进的信息化手段,计算机审计可以快速和便捷地处理海量数据,解决了在纸质和手工条件下审计人员想做而不可能做成的事情。

因此,计算机审计的范围相较传统手工审计要广泛得多,审计人员可以根据审计工作的需要将审计的范围和内容作出必要的扩大。

(5)审计技术方法不同。传统手工审计中分析性测试方法成为其核心方法,但信息技术的应用导致审计内容及审计线索的变化,要求审计人员必须革新审计技术方法,计算机审计的核心方法是数据分析方法。

二、计算机审计的优势

毋庸置疑,计算机审计与传统审计相比具有独特的优势,主要体现在以下4个方面。

(1)计算机审计能拓宽审计对象信息的覆盖面。计算机审计是对于各种软件的电子数据进行审核,包括财务软件和业务管理软件。电子数据中包涵了大量的信息,几乎涵盖了整个财务行为和业务流程,审计对象信息实现全覆盖。

(2)计算机审计能提升审计准确度。计算机审计审查财务数据和业务数据,对于每笔业务都有比较详细的记载,信息量比较大,利用计算机查找和筛选可以定位审计疑点,其准确度会比普通的审计方法高很多。

(3)计算机审计能够提高审计效率。计算机审计能在几秒钟之内完成海量电子数据的查找和筛选,而用手工审计的话,花费几十倍的时间都不一定能完成,一定程度上浪费了人力资源,审计成本也随之上升。对于审计内容和时间范围较大的审计项目,计算机审计更有着不可比拟的优势,快速审查定位,能明显地缩短审计时间,提高审计效率,节约审计成本。

(4)计算机审计能够降低审计风险。计算机审计可以针对所有的电子数据进行审查,不存在因为抽查而使得数据遗漏,审计方位也比较全面。根据采集的电子数据,利用计算机审计技术还可以印证各种数据之间的关系,印证不同部门之间的关系,极大地完善了审计证据链条,降低了审计风险。

本 章 练 习

姓名：_____ 学号：_____ 日期：_____ 分数：_____

从以下题目中，任选其一，作不少于200字的论述，满分为100分。

1. 谈谈你对计算机审计的理解。
2. 谈谈计算机审计的工作流程。
3. 计算机审计与传统审计的区别有哪些？

注：此为当堂作业，授课教师可根据需要布置学生完成。学生完成作业后，可沿剪切线裁剪，交给授课教师作为点名或日常成绩登录使用。

兴趣拓展阅读

金审工程

金审工程是中国国家审计信息化系统建设项目的简称。对外交流的英文名称为 China's Golden Auditing Project。2002 年 7 月,国家发展和改革委员会(时称国家计划委员会)批复了审计署申请的金审工程一期项目,成为列入国家基本建设投资计划的第一个电子政务建设项目。2002 年 8 月,《中共中央办公厅 国务院办公厅 关于转发〈国家信息化领导小组关于我国电子政务建设指导意见〉的通知》(中办发〔2002〕17 号)确定,金审工程列为国家电子政务重点启动的 12 个重要业务系统之一。

一、金审工程的背景

金审工程是在我国经济改革发展和信息技术日益普及的历史条件下应运而生的。20 世纪 80 年代以来,国家审计遇到了维护国家经济建设秩序和适应信息化的双重挑战。1998 年,审计署李金华审计长向全国各级审计机关郑重提出:"审计人员不掌握计算机技术,将失去审计的资格"。之后,李金华审计长又相继提出,审计机关的领导干部不掌握信息技术将失去指挥的资格,审计机关的管理人员不运用计算机技术将失去任职的资格。在国务院领导的高度重视和亲切关怀下,审计署党组作出了建设审计信息化工程的战略决策,于 1999 年开始编制审计信息化发展规划,并按国家基本建设项目程序组织实施。

二、金审工程建设的意义

审计信息化是审计领域的一场革命。审计信息化的进一步发展,促使审计手段发生了一些重大变革。

第一,审计信息化象征着审计工作将发生 3 个转变:①从单一的事后审计变为事后审计与事中审计相结合;②从单一的静态审计变为静态审计与动态审计相结合;③从单一的现场审计变为现场审计与远程审计相结合。这 3 个变化将逐步实现。动态审计、远程审计还需要大环境的配合才能全面铺开。

第二,审计信息化推动了审计方法的改变,对被审计单位的账目逐笔审计在过去是不可想象的,但在审计信息化情况下变得轻而易举。

第三,审计信息化推动了广大审计人员思维方式的转变,增强了审计人员的全局意识和宏观意识。

第四,审计信息化提高了审计质量,降低了审计风险。

三、金审工作建设内容

根据金审工程总体目标和框架要求,确定了 6 个方面的建设内容和规模。

（一）应用系统

根据审计业务和管理的需要，规划了审计管理和审计实施两大系统。

审计管理系统是审计机关管理审计业务和行政办公的信息系统，对外交流英文名称沿用 Office Automation，简称 OA 系统。审计管理系统具有对审计业务支撑、审计办公管理、领导决策支持、审计信息共享等管理内容和技术功能，以审计计划项目信息为先导，对审计项目实施信息、结果反馈、业务指导、公文流转、审计决策等各环节进行全面管理和技术支持，形成审计业务、管理、决策的一体化。

审计实施系统是审计机关利用计算机技术开展审计项目的信息系统。根据审计实施方式的不同，审计实施系统规划为现场审计实施系统和联网审计实施系统两大部分。

（二）信息资源

为满足审计业务和管理尤其是联网审计实施的需要，规划建设审计署数据中心，建立审计信息资源目录体系、信息交换标准体系，加强审计业务和管理的数据建设。

（三）网络系统

按照国家电子政务网络规划要求，规划了审计内网、审计专网和审计机关门户网。完成了审计署特派办局域网改造，实现了审计署机关与派出审计局的城域连接，与京外特派办和部分省级审计机关的广域连接，与国务院办公厅、中办机要局的密级网络通信系统连接。

（四）安全系统

根据国家保密和国家电子政务安全规划的要求，结合审计系统实际，确定审计内网为运行涉及国家秘密和机密信息，审计专网为运行审计工作内部信息，审计机关门户网为运行公开披露信息。规划建设中央审计机关和省级地方审计机关的审计内网和审计专网，地市级和县级审计机关的审计专网。

（五）运行服务体系

建立金审工程运行维护服务体系，建立"金审工程服务网站"和呼叫中心，受理各级审计机关的运行服务需求。

（六）人员培训

建立全国审计系统的计算机基础知识初级培训、计算机中级水平培训。

资料来源：国家审计总署官网。

第二章 用友 CPAS 审计信息系统

本章学习导航

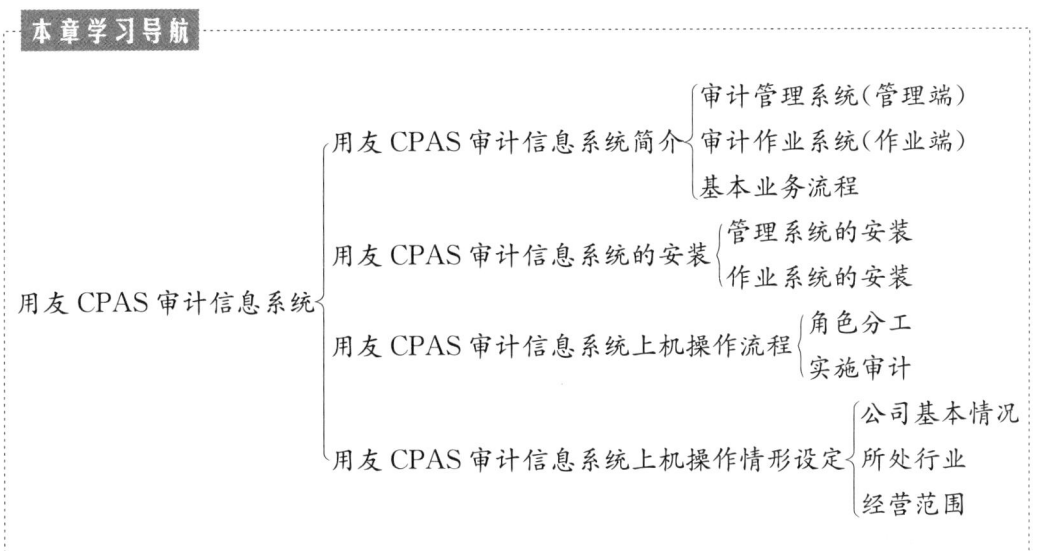

第一节 用友 CPAS 审计信息系统简介

中国注册会计师审计信息系统(以下简称"CPAS 系统")是以风险导向为基础的现代审计系统。CPAS 系统遵循《中国注册会计师执业准则》的要求,按照"识别风险——指引审计方向——应对风险并将审计风险降到可接受的低水平"的风险导向审计思路,以风险管理、质量监控和项目管理为核心,以审计工作底稿为基础,以数据分析与处理为辅助手段,能够显著地提高注册会计师审计工作的效率和质量。CPAS 系统有如下特点。

1. **规范性**

CPAS 系统针对注册会计师财务报表审计开发设计,它遵循了《中国注册会计师审计准则》《财务报表审计工作底稿工作指南》及《企业会计准则》的规定,体现了风险导向审计理念,将风险识别与评估、风险应对结合为一个整体。

2. **适用性**

CPAS 系统可从多种专业财务软件采集数据。它既可以对单个公司进行审计,又可以对集团公司进行审计,系统可以存放多个审计项目,并且一个项目中能够存放多个被审计单位和多个审计年度,审计时可以查看一个项目下不同单位、不同年度的数据。

3. 开放性

CPAS系统内的各种显示格式、计算公式、工作底稿、打印格式、文档等都可由审计人员进行添加、删除、调整和修改。系统提供多种数据移植功能,采集数据后,可以在不同项目查看或不同计算机进行项目数据的导入、导出、合并。

4. 简易型

CPAS系统安装简便,向审计人员提供了友好的使用界面,以多级向导形式引导审计人员,简化操作,提供了多种辅助功能、快捷操作方式和线下帮助。

5. 安全性

CPAS系统采取了科学的数据操作模式和合理的信息化管理方式,确保了审计数据的安全存储和审计过程的有效管理。

CPAS系统包括审计管理系统和审计作业系统两大部分。

审计管理系统是B/S架构,是管理端,部署在会计师事务所总部服务器上,有利于事务所数据大集中,对审计项目、基础数据、模板库、知识库等信息集中统一管理。

审计作业系统是C/S架构,是作业端,部署在各项目组成员的个人电脑上,不需要项目组现场组建局域网,就能实现项目组协同作业,适合审计项目现场硬件环境特点。

而管理系统与作业系统间的数据交互与流转主要通过下3个功能来实现。

(1) 同步基础资料功能。作业系统联网总部服务器后,下载管理系统中的基础资料信息,如标准科目、底稿模板、报表及附注模板等。

(2) 项目下载功能。作业系统联网总部服务器后,将服务器上的项目同步到作业系统中,同时项目的人员、角色以及底稿模板、风险库、程序库、控制库等信息也将同步到作业系统中。

(3) 项目结果信息上传功能。作业系统联网总部服务器后,通过"项目上传"操作,将项目的底稿、附件、批注、重要性水平等信息上传到总部服务器。

一、审计管理系统(管理端)

审计管理系统主要功能有客户管理、项目管理、档案管理、独立性管理、知识库管理、模板管理和系统管理等。

(1) 客户管理。此功能涵盖了对审计业务客户从接洽到签约的全过程管理,有助于从承接项目的早期开始有效控制审计风险。

(2) 项目管理。此功能包含了业务约定书的签订、项目的建立与维护、质量控制与质量复核等,符合审计准则的相关要求,能有效控制会计师事务所的业务质量。

(3) 档案管理。此功能对复核通过的项目底稿及相关电子信息归档管理,并提供已归档档案的查询以及"撤销归档"。

(4) 独立性管理。此功能包含了独立性声明的发起与签署、禁投名单的发起与签收以及审计项目的独立性管理等,有助于控制审计风险。

(5)知识库管理。此功能包含了法律法规库、风险控制库、审计案例库、审计程序库和审计提示库等具有指导性的信息,对于审计业务的开展起到监督、指导作用。

(6)模板管理。此功能实现了对于不同业务审计工作底稿、试算平衡表的建立和维护,主要有底稿模板、重要性水平模板、询证函模板、审计类型模板、报告模板、报表附注项目注释模板、试算平衡表模板等。

(7)系统管理。此功能包括对会计师事务所组织机构的设置、角色权限等的管理,为审计业务的有效开展提供了有力保障。

二、审计作业系统(作业端)

审计作业系统主要功能有项目同步、数据采集与转换、数据分析、风险评估、风险应对和完成总结阶段等。

(1)项目同步。此功能在联网总部管理系统状态下,同步管理系统中新建的审计项目,将其同步到本机作业系统中,包括项目信息、项目人员、岗位信息、系统底稿模板、重要性水平范围、机构人员和角色权限等信息。

(2)数据采集与转换。此功能针对市面上多种财务软件提供多种采集接口,种类多达300多种。审计人员按照既定的采集模板,识别并提取相关数据,保存为"AUD"格式的数据文件。采集方式有三种:①采用U盘插入财务软件服务器采集;②财务软件客户端采集;③备份数据库采集。数据转换是数据采集的继续,目的是把数据采集得到的中间数据文件(AUD文件),导入到CPAS系统,转换为各种查询分析工具可以直接操作的审计数据库。

(3)数据分析。此功能对采集转换过来的被审计单位财务数据进行各类查询和分析,包括账簿查询、科目分析、摘要分析、固定资产卡片查询、折旧预测、存货查询分析等。

(4)风险评估。此功能通过初步了解业务活动、了解被审计单位及其环境、了解企业内部控制及其设计,对被审计单位的重要性水平作出评估,并就报表层次、认定层次的重大错报风险进行风险评估,并将风险评估结果记录到相应的风险评估汇总表中。

(5)风险应对。此功能针对被审计单位评估出来的风险,采取进一步审计程序来应对风险,如采取控制测试应对风险,采取实质性测试程序或同时采取控制测试和实质性测试程序相结合应对风险,以将风险水平控制在可接受范围内。

(6)完成总结阶段。此功能评价汇总审计过程中识别出的错报、内控缺陷及重大事项。与管理层和治理层进行沟通,评价审计结果,形成审计意见,并撰写审计报告。项目经理、合伙人、质量控制复核人分别签署复核声明书,完成审计总结,审计工作完成情况核对表,并签发审计报告。

三、基本业务流程

CPAS系统操作基本业务流程如下。

（1）正式使用 CPAS 系统之前，会计师事务所 IT 部门负责人应以系统管理员（用户名、密码：admin/admin）的身份登录 CPAS 系统管理端，创建会计师事务所的组织机构，设置各部门所属人员及其权限。系统管理员创建用户后，其他人员即可登录 CPAS 系统。

（2）系统管理员可以根据本所业务特点，管理维护模板及知识库。

（3）事务所相关负责人登录 CPAS 系统管理端后，首先要建立客户档案，然后创建相应客户的审计项目并分配人员。接下来，完成该项目的组成部分管理和业务承接评价之后，即可执行该项目。待作业端完成审计工作并提交归档之后，管理端即可对该项目进行归档操作，结束该项审计工作。

（4）在作业端针对具体项目开展审计工作的过程中，相关负责人可以在管理端进行项目进度管理和质量控制复核。

（5）项目组成员登录 CPAS 系统作业端并完成项目同步之后，首先要打开项目，然后按照风险导向审计的要求，进行风险评估、控制测试、实质性测试。完成底稿复核及打印输出等工作之后，即可提交归档该项目。

审计人员可以根据需要，选择相关数据分析工具来支持风险评估与应对工作。数据分析之前，首先要完成数据采集、数据转换、数据初始化等数据准备工作。

对于集团审计，完成相关组成部分的审计工作之后，可以使用单独的合并报表系统进行合并报表、合并附注、合并报告等工作。

图 2-1 为 CPAS 系统基本流程。

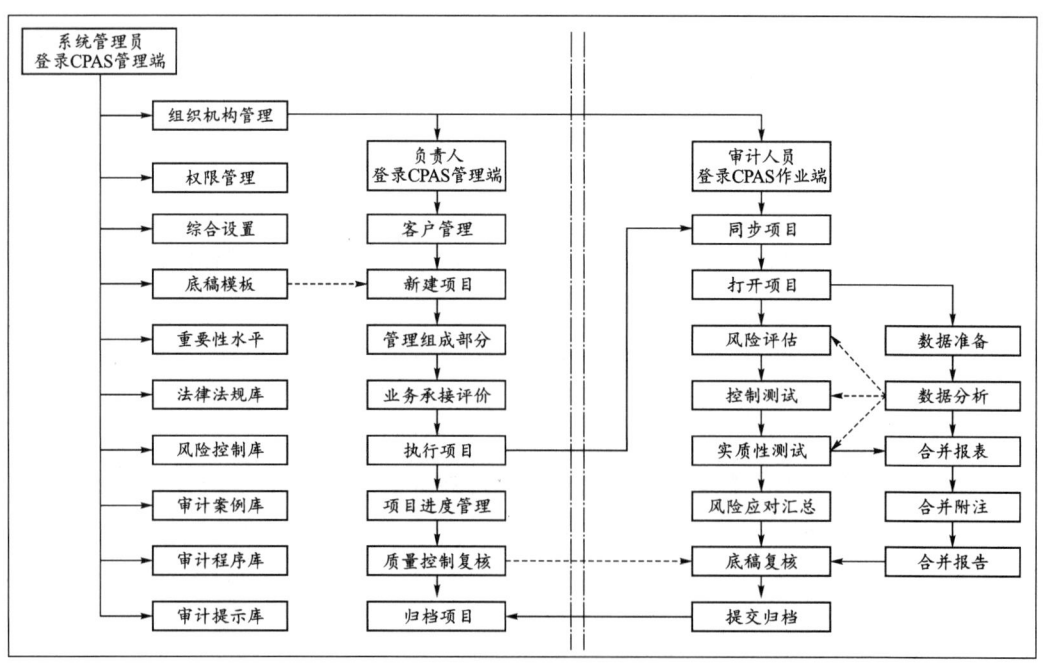

图 2-1　CPAS 系统基本流程图

第二节 用友 CPAS 审计信息系统的安装

CPAS 系统的安装环境对于计算机硬件来说,要求并不高。在客户端和单机运作环境下,需要内存容量在 4G 以上,硬盘空间 10G 以上,操作系统为 Windows XP/Windows 7/ Windows 8 以上的要求,而软件要求则需要 MSDE/SQL Server 2008 Express R2 的数据库,浏览器为 IE 浏览器 7/8/9/10/11(最好是 8 以上),办公室软件为 Microsoft Office2007/2010 或以上的完全版(不支持简版,也不支持 WPS 办公软件),满足以上硬件和软件要求即可安装 CPAS 系统。

一、管理系统的安装

如本章第一节所述,管理系统部署在事务所总部服务器上,因此管理系统需要在经过部署的浏览器上安装,管理系统安装操作方法如下。

(1) 输入安装地址。打开 IE 浏览器输入地址 http://xx.xx.xxx.xxx:7001/UACPA/,点回车确定。

(2) 安装加载项。管理系统自动安装,如果有阻拦,请选择为计算机"安装此加载项",如图 2-2 所示。

图 2-2 CPAS 管理系统的安装图

(3) 完成安装并登录。管理系统安装后,请输入用户名和密码,登录界面如图 2-3 所示。

初次登录系统,单击"初次使用,请点击此处同步基础信息后再登录",出现同步表框,勾选"机构人员""角色权限"。同步设置下载完成之后,提示操作成功,表明成功登录,如图 2-4 所示。

图 2-3　CPAS 管理系统的登录图

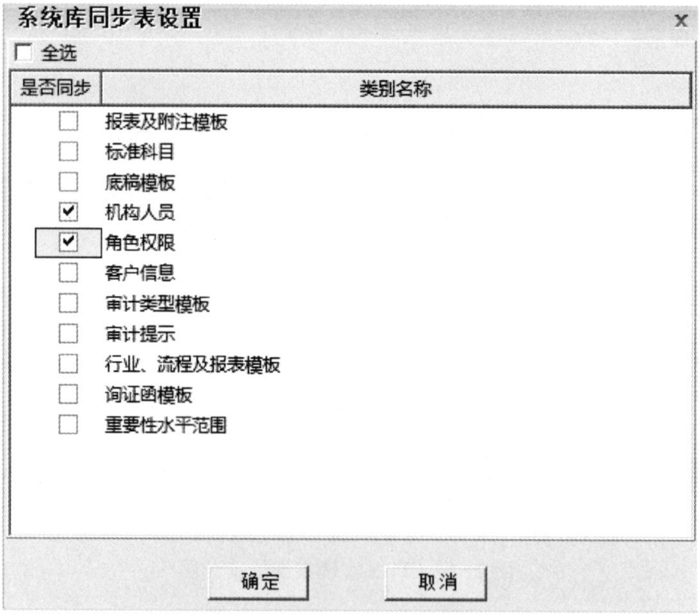

图 2-4　CPAS 系统同步设置图

操作提示

只有初次安装才进行同步基础信息,以后除非要安装新版本或者需要切换其他用户名登录同一台电脑,才需要再次同步基础信息,其他情况不需要同步基础信息,保存密码后,直接点击登录即可。

二、作业系统的安装

作业系统安装操作方法如下。

（1）配置安装环境。系统安装之前，建议将杀毒软件暂时关闭，或者在安装的过程中，放行与系统相关的操作。

（2）安装作业系统。双击作业系统安装包，出现图2-5的提示，单击"下一步"，选择安装路径，默认路径为D:\UFCPAS2，继续单击"下一步"，开始安装"中国注册会计师审计信息系统-V2.0"。

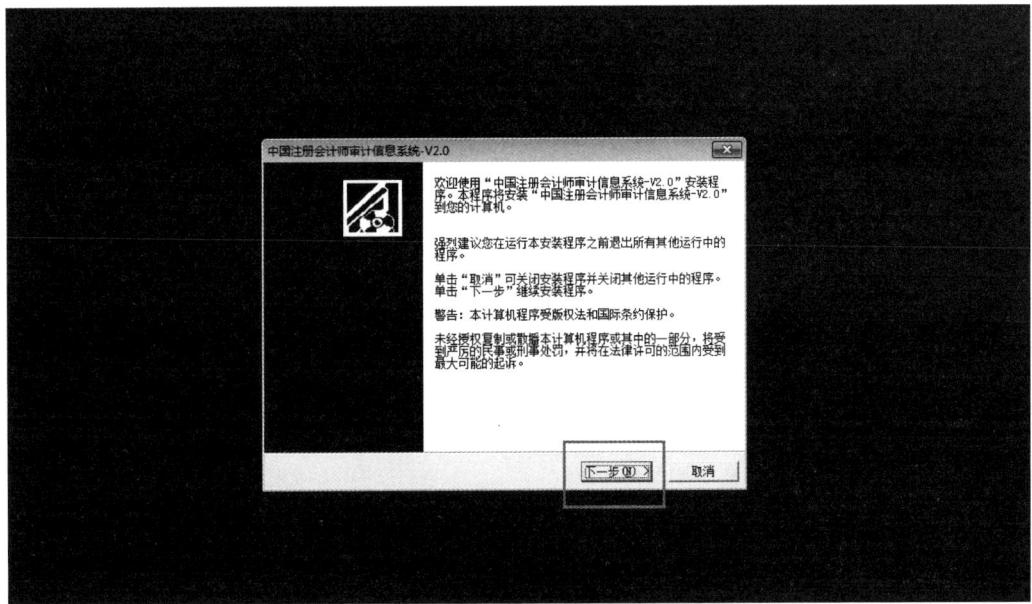

图2-5 作业系统的安装

在安装完成时，点击"安装MSDE"，如图2-6所示。

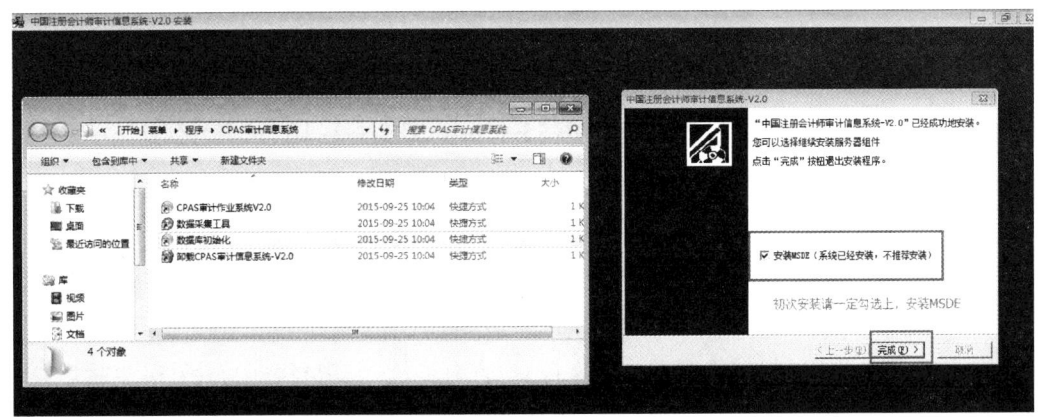

图2-6 作业系统安装完成

（3）数据库初始化，安装完成后会自动出现初始化界面。建议不在这里初始化，直接在桌面的作用系统快捷键图标双击打开，会提示初始化，点击"初始化"，初始化完成后自动出现执行升级，点击"执行升级"，如图2-7和图2-8所示，完成后退出即可。

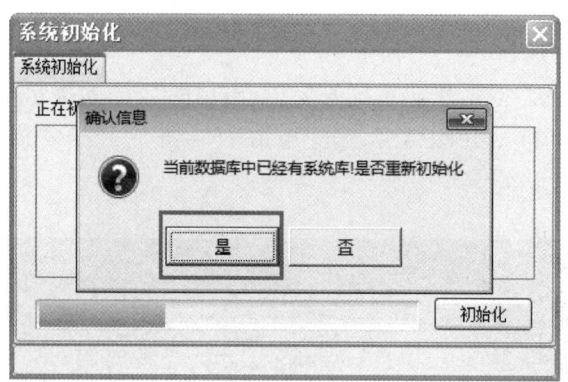

图 2-7　系统初始化

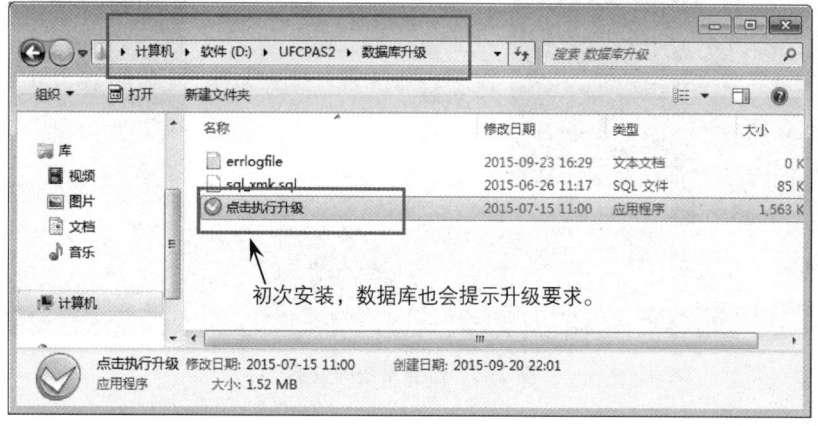

图 2-8　系统升级操作

第三节　用友 CPAS 审计信息系统上机操作流程

学生以注册会计师的身份，按照风险导向审计模式对企业年度财务报表进行审计，对所审计的财务报表是否按照被审计单位适用的财务报告编制基础的规定编制发表审计意见。在这一过程中，学生需要模拟会计师事务所项目组实际场景开展审计工作，单独或综合运用各项审计程序（包括检查记录或文件、检查有形资产、观察、询问、函证、重新计算、重新执行、分析程序），收集审计证据，编制审计工作底稿，并评价审计证据是否充分、适当，独立地进行职业判断，得出恰当的审计结论，形成审计意见，出具审计报告。

一、角色分工

根据参加上机操作学生的规模,可按照7~8人的标准进行分组,组成审计项目组,并为每位成员确定项目组相关角色。审计项目组内成员间需要作简要沟通,按照角色需要,进行分工。

二、实施审计

每一组均按照审计流程开展财务报表审计业务。

1. 初步业务活动

(1) 了解被审计单位的基本情况及其所处的内部和外部环境。

(2) 评价被审计单位的治理层、管理层是否诚信。

(3) 评价会计师事务所与注册会计师遵守职业道德的情况。

(4) 根据上述评价,确定是否接受或保持审计业务。如果接受或保持审计业务,则签订(续签)审计业务约定书。

2. 计划审计工作

(1) 初步确定重要性水平。

(2) 初步识别可能存在较高重大错报风险的领域。

(3) 制定总体审计策略。

(4) 制定具体审计计划(本阶段主要是计划实施的风险评估程序的性质、时间和范围)。

(5) 适时复核相关的审计工作底稿。

3. 风险评估

实施风险评估程序,了解被审计单位基本情况及其所处的内部和外部环境,识别与评估重大错报风险。

4. 风险应对

(1) 针对报表层次重大错报风险采取总体应对措施。

(2) 针对认定层次重大错报风险,设计与实施进一步审计程序(控制测试与实质性程序),收集审计证据。

(3) 适时复核实施阶段形成的审计工作底稿。

5. 完成审计工作

(1) 汇总审计差异,提请被审计单位调整报表或适当披露。

(2) 对调整后的财务报表总体合理性实施分析程序。

(3) 复核审计工作底稿并评价审计结果,包括:①综合评价获取的审计证据(充分性、适当性);②最终评价重要性水平;③最终评价审计风险。

(4) 形成审计意见并草拟审计报告。

(5) 与被审计单位管理层沟通。

(6) 出具审计报告。

第四节　用友 CPAS 审计信息系统上机操作情形设定

为方便学生操作,本教材选取 ABC 股份有限公司(以下简称"本公司"或"公司")作为被审计单位,相关资料如下。

一、公司基本情况

ABC 股份有限公司是一家专业从事眼科药物研发、生产及销售的高新技术企业,经上海市工商行政管理局批准,由江苏鸿远实业集团有限公司、海南星达投资有限公司、北京环辰医药科技有限公司、自然人李瑜及王昌林共同出资,于 20×9 年 6 月 30 日成立。注册资本 1 800 万元,法定代表人王昌林。公司设立时,公司的股权结构如表 2-1 所示。

表 2-1　ABC 股份有限公司股权结构

序号	股东姓名/名称	认购股份	持股比例
1	江苏鸿远实业集团有限公司	7 200 000.00	40.00%
2	海南星达投资有限公司	5 634 783.00	32.30%
3	北京环辰医药科技有限公司	1 565 217.00	8.70%
4	李瑜	1 800 000.00	10.00%
5	王昌林	1 800 000.00	10.00%
	合计		100.00%

公司将产品质量视为企业的生命,积极引进国内外先进的设备和技术,严格实行 GMP 管理,在生产、检验等环节建立了完善的质量管理和监控体系,确保产品的安全性、有效性和可靠性。公司积极关注新产品的研究动态,投入大量人力物力开发科技含量高的产品,20×4 年研发费用达 400 多万元,已拥有多个通过国家 GMP 认证的专利产品。

公司营销中心设在上海,下设 12 个办事处,营销网络覆盖全国,年销售滴眼液 3 000 万支。随着人们爱眼意识的增强以及相关药品、保健品营销力度的加大,眼药水的销售量逐年增加。20×3 年公司开始投入大量资金在广告宣传上,效果显著。

公司以"珍惜生命、呵护健康"作为企业的神圣使命,以"诚信、双赢"作为企业经营理念,秉承质量就是生命的原则,造福百姓。坚持以市场为导向、以效益为中心,不断加大科技创新力度、提高企业管理水平,降低成本,提高效益,努力实现客户、员工、股东价值最大化。

二、所处行业

公司所属行业为药品制造业。

三、经营范围

滴眼剂、散剂、片剂、颗粒剂、胶囊剂等剂型生产及销售。

本 章 练 习

姓名：_____ 学号：_____ 日期：_____ 分数：_____

一、单选题($5' \times 6$)

1. 在管理系统中的操作会直接保存在(　　)。
   A. 计算机 C 盘　　　　　　　　B. 管理系统服务器
   C. 审计作业系统　　　　　　　　D. 以上都有

2. 下列关于管理系统的登录的说法中,正确的是(　　)。
   A. 只能在绑定加密的计算机登录　B. 可以在任意计算机登录
   C. 没有加密也可以登录　　　　　D. 插加密狗即自动登录

3. 要完全删除管理系统,可以(　　)。
   A. 在控制面板卸载程序　　　　　B. 网页版不需要删除
   C. 直接删除 C 盘 ufcpas1 文件夹　D. 使用杀毒软件卸载系统

4. 安装数据库形成的安装文件夹是(　　)。
   A. C 盘的 ufcpas1　　　　　　　B. D 盘的 ufcpas1
   C. C 盘的 msde　　　　　　　　D. D 盘的 msde

5. 数据库升级文件夹安装在(　　)文件夹下。
   A. C 盘的 ufcpas1　　　　　　　B. D 盘的 ufcpas1
   C. C 盘的 msde　　　　　　　　D. D 盘的 msde

6. 删除作业系统安装路径形成的 ufcpas1 文件夹,提示无法删除,应该(　　)。
   A. 暂停数据库服务　　　　　　　B. 删除数据库
   C. 卸载作业系统　　　　　　　　D. 删除作业系统的安装路径

二、多选题($6' \times 5$)

1. (　　),安装管理系统时需要启用。
   A. 运行 ActiveX 控件和插件
   B. 允许运行以前未使用的 ActiveX 控件而不提示
   C. ActiveX 控件自动提示
   D. 下载已签名的 ActiveX 控件

2. 下列关于管理系统的说法中,正确的有(　　)。
   A. 管理系统是 B/S 架构　　　　　B. 登录管理系统需要本机安装客户端
   C. 可以通过网页访问管理系统　　D. 管理系统操作保存在本地

3. 关于管理系统安装与作业系统安装的说法正确的有(　　)。
   A. 都必须安装本地数据库　　　　B. 都必须安装本地客户端
   C. 都在本地有安装目录　　　　　D. 安装后都必须加密授权方可使用
4. 同步人员信息,需要同步的信息有(　　)。
   A. 报表模板　　　　　　　　　　B. 机构人员
   C. 重要性水平范围　　　　　　　D. 人员信息
5. 可以同步下载的基础信息有(　　)。
   A. 报表及附注模板　　　　　　　B. 标准科目
   C. 客户信息　　　　　　　　　　D. 询证函模板

三、判断题($5' \times 8$)

1. 作业系统的安装分为初次安装和覆盖安装两种方式。　　　　　　　　(　)
2. 作业系统容易被杀毒软件拦截,安装过程中必须退出全部的杀毒软件和安全卫士等软件。　　　　　　　　　　　　　　　　　　　　　　　　　　　　(　)
3. CPAS系统是一个一体化的审计系统,包含管理系统和作业系统两个部分,通过交互的方式完成审计的全部工作。　　　　　　　　　　　　　　　　　　(　)
4. 数据库维护,会清空系统中的所有的项目数据。　　　　　　　　　　(　)
5. 通过IE浏览器输入管理端服务器IP地址可以登录审计管理系统。　　(　)
6. 管理系统更新时必须卸载低版本才可以完成升级。　　　　　　　　　(　)
7. 要使用审计作业系统必须先登录管理系统。　　　　　　　　　　　　(　)
8. 如果服务器管理系统更新版本,本地登录前必须升级更新。　　　　　(　)

第三章 用友 CPAS 审计信息系统管理端基础设置

本章学习导航

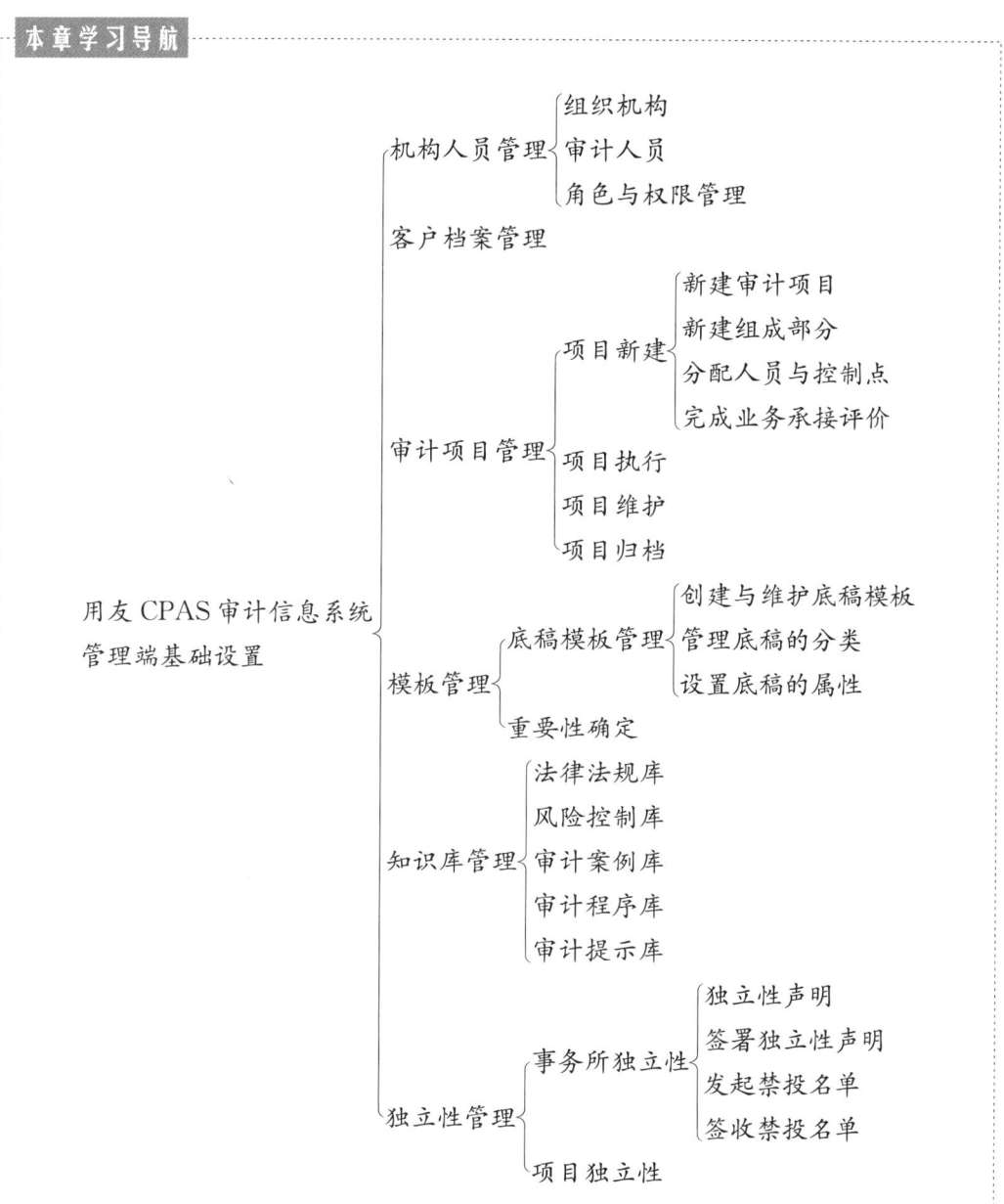

第一节 机构人员管理

一、组织机构

会计师事务所是指依法独立承担注册会计师业务的中介服务机构,由有一定会计专业水平、经考核取得证书的会计师(如中国的注册会计师、美国的执业会计师、英国的特许会计师、日本的公认会计师等)组成的、受当事人委托承办有关审计、会计、咨询、税务等方面业务的组织。我国对从事证券相关业务的会计师事务所和注册会计师实行许可证管理制度。

会计师事务所的组织架构是其内部管理机构的组成形式,一个科学合理的组织架构,能便于会计师事务所的日常管理,提高工作效率和工作质量。在我国,会计师事务所的组织架构大致有两种,即所长负责制和董事会领导下的主任会计师负责制。在实行所长负责制的事务所里,所长对本所工作负全面责任,副所长协助所长工作;事务所可根据需要设置若干业务部门,分别负责不同的工作;设立主任会计师负责业务承接、人员安排、督促检查和报告初审等日常工作。在实行董事会领导下的主任会计师负责制的事务所里,董事会为事务所最高权力机构,主任会计师负责日常业务,在机构设置上,因事务所规模、业务特点不同而有所差别。图 3-1 为主任会计师负责制下某会计师事务所的组织机构示意图。

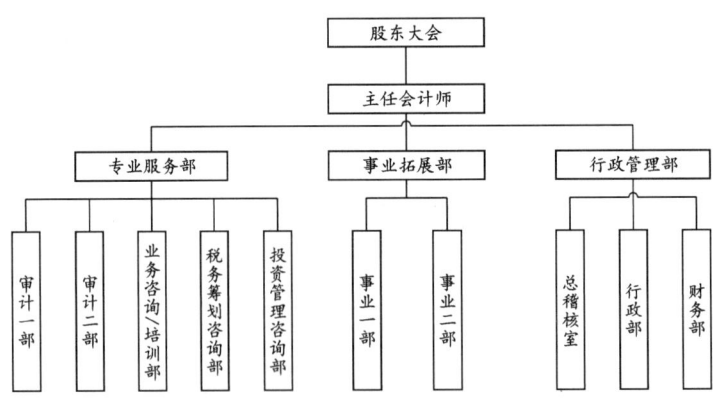

图 3-1　某会计师事务所组织机构示意图

CPAS 系统通过"组织机构管理"功能管理会计师事务所的分所、部门等组织机构信息,以及注册会计师等审计人员信息。审计人员作为 CPAS 系统的"用户",隶属于事务所的某个部门或某个分支机构,按照其所属角色拥有相应的操作权限。

组织机构管理的主界面窗口的左边显示该会计师事务所的组织机构树,右边显示相应部门或分支机构的所属的审计人员(CPAS 系统的用户)。

系统管理员可以新增、修改、删除、停用事务所的部门或分支机构。但是,如果已经为某部门、分支机构创建了用户,则不能删除或停用该部门或分支机构。

下面以"E时代会计师事务所"为例,练习组织机构管理功能的基本操作方法。

根据案例数据为E时代会计师事务所创建组织机构。

假设E时代会计师事务所总部在北京,下设审计一部、二部,另在广州、上海有2个分所,各部门人员信息如表3-1所示。请根据表3-1中信息为E时代会计师事务所(以下简称"时代所")创建组织机构。为便于管理,总所所属部门及其人员以"北京总所"的名义视同分所进行管理。

表3-1 E时代会计师事务所各部门人员信息情况

组织机构		姓名	职务	角色	备注
北京总所	审计一部	赵梅	高级合伙人	用户	质量控制复核人
		钱兰	合伙人	用户	合伙人
		孙竹	高级经理	用户	项目经理
		李菊	经理	用户	成员
	审计二部	周东	助理经理	用户	
		武南	高级审计专员	用户	
广州分所		郑西	审计专员	用户	
上海分所		王东	审计助理	用户	

要求:以系统管理员admin的身份完成操作。

操作步骤如下。

(1) 登录管理端并打开"组织机构管理"窗口。

系统管理员admin登录管理端后,依次单击菜单"系统管理"—"组织机构管理",打开"组织机构管理"窗口。

(2) 为时代所创建顶级组织机构。

首先,在"组织机构管理"窗口中,单击组织机构树上已有的任一个顶级节点(如:E时代会计师事务所),然后单击按钮"新增"—"新增同级",弹出组织机构对话框。

其次,在组织机构对话框中,如图3-2所示,输入名称:E时代会计师事务所,输入备注:时代所,选择类别:分所,然后单击"确定"按钮,即为时代所创建了顶级组织机构。

"组织机构管理"窗口中,单击组织机构树上时代所的顶级节点(即E时代会计师事务所),然后单击按钮"新增"—"新增下级",弹出"组织机构"对话框。

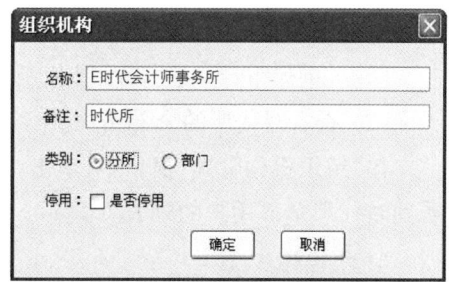

图3-2 为时代所创建分所

在"组织机构"对话框中,输入名称:北京总所,选择类别:分所,然后单击"确定"按钮,即创建了一个分所。

同上,创建时代所的下级分所:广州分所,上海分所。

(3) 为时代所北京总所创建下级部门。

首先,在"组织机构管理"窗口中,单击组织机构树上时代所的二级节点(即北京总所),然后单击按钮"新增"—"新增下级",弹出"组织机构"对话框。

其次,在"组织机构"对话框中,输入名称:审计一部,选择类别:部门,然后单击"确定"按钮,即创建了一个部门。

同上,创建时代所北京总所的下级部门:审计二部。

二、审计人员

组织机构管理不仅管理事务所的组织机构,更重要的是管理事务所的审计人员(注册会计师)。这些审计人员作为 CPAS 系统的"用户",可以登录并操作 CPAS 系统。

在组织机构管理窗口中,单击窗口左边组织机构树上的一个节点,窗口右边会显示相应节点(部门或分所)的所属审计人员(用户)的列表。通过窗口右边的功能按钮,可以新增、修改、删除、查询事务所的审计人员(用户)。操作步骤如下。

(1) 为审计一部的审计人员创建用户。

首先,在"组织机构管理"窗口中,展开组织机构树并单击节点"E 时代会计师事务所"—"北京总所"—"审计一部",然后单击按钮"新增用户",弹出"用户属性"对话框。

其次,在"用户属性"对话框的"属性"页签中,如图 3-3 所示,输入用户名及全名:赵梅,选择职务:高级合伙人,保持"所属部门"及"角色"的默认值不变(分别为"审计一部""用户"),输入登录口令及口令复核:"1",保持"是否停用"的默认值不变("否",不勾选),保持"电子签章"与"人力资源信息"页签的初始值不变,然后单击"确定"按钮,即为审计一部的高级合伙人赵梅创建了相应的用户。

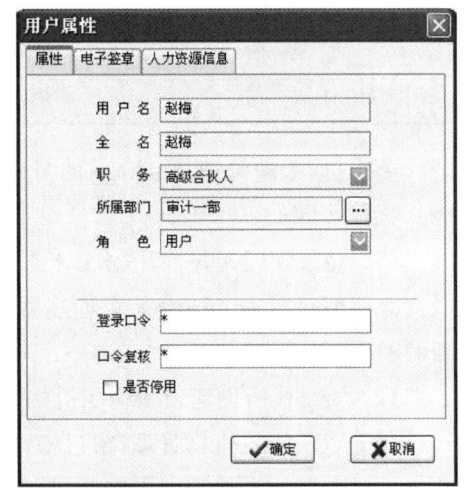

图 3-3 创建系统用户

同上,创建审计一、二部的其他用户:钱兰,孙竹,李菊;上海分所、分所操作方法略。

(2) 查看时代所的全部用户。

在"组织机构管理"窗口中,单击组织机构树的一级节点"E 时代会计师事务所",即可看到时代所全部用户的列表。

上机操作 3-1

根据案例数据为中华所创建组织机构。

以"中华会计师事务所"为例,练习组织机构管理的基本操作方法。

假设中华会计师事务所(以下简称"中华所")总部在北京,下设审计一部、二部,另在上海、西安有2个分所,各部门人员信息如表3-2所示。请根据表3-2中信息为中华所创建组织机构。为便于管理,总所所属部门及其人员以"北京总所"的名义视同分所进行管理。

表 3-2　中华会计师事务所组织机构及人员

事务所		中华会计师事务所			
组织机构		姓名	职务	管理角色	项目角色
北京总所	审计一部	王刚	高级合伙人	用户	质量控制复核人
		张某	合伙人	用户	合伙人
		张三	高级经理	用户	项目经理
		李四	经理	用户	成员
	审计二部	周春	助理经理	用户	(略)
		武夏	高级审计专员	用户	(略)
上海分所		郑秋	审计专员	用户	(略)
西安分所		王冬	审计助理	用户	(略)

要求:以系统管理员 admin 的身份完成组织机构创建。

上机操作 3-2

根据案例数据为中华所的每一位审计人员创建一个 CPAS 系统的用户。

承接"上机操作 3-1",根据表 3-2 所列姓名、职务、角色信息,为中华所各部门或分所的相关审计人员创建相应的用户。

在输入用户的属性信息时,要求所给"姓名"数据既用作"用户名",又用作"全名"。每一个用户的"角色"均为"用户",而不是"系统管理员"。每一个用户的"登录口令"均预置为"1","是否停用"属性均为否(不勾选),"电子签章"与"人力资源信息"均保持初始值不变。

操作要求:以系统管理员 admin 的身份完成操作。假设 admin 用户登录管理端后,已打开"组织机构管理"窗口。

三、角色与权限管理

角色是根据权限对用户进行的逻辑分类。每一种角色都有特定的权限,用户的权限是其所拥有的各种角色权限的集合。

在 CPAS 系统中,通过组织机构管理功能创建用户时,需要指定其"角色"。要么是"系统管理员",要么是普通"用户"。系统管理员的权限单独设置,如图 3-4 所示。

除系统管理员之外,其他用户主要通过两种途径获取权限。①在用户属性中指定其职务(管理角色);②在项目管理中通过项目人员分配来指定其项目角色。

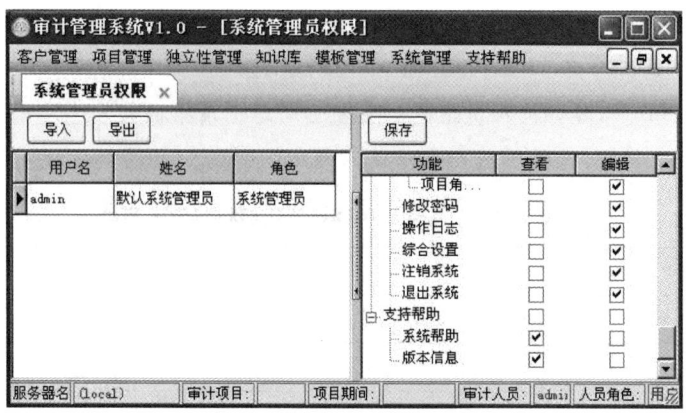

图 3-4 系统管理员权限设置

假设时代所希望职务为高级合伙人、合伙人、高级经理、经理的人员,拥有 CPAS 系统所有可能的管理权限。实现方法是:先创建一个新的角色类型"超级角色",使之具有所有的管理权限,然后将高级合伙人、合伙人、高级经理、经理这四类角色的角色类型由"管理角色"改为"超级角色"。结果如图 3-5 所示。

图 3-5 管理角色维护

现在以系统管理员 admin 的身份来完成由"管理角色"改为"超级角色"操作。假设 admin 用户已登录 CPAS 系统管理端。操作步骤如下。

1. 创建角色类型

(1) 在管理端主界面,依次单击菜单"系统管理"—"管理角色权限"—"管理权限设置",打开管理权限设置子窗口。

(2) 在管理权限设置窗口的左边,单击"增加"按钮。在角色类型编辑对话框中输入角色类型:超级角色。单击"确定"按钮,返回管理权限设置窗口。

2. 为角色类型设置权限

(1) 在管理权限设置窗口的左边,选中新创建的角色类型:超级角色。

(2) 在管理权限设置窗口的右边,勾选所有末级功能节点的"编辑"权限。其中,"系统帮助"与"版本信息"两个功能节点除外。

(3) 单击"保存"按钮,然后关闭管理权限设置窗口。

3. 修改相关角色的角色类型

(1) 在管理端主界面,依次单击菜单"系统管理"—"管理角色权限"—"管理角色维护",打开管理角色维护子窗口。

(2) 在管理角色维护窗口的左边,选中"高级合伙人"角色,单击"修改"按钮。在角色编辑对话框中,通过下拉列表重新选择角色类型:超级角色。单击"确定"按钮,返回管理角色维护窗口。

同上,将合伙人、高级经理、经理等三类角色的角色类型由"管理角色"改为"超级角色"。

完成上述操作步骤后,高级合伙人、合伙人、高级经理、经理这四类角色即具有"超级角色"的权限。对于时代所而言,赵梅、钱兰、孙竹、李菊的职务分别对应这四类角色,都拥有"超级角色"的权限。

上机操作 3-3

假设中华所希望设置职务为高级合伙人、合伙人、高级经理、经理的人员,拥有 CPAS 系统所有可能的管理权限。实现方法是:先创建一个新的角色类型"超级角色",使之具有所有的管理权限,然后将高级合伙人、合伙人、高级经理、经理这四类角色的角色类型由"管理角色"改为"超级角色"。

要求:以系统管理员 admin 的身份完成操作。假设 admin 用户已登录 CPAS 系统管理端。

第二节 客户档案管理

在 CPAS 系统中,创建审计项目时需要选择客户(被审计单位)的名称。可选的客户名称来自客户档案。客户管理功能用于管理客户档案及客户关系。

下面详细介绍客户档案管理功能。

如图 3-6 所示,客户档案管理窗口左边显示已被录入系统的客户树,右边显示与相应客户对应的客户详细信息,包括客户的基本信息、联系人、上市公司股票基金、项目列表等信息。

在客户树中选择一个节点(客户),可以为该节点创建下级节点或同级节点。建立同级客户是指新建客户与所选客户的级次相同,业务上可理解为新建客户与所选客户无直接隶属关系。建立下级客户即新建客户是所选客户的下级单位,如子公司或分公司等。

根据表 3-3 案例数据为时代所创建客户档案并进行列表查询。

图 3-6 客户档案管理

假设五金股份公司是时代所的新客户,由高级合伙人赵梅负责。该公司为上市公司,为民营企业,主营五金机电设备的制造与销售,拥有五金机械、五金电子两家子公司。相关信息如表 3-3 所示。

表 3-3 五金股份公司客户基本信息表

客户名称	经济类型	行业	主营业务	是否上市	所属用户
五金股份公司	民营企业	工业	五金机电	是	赵梅
五金机械	民营企业	工业	五金机械	否	赵梅
五金电子	民营企业	工业	五金电子	否	赵梅

要求以高级合伙人赵梅的身份完成操作。假设赵梅登录 CPAS 系统管理端之后,已打开"客户档案"管理窗口。

操作步骤如下。

1. 创建一级客户节点"五金股份公司"

(1) 在"客户档案"窗口中,单击客户树上已有的任一个一级节点,然后单击"基本信息"页签上的按钮"新建"—"同级"。

系统创建一个新客户,并自动生成"客户编号",自动将该客户的"所属用户"设置为当前登录用户(赵梅),默认将"是否上市"属性设置为"是"保持其他默认值不变。

(2) 输入客户名称:五金股份公司。

(3) 通过下拉列表选择经济类型:民营企业。

(4) 通过下拉列表选择行业:工业。

(5) 输入主营业务:五金机电。

(6) 单击"保存"按钮,即完成一级客户节点"五金股份公司"的创建。

2. 创建二级客户节点"五金机械"

(1) 在"客户档案"窗口中,单击客户树上已有的一级客户节点"五金股份公司",然后单击"基本信息"页签上的按钮"新建"—"下级"。

(2) 输入客户名称:五金机械,选择经济类型:民营企业,选择行业:工业,输入主营业务:五金机械,修改"是否上市"属性为"否"。

(3) 保持其他默认值不变,单击"保存"按钮,即创建二级客户节点"五金机械"。

3. 创建二级客户节点"五金电子"

同上方法,创建二级客户节点"五金电子"。

4. 列表查询客户名称含"五金"的客户

(1) 在"客户档案"窗口中,单击"基本信息"页签上的按钮"列表查询",打开"客户基本资料"子窗口。

(2) 在"客户基本资料"窗口中,输入客户名称:五金,单击"查询"按钮,显示查询结果如图 3-7 所示。

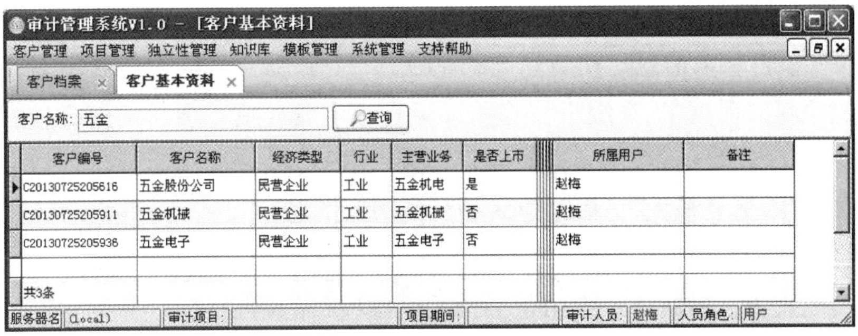

图 3-7 客户基本资料查看

操作提示

(1) 联系人页签填写的是被审计单位联系人的信息。
(2) 项目列表是在新建项目后自动生成。
(3) 列表查询可以查看存在在系统中的所有客户。
(4) 客户档案的信息支持随时修改,点击编辑按钮即可修改。

上机操作 3-4

根据案例数据为中华所创建客户档案并进行列表查询。

假设 ABC 股份有限公司是中华所的新客户,由合伙人张某负责。该公司为上市公司,系民营企业,主营眼科药物研发、生产及销售,拥有 ABC 江苏鸿远、ABC 海南星达、ABC 北京环辰三家子公司。相关信息如表 3-4 所示。请建立相应的客户档案。

表 3-4 客户基本信息表

客户名称	经济类型	行业	主营业务	是否上市	所属用户
ABC 股份有限公司	民营企业	工业	眼科药物研发、生产及销售	是	张某
ABC 江苏鸿远	民营企业	工业	眼科药物研发、生产及销售	否	张某
ABC 海南星达	民营企业	工业	眼科药物研发、生产及销售	否	张某
ABC 北京环辰	民营企业	工业	眼科药物研发、生产及销售	否	张某

第三节　审计项目管理

一、项目新建

（一）新建审计项目

新建审计项目主要分为两步，第一步，输入项目基本信息。第二步，增加附加信息，具体操作如下：

（1）输入项目基本信息。在新建与维护窗口中，单击"新建"按钮弹出新建项目对话框。在新建项目对话框中，系统根据当前环境自动生成或填写项目的部分信息。新建项目时，必须指定该项目的"合伙人"与"项目经理"。项目经理默认为创建项目的当前登录用户。项目的"质量复核人"可以通过人员分配功能指定。

（2）增加附加信息。在新建项目对话框（基本信息页面）中，单击"下一步"按钮，进入附加信息页面。可以根据需要添加若干条关于该项目的附加说明，每条附加信息均由标题和内容构成。

最后，单击"确定"按钮，完成审计项目的创建。此时，项目处于"预备"状态。

审计项目被创建之后，还要确定项目的组成部分，根据需要进行人员分配和质量控制点分配，并及时执行处于"预备"状态的项目。

（二）新建组成部分

集团审计时会涉及对组成部分的审计，因此需要确定组成部分及其关系。要为每个组成部分指定对应的区域、行业、币种，并选择合适的底稿模板。单体审计时，只有一个组成部分。

在管理组成部分对话框中，可以根据实际情况新建、编辑、删除组成部分，管理各组成部分之间的结构关系，最后"提交完成"各组成部分。

（三）分配人员与控制点

项目经理创建审计项目之后，还要指定项目组的其他组成人员，并将控制点分配给项目组有关成员，以备执行项目后项目组成员能及时针对该项目开展审计工作，具体操作如下：

（1）分配人员。在新建与维护窗口中，选中项目并单击"人员分配"按钮，弹出项目人员分配对话框。在项目人员分配对话框中，除了"项目合伙人"与"项目经理"角色之外，还可以为审计项目添加"质量复核人""项目成员"等角色。

（2）分配控制点。为项目组成员分配项目质量控制点，有助于审计工作全过程的工作量统计以及审计工作进度的监控。分配有控制点的项目组成员，应该在开展审计工作的同时，按照已分配的控制点填报、反馈控制点完成情况。这样，项目负责人可以及时、宏观地了解项目的进展程度。

(四)完成业务承接评价

新建项目最后一个步骤就是完成业务承接评价,表示事务所决定承接业务,具体操作如下。

(1) 在"新建与维护"窗口中,选中项目"ABC 股份有限公司 2012 年度财务报表审计"后,单击"承接与保持"页签,然后双击《业务承接评价表》底稿。

(2) 在打开的《业务承接评价表》Word 文档窗口中,完成以下业务承接评价工作:①了解被审计单位基本信息;②确定审计的前提条件是否存在;③根据本所目前的情况,考虑下列事项;④其他方面的意见。

(3) 在《业务承接评价表》文档的底部,回答问题"是否承接?"通过下拉列表选择:"是"。

二、项目执行

新建的审计项目处于"预备"状态,只有经过执行使之变为"执行"状态,该项目才能被同步至作业端,项目组成员才可以在作业端针对该项目开展各种审计工作。

在新建与维护窗口中,选中处于"预备"状态的审计项目并单击"项目执行"按钮。然后在弹出提示框中单击"确定"按钮,确认执行项目,项目状态即变为"执行"状态。

三、项目维护

项目组成员可以根据需要,在项目管理平台中查看项目信息或进行其他维护工作。具体操作如下。

(1) 编辑项目属性。在新建与维护窗口中,选中项目并单击"编辑"—"编辑项目属性"按钮,弹出项目信息对话框。可以重新修改项目的基本信息,添加附加信息,或查看编辑历史。

(2) 查看项目信息。在新建与维护窗口中,选中项目并单击"项目信息"按钮,弹出项目信息对话框。可以查看该项目的基本信息及编辑历史,如图 3-8 所示。

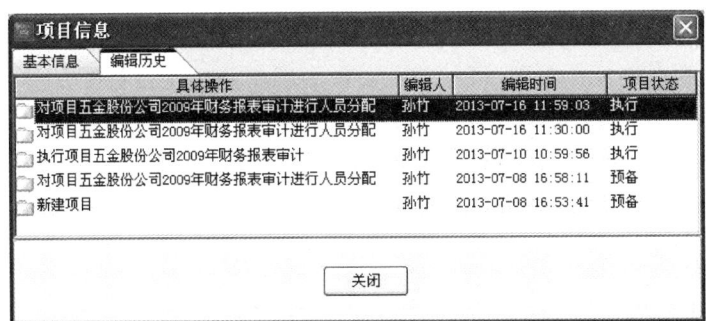

图 3-8 项目信息查看

（3）编辑项目档案信息。可以编辑或查看该项目的基本信息、联系人、管理层及财务人员、中介机构、关联方、开票资料及其他备注信息。

（4）终止项目。在业务承接阶段即遭否定（不予承接）、不需要后续工作的项目，应及时终止。已终止的审计项目，只能查看不可再进行修改，而且不会同步到 CPAS 系统作业端。

（5）删除项目。不需要继续进行项目管理的项目，应及时删除。已删除的审计项目，无法再恢复。

四、项目归档

对于已完成全部审计工作的项目，要及时进行归档。归档之前，项目经理需要在作业端进行"提交归档"操作。已归档的审计项目，只能查看不可再进行修改。

操作提示

（1）项目编号和项目名称默认自动生成，也支持手动填写，把"自动生成项目编号、项目名称"前的勾选去掉即可。

（2）会计期间填写项目审计的最后一个会计期间。

（3）管理组成部分时，树型显示下支持批量新建组成部分、批量分配人员、批量提交与撤销；图型显示下支持拖拽更改组成部分级次（顶级组成部分不允许拖拽）。

（4）项目执行使项目的状态变为执行中，只有执行中的项目作业系统才能下载，只有属于本项目的人员才能下载该项目。

第四节 模 板 管 理

一、底稿模板管理

模板是 CPAS 系统实现开放性目标的重要机制之一。通过定制并应用模板，不仅可以扩展 CPAS 系统的应用范围，而且可以支持会计师事务所的个性化应用。

CPAS 系统管理端的"模板管理"主菜单包括以下模板管理功能：底稿模板管理，询证函模板管理，专用底稿模板管理，审计类别模板管理，行业、流程及报表模板管理，质量控制模板管理，重要性水平确定百分比等。相关模板的说明如表 3-5 所示。

表 3-5 模板管理内容

模 板	说 明
底稿模板	预置底稿模板：中注协风险导向审计工作底稿
询证函模板	预置询证函模板：标准询证函

(续表)

模板	说明
专用底稿模板	预置专用底稿:产生Word底稿表头模板,产生独立性声明书模板,产生风险应对底稿模板,产生审定表模板,产生审计报告草稿模板,产生项目独立性声明书模板,产生业务约定书模板
审计类型模板	预置审计类型:财务收支审计年报,财务收支审计半年报,财务收支审计季报,内控审计,经济效益审计,经济责任审计,验资审计,司法鉴定审计,专题验收审核,咨询业务,基建审计,其他专项审计,其他审计
行业模板	预置行业:工业,行政,事业,企业
流程模板	预置业务流程:采购与付款,工薪与人事,生产与仓储,销售与收款,筹资与投资,固定资产及其他长期投资,货币资金
报表模板	预置报表项目:资产类,负债类,所有者权益类,损益类
质量控制模板	预置控制点:立项,计划,日志,复核,讨论,分歧,咨询,报告
重要性水平	预置基准:营业收入,总资产,净资产,税前利润,税后利润

创建审计项目(组成部分)时,需要选择适用的底稿模板。CPAS系统预置了一套"中注协风险导向审计工作底稿"模板,如表3-5所示。通过底稿模板管理功能,可以修改已有的底稿模板,或创建新的底稿模板。

(一)创建与维护底稿模板

底稿模板管理对话框的左边显示已有的底稿模板名称及其有效性,右边显示可以对选中的底稿模板进行操作的功能,下边状态行显示底稿模板所包含的底稿数目。

在底稿模板管理对话框中选中一套底稿模板之后,可以勾选其有效性(必须至少有一套有效),改变该模板的名称,或删除该模板。可以上下移动模板,以规定其出现的先后顺序。可以导入、导出模板。

(二)管理底稿的分类

在底稿模板管理对话框中选中一套底稿模板并单击"打开"按钮,打开底稿模板管理子窗口,如图3-9所示。

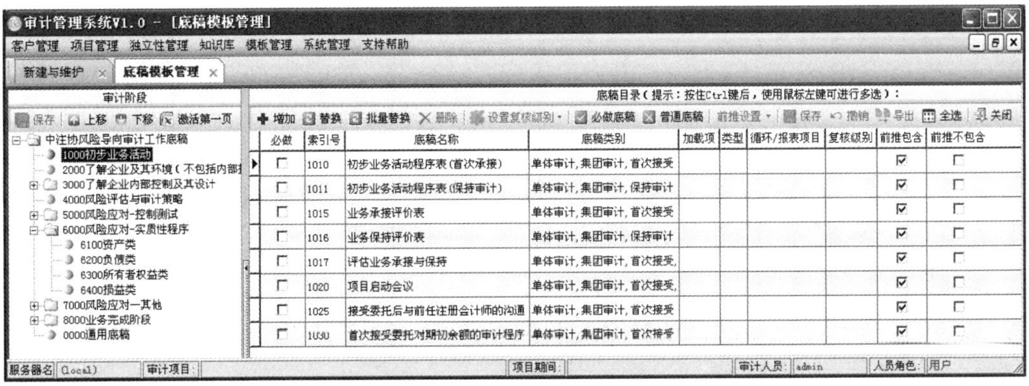

图3-9 底稿管理模板窗口

底稿模板管理窗口的左侧显示按审计阶段划分的底稿类别树,右侧是对应节点下的底稿列表。底稿按其用途分为四类:单体审计、集团审计、首次接受、保持审计。

(三) 设置底稿的属性

在底稿模板管理窗口右侧的底稿列表中,可以为每一张底稿单独设置有关属性。通过功能按钮,可以为相应节点添加新的工作底稿。可以删除、替换或批量替换选中的工作底稿,设置选中工作底稿的复核级别、前推性质,以及是否是必做底稿。

二、重要性确定

根据《中国注册会计师审计准则第1221号——计划和执行审计工作时的重要性》可知,重要性取决于在具体环境下对错报金额和性质的判断。如果合理预期错报(包括漏报)单独或汇总起来可能影响财务报表使用者依据财务报表作出的经济决策,则通常认为错报是重大的。重要性水平可视为财务报表中的坐标、漏报能否影响财务报表使用者决策的"临界点",超过该"临界点",就会影响使用者的判断和决策,这种错报和漏报就应被看作是"重要的"。

判断某事项对财务报表使用者是否重大,是在考虑财务报表使用者整体共同的财务信息需求的基础上作出的。一般来说,注册会计师通常先选择一个恰当基准,再选用适当的百分比乘以该基准,进而得出财务报表层级的重要性水平。注册会计师对基准的选择是根据具体环境作出的,并受错报的金额或性质的影响,或受两者共同作用的影响。如各类报表收益(如税前利润、营业收入、毛利和费用总额),以及所有者权益或净资产可能是一个适当的基准。对于以营利为目的的实体,通常以经常性业务的税前利润作为基准。如果经常性业务的税前利润不稳定,选用其他基准可能更加合适,如毛利或营业收入。就选定的基准而言,相关的财务数据通常包括前期财务成果和财务状况、本期最新的财务成果和财务状况、本期的预算和预测结果。

为了在审计过程中发现并累积错报,合理保证未更正错报和未发现错报不超过事先确定的重要性,一般需要设定实际执行重要性。实际执行的重要性,一方面意味着审计业务是逐步推进的,另一方面又为注册会计师提供了一定的"安全边际",体现了职业谨慎性。

在CPAS系统中,重要性的确定在"重要性水平确定百分比"对话框中,可以设置重要性水平基准及其百分比范围,设置实际执行的

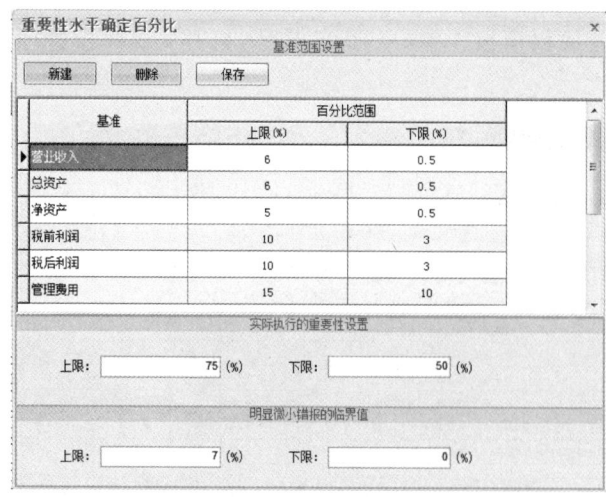

图 3-10 重要性水平确定

重要性及明显微小错报的临界值。会计师事务所可以根据需要来增加、修改、删除重要性水平基准,或重新设置各基准的百分比范围,如图 3-10 所示。

第五节　知识库管理

一、法律法规库

CPAS 系统预置了一套法律法规库模板,涉及会计、审计、税收等有关方面的法律法规以及会计准则、审计准则等内容。

如图 3-11 所示,"法律法规库"窗口的左边显示法律法规树,右边显示每条法律法规的具体内容。

通过右键"菜单",可以创建或维护法律法规树。比如,可以为法律法规树增加、删除节点,改变节点之间的先后顺序,也可以从"目录"或"帮助文件"直接导入法律法规。在作业过程中,可随时查看相关会计和审计法律法规。

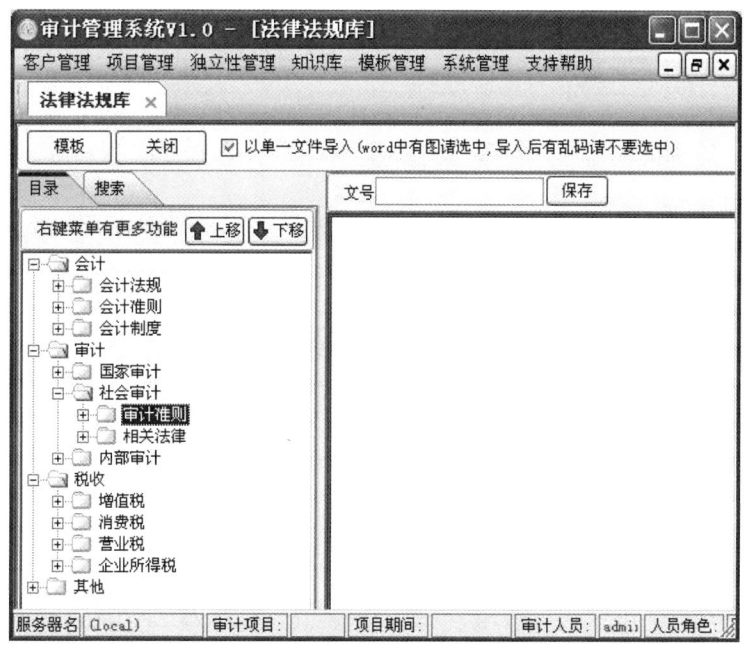

图 3-11　法律法规库窗口

二、风险控制库

风险控制库是与审计风险、内部控制相关的集合。如图 3-12 所示,风险控制库窗口的左侧显示风险控制类别树,右侧是对应节点下的风险点列表。

CPAS 系统的标准模板将风险控制点分为两大类：认定层次风险点和报表层次风险点。通过功能按钮，可以为相应节点添加新的风险点或控制目标。可以修改、删除已有的风险点或控制目标。同时在作业系统增加风险及控制点时，可从风险控制制度中选择预定制的内容及相关元素。

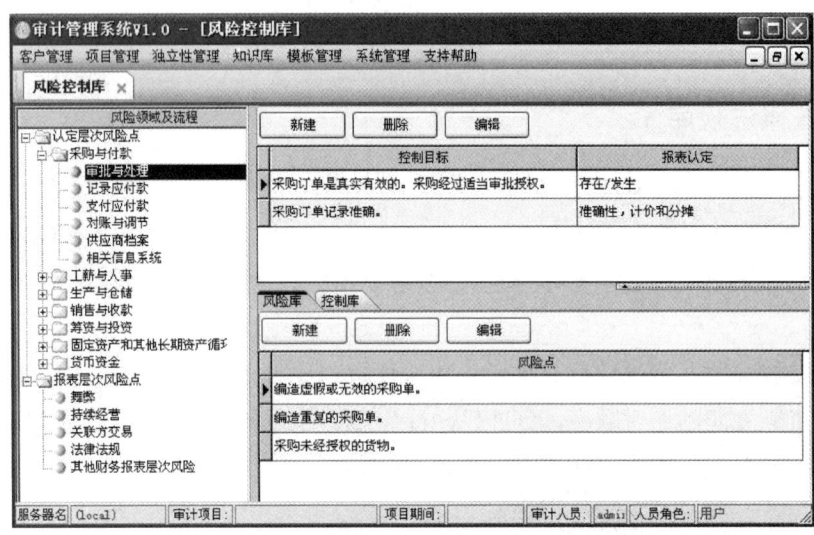

图 3-12　风险控制库窗口

三、审计案例库

审计案例库用于管理与注册会计师审计工作有关的审计案例。如图 3-13 所示，审计案例库窗口的左边显示审计案例树，右边显示每个审计案例的具体内容。

图 3-13　审计案例库窗口

通过右键菜单,可以创建或维护审计案例树。比如,可以为审计案例树增加、删除节点,改变节点之间的先后顺序,也可以从目录或文件直接导入审计案例。此功能主要供审计人员学习审计实务案例,提示审计何时规避风险。

四、审计程序库

如图 3-14 所示,审计程序库窗口的左侧显示审计程序类别树。通过左侧功能按钮,可以新建报表项目阶段,新建、修改带审计目标的报表项目,维护审计目标,更新关联名称。

审计程序库窗口的右侧是对应节点下的审计程序列表。通过功能按钮,可以为相应节点添加新的审计程序,可以修改、删除已有的审计程序。在作业系统实质性程序底稿中会自动生成审计程序表和报表项目必须做的审计程序。

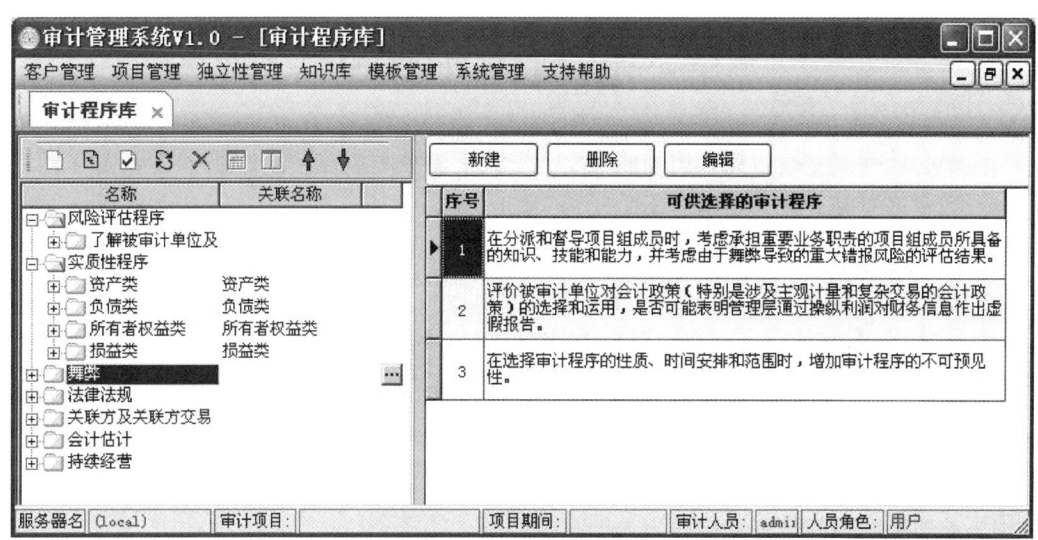

图 3-14 审计程序库窗口

五、审计提示库

如图 3-15 所示,审计提示库窗口的左侧显示审计提示类别树。通过左侧功能按钮,可以增加或删除审计提示的类别节点(一级或下级),或者改变这些节点的先后顺序。

审计提示库窗口的右侧是对应节点下的审计提示列表。通过功能按钮,可以为相应节点添加新的审计提示,可以修改、删除已有的审计提示,或者改变这些提示条目出现的先后顺序。此功能在做审计底稿时以灯泡的形式显示在底稿中,指引审计人员如何填制空白工作底稿。

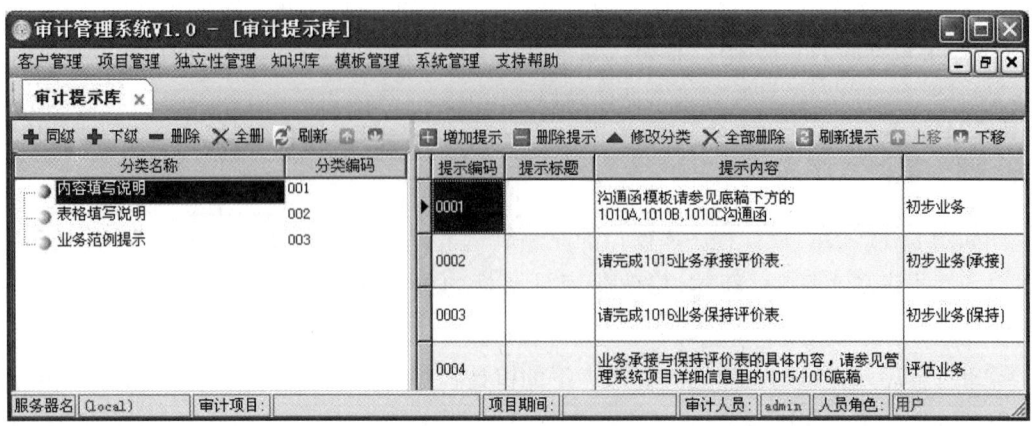

图 3-15　审计提示库窗口

第六节　独立性管理

注册会计师独立性包括实质上的独立和形式上的独立。实质上的独立是指注册会计师在发表意见时其专业判断不受影响，公正执业，保持客观和专业怀疑；形式上的独立是指会计师事务所或鉴证小组避免出现这样重大的情形，使得拥有充分相关信息的理性第三方推断其公正性、客观性或专业怀疑受到损害。

总体上讲，对于向审计客户提供的鉴证业务，要求会计师事务所、鉴证小组成员独立于该客户；对于向非审计客户提供的鉴证业务，如果报告没有明确限定于指定的使用者使用，则要求会计师事务所和鉴证小组成员独立于该客户；对于向非审计客户提供鉴证业务，如果报告明确限定于指定的使用者使用，则要求鉴证小组成员独立于该客户，并且会计师事务所不应当在该客户内有重大的直接或间接经济利益。

在 CPAS 系统中，独立性管理分为事务所独立性和项目独立性，下面分别予以介绍。

一、事务所独立性

事务所独立性包括独立性声明书的发起与签署，禁投名单的发起与签收。

（一）独立性声明

如图 3-16 所示，独立性声明发起窗口的左边显示事务所的组织机构树，右边显示与相应部门对应的人员列表。从人员列表中，可以查看各成员独立性声明的发送、签署日期及发送、签署状态。

在独立性声明发起窗口，事务所负责人选择年度及有效期间后，单击"生成独立性声明"按钮，CPAS 系统根据模板自动生成独立性声明书。勾选相关人员，单击"发送独立性声明"按钮，CPAS 系统自动将独立性声明书发送给所选人员。

第三章　用友 CPAS 审计信息系统管理端基础设置 · 43 ·

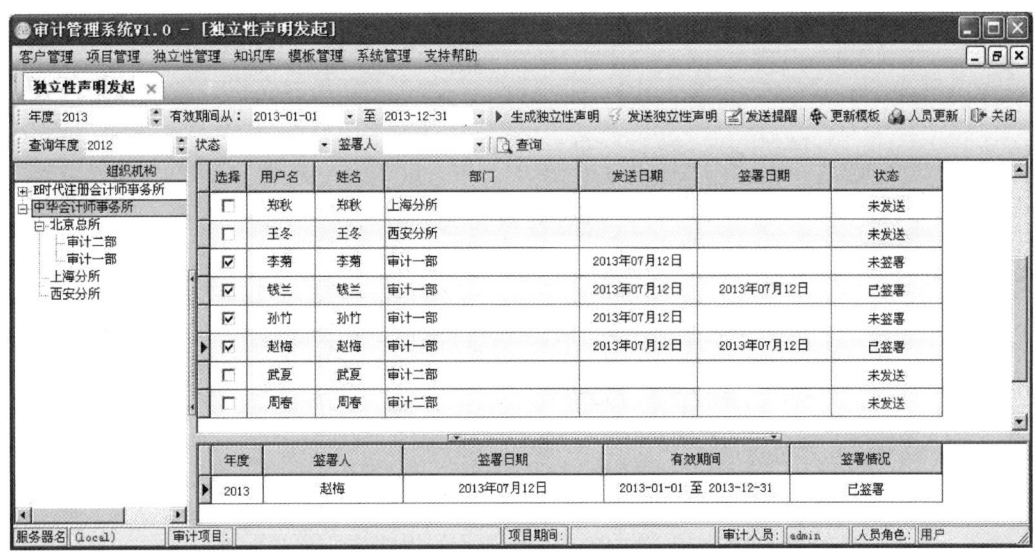

图 3-16　发起独立性声明

在签署独立性声明窗口中,会显示独立性声明书的内容。审计人员阅读独立性声明书之后,单击"签署"按钮,即完成独立性声明的签署。

(二) 签署独立性声明

在业务管理系统主界面,依次单击菜单"独立性管理"—"事务所独立性"—"签署独立性声明",打开相应的子窗口。

如果事务所负责人发送了关于签署独立性声明的提醒,那么审计人员在登录 CPAS 系统后,首先会看到一个内容为"尚未签署独立性声明,现在签署?"的提示框。此时,单击"确定"按钮将直接打开签署独立性声明窗口,如图 3-17 所示。

(三) 发起禁投名单

禁投名单是指禁止投资的企业名单。CPAS 系统默认会计师事务所的全部审计客户中,上市公司应全部为禁止投资企业,包括其股票、基金、债券等金融工具。

在业务管理系统主界面,依次单击菜单"独立性管理"—"事务所独立性"—"禁投名单发起",打开相应的子窗口如图 3-18 所示。禁投名单发起窗口的左边显示事务所的组织机构树,右边显示与相应部门对应的人员列表。从人员列表中,可以查看各成员禁投名单的发送、签署日期及发送、签署状态。

在禁投名单发起窗口,事务所负责人选择年度及有效期间后,单击"生成禁投名单"按钮,CPAS 系统自动生成禁投名单。勾选相关人员,单击"发送禁投名单"按钮,如图 3-18 所示,CPAS 系统自动将禁投名单发送给所选人员。若再单击"发送提醒"按钮,CPAS 系统则会向所选人员发送提醒信息。可通过全选、反选、自动勾选未发送禁投名单、自动勾选未发送提醒按钮快速选择人员。

单击"人员更新"按钮,可以刷新人员列表。

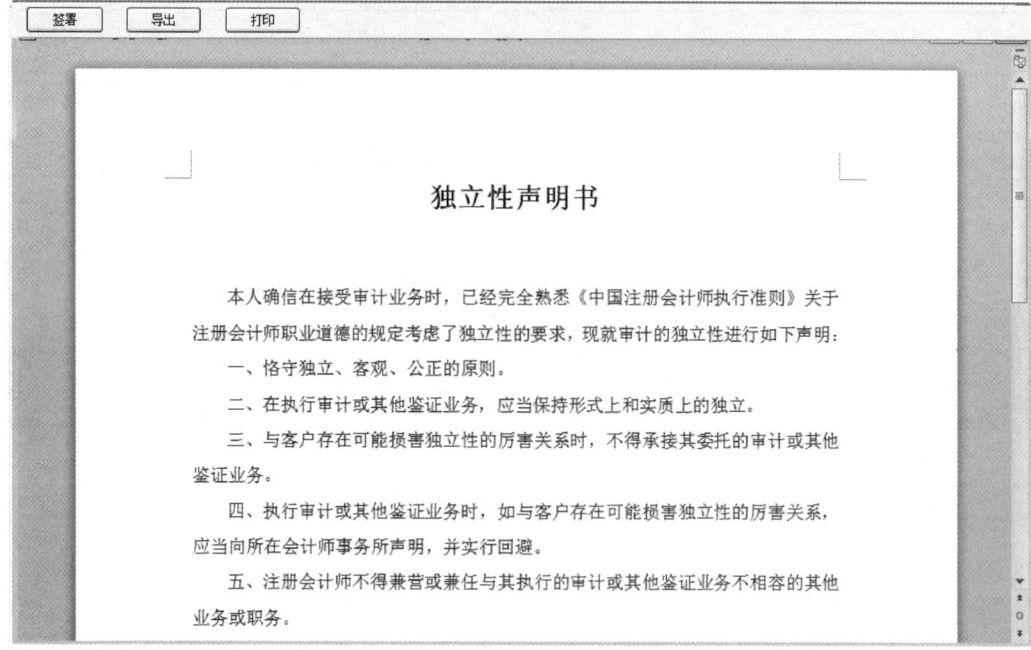

图 3-17　独立性声明

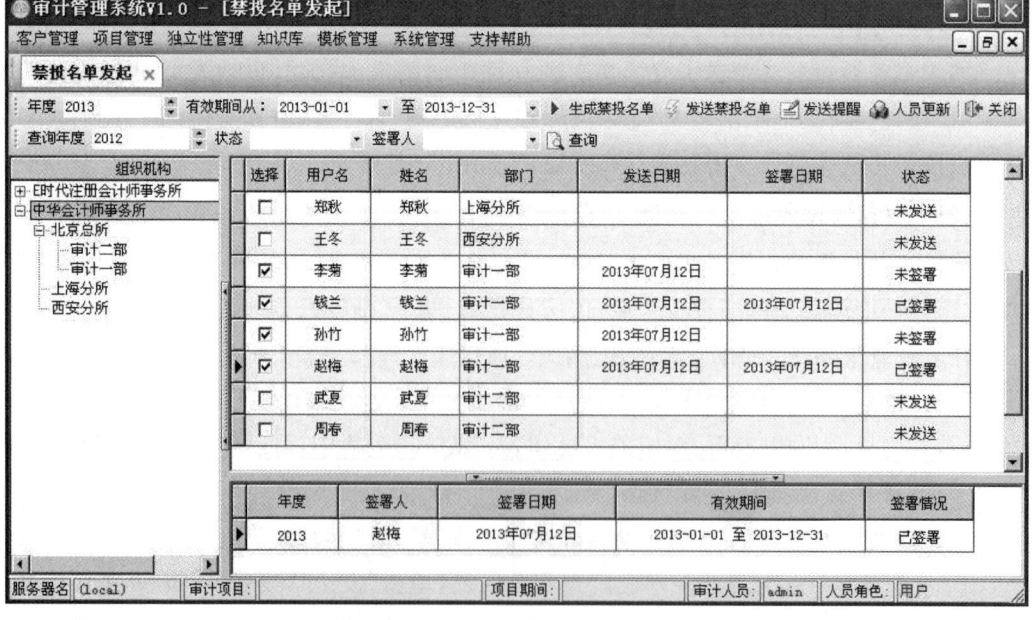

图 3-18　发起禁投名单

(四)签收禁投名单

在业务管理系统主界面,依次单击菜单"独立性管理"—"事务所独立性"—"禁投名单签收",打开相应的子窗口如图 3-19 所示。

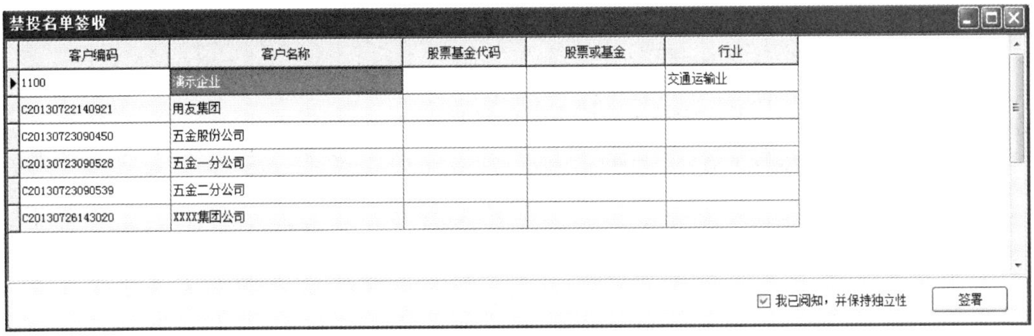

图 3-19 禁投名单的签收

在禁投名单签收窗口中,会显示会计师事务所禁止直接或间接投资的上市公司客户。勾选右下方"我已阅知,并保持独立性"选项,并单击"签署"按钮,即完成禁投名单的签收。

二、项目独立性

如图 3-20 所示,项目独立性窗口的左边显示项目独立性的树形列表,右边显示与相应项目独立性对应的人员列表(项目组成员)。从人员列表中,可以查看各成员的项目独立性声明的签署状态。

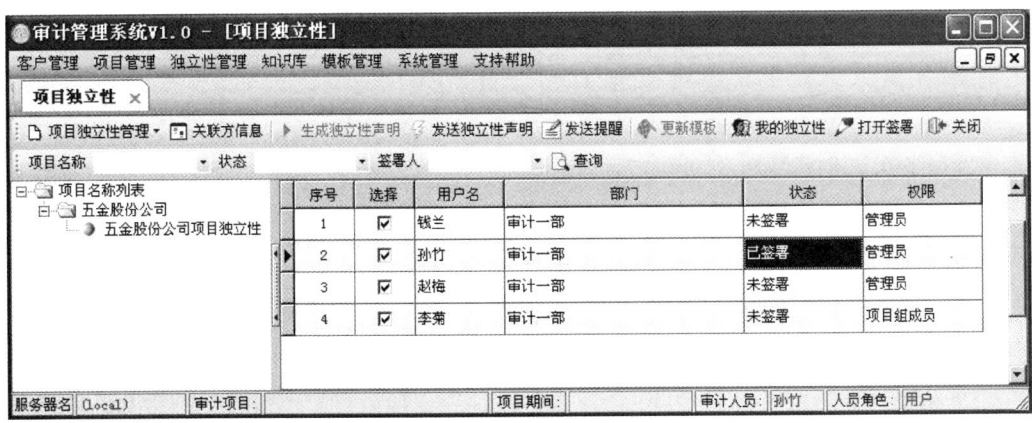

图 3-20 项目独立性管理

在"项目独立性"窗口,单击"项目独立性管理"—"新建项目独立性"按钮,可以创建项目独立性,如图 3-21 所示。

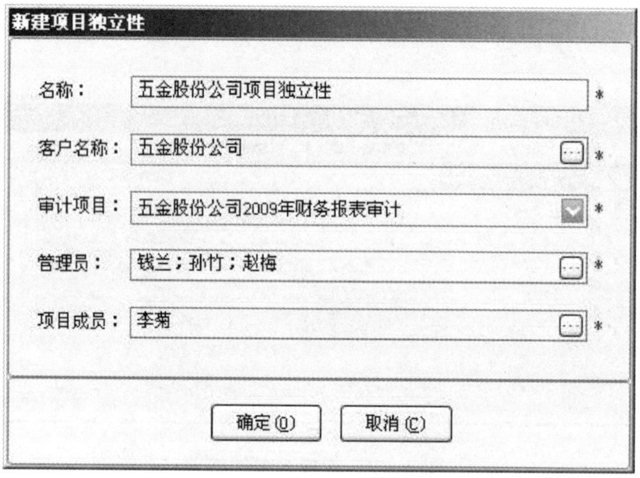

图 3-21 新建项目独立性

在"项目独立性"窗口,单击"关联方信息"按钮,可以创建与本项目的客户有关的关联方信息,如图 3-22 所示。

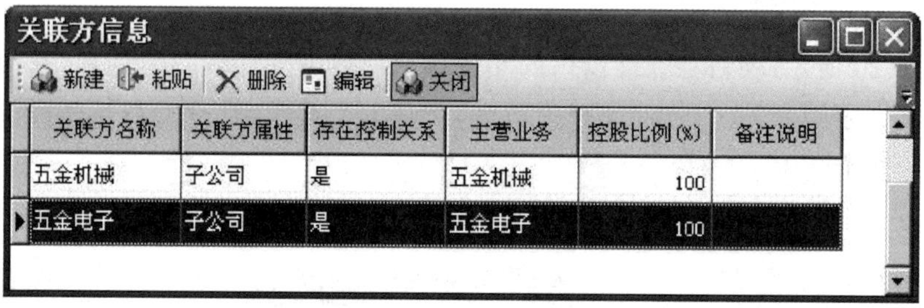

图 3-22 关联方信息

项目负责人创建项目独立性之后,单击"生成独立性声明"按钮,CPAS 系统根据模板自动生成项目独立性声明书。勾选相关人员,单击"发送独立性声明"按钮,CPAS 系统自动将项目独立性声明书发送给所选人员。

项目组成员打开"项目独立性声明签署"窗口,阅读项目独立性声明书之后,单击"签署"按钮,即完成项目独立性声明的签署。

上机操作 3-5

根据案例数据由项目经理张某向项目成员李四发送"ABC 股份有限公司 2012 年度财务报表审计"项目独立性声明,并由李四签署该项目的独立性声明。

项目独立性管理员:王刚、张某、张三。

项目成员:王冬、李四。

关联方信息如下:

(1) 关联方单位:ABC 江苏鸿远、ABC 海南星达、ABC 北京环辰。

(2) 关联方属性:主要股东及实际控制人。

(3) 存在控制关系:是。

(4) 主营业务:眼科药物研、生产及销售。

(5) 控股比例:依次为 47%、5.5%、13%。

上机操作 3-6

根据案例数据创建并执行 ABC 股份有限公司审计项目。

假设中华所接受 ABC 股份有限公司的委托,承担 ABC 股份有限公司 20×2 年度的财务报表审计业务。中华所指派审计一部完成该审计项目,王刚负责质量控制复核,张某出任项目合伙人,张三担任项目经理,其他项目组成员包括李四等。项目的基本信息如表 3-6 和表 3-7 所示。

表 3-6 ABC 股份有限公司 20×2 年财务报表集团审计项目基本信息

项目名称	ABC 股份有限公司 20×2 年度财务报表审计	项目年度	20×2 年
客户名称	ABC 股份有限公司	所属部门	审计一部
审计类型	财务收支审计年报	报告日期	20×5-8-31
建项方式	新建	单体/集团	单体审计
项目合伙人	张某	项目经理	张三
质量复核人	王刚	项目组成员	李四
财务数据	D:\UFCPAS2\演示数据\ABC 股份有限公司-20×1/20×2/20×3.aud		

表 3-7 ABC 股份有限公司 20×2 年度财务报表集团审计项目各组成部分信息

名称	ABC 股份
行业	工业
区域	华北地区
币种	人民币
底稿模板	中注协风险导向审计工作底稿
首次/保持	首次接受
项目经理	张三
项目合伙人	张某
质量复核人	王刚

要求：以项目经理张某的身份完成 ABC 股份有限公司审计项目及其组成部分的创建，项目组成员的分配，最后执行该项目。假设张某登录 CPAS 系统管理端之后，已打开"新建与维护"窗口。

本 章 练 习

姓名：_____ 学号：_____ 日期：_____ 分数：_____

一、填空题($2' \times 8$)

1. _____和_____可以撤销归档。
2. 在_____和_____功能都可以查看档案内容。
3. CPAS审计管理系统支持_____、_____和_____三种建项方式。
4. 管理组成部分的显示方式分为_____和_____。
5. 组成部分必须_____后才能同步到作业系统。
6. 管理系统可以对底稿进行_____、_____、_____和_____复核。
7. 独立性管理分为_____和_____。
8. 新增底稿模板的两种方法是_____和_____。

二、单选题($4' \times 8$)

1. （　）不是新建项目时的必录项。
   A. 客户名称　　B. 合伙人　　C. 项目经理　　D. 质量复核人
2. （　）不是新建项目时的必录项。
   A. 客户名称　　B. 合伙人　　C. 项目经理　　D. 质量复核人
3. 初步业务活动底稿是（　）产生的。
   A. 建项后　　　　　　　　B. 编辑完组成部分后
   C. 项目执行后　　　　　　D. 建立完业务后
4. 新建项目独立性，选择（　）后，系统会自动生成独立性名称。
   A. 客户名称　　B. 审计项目　　C. 项目名称　　D. 以上都不对
5. 下列知识库中，支持查找功能的是（　）。
   A. 风险控制库　　　　　　B. 审计程序库
   C. 审计案例库　　　　　　D. 审计提示库
6. 下列人员中，有权限修改底稿模板的是（　）。
   A. 项目经理　　B. 合伙人　　C. 项目管理员　　D. 系统管理员
7. 下列各项中，不是系统预置的报表风险的是（　）。
   A. 舞弊　　　　B. 持续经营　　C. 关联方交易　　D. 重大错报
8. 下列各项中，属于底稿文件格式的是（　）。
   A. PPT　　　　B. Txt　　　　C. Word　　　　D. Avi

三、判断题(4′×8)

1. 业务约定书导出的是格式为 Excel 的文件。　　　　　　　　（　　）
2. 编辑项目属性时项目编号不允许修改。　　　　　　　　　　（　　）
3. CPAS 审计管理系统支持四种建项方式。　　　　　　　　　　（　　）
4. 只有已执行的项目才可以在作业系统同步新建。　　　　　　（　　）
5. 没有编辑完成的组成部分不能提交。　　　　　　　　　　　（　　）
6. 一张底稿允许多次复核。　　　　　　　　　　　　　　　　（　　）
7. 新建组成部分从其他项目复制时,可以复制多个组成部分。　（　　）
8. 事务所独立性声明支持导出打印功能。　　　　　　　　　　（　　）

兴趣拓展阅读

审计独立性现状

随着我国市场经济的发展，资本的趋利本质得到充分的发挥和体现，但大部分舞弊案的揭露者都不是注册会计师，而是看来比较外行的新闻媒体或其他的报表分析者。为什么注册会计师既有专业胜任能力又履行了必要的审计程序却没能发现问题、没有尽到审计责任呢？因此，我国注册会计师审计的独立性权益受到了社会公众的质疑。

在不同的社会发展阶段，注册会计师审计独立性受到的影响也有所不同。影响我国注册会计师审计独立性的因素主要有以下几个方面：

(1) 体制因素。我国注册会计师职业的发展历程和特有的制度背景对审计独立性影响较大。会计师事务所兴办时都是"官办"性质或挂靠性质的。这对我国注册会计师职业的发展起到了一定的积极作用，同时也带来了一定的负面影响，挂靠形成的天然"母子"关系，导致审计市场的畸形发展。1999 年年底，虽然完成了会计师事务所的脱钩改制，但并不能将这种"母子"关系隔绝。因此，为扶持本地会计师事务所发展，一些地方政府过多地进行了行政干预，形成了行业垄断和地区垄断，这样就导致了会计师事务所之间的不公平竞争，也导致了会计师事务所出具的审计报告无法摆脱行政力量的干预。在这样的状态下，注册会计师很难保持其独立性，从而无法保证审计质量。

(2) 缺乏严厉的事后惩罚机制。我国仍处于市场经济发展的初级阶段，法制还很不健全，监管手段也很不成熟，上市公司造假往往难以被发现和查处。注册会计师迫于被审计单位的压力也往往出具不恰当的审计报告。造假成本很低，而造假给双方带来的收益却很大，这是导致违规行为发生的直接原因。另外，尽管我国的《刑法》《会计法》《注册会计师法》和《证券法》中对单位和注册会计师的违规行为的行政责任、刑事责任和民事赔偿责任都有规定，但有法不依、执法不严的问题比较突出。我国恢复注册会计师制度已有 20 多年，对牵涉到舞弊案的注册会计师普遍处罚力度不够，没有起到杀一儆百的作用。

(3) 受注册会计师执业水平的影响。从执业能力来看，我们的一些注册会计师与国外同行相比仍存在较大差距，我国综合能力强、素质高、实践经验多的注册会计师并不多，且我国监察、培训部门缺乏暂且缺乏，注册会计师很难迅速提高自身的职业判断能力。

(4) 经济利益的影响。审计客观上存在着委托人、被审计人与审计人三者之间的关系。社会公众不直接委托注册会计师，而是通过被审单位委托并付费。这时，就可能出现审计独立性的制度陷阱，即购买审计意见。在经济利益的驱使下，注册会计师收取被审单位的审计费用，却要向不支付费用的投资者、债权人及社会公众负责，这就决定了注册会计师与委托单位和外部组织之间的独立的关系演变得十分微妙和复杂。同时,审计业务也要求注册会计师熟知对财务报告有重大影响的管理当局的许多行动、决策和判断,以便作出正确的判断,因此,客观上注册会计师与管理当局必须保持密切的工作关系。因此,注册会计师要保持完全的独立是非常困难的。

第四章 审计工作底稿管理设置

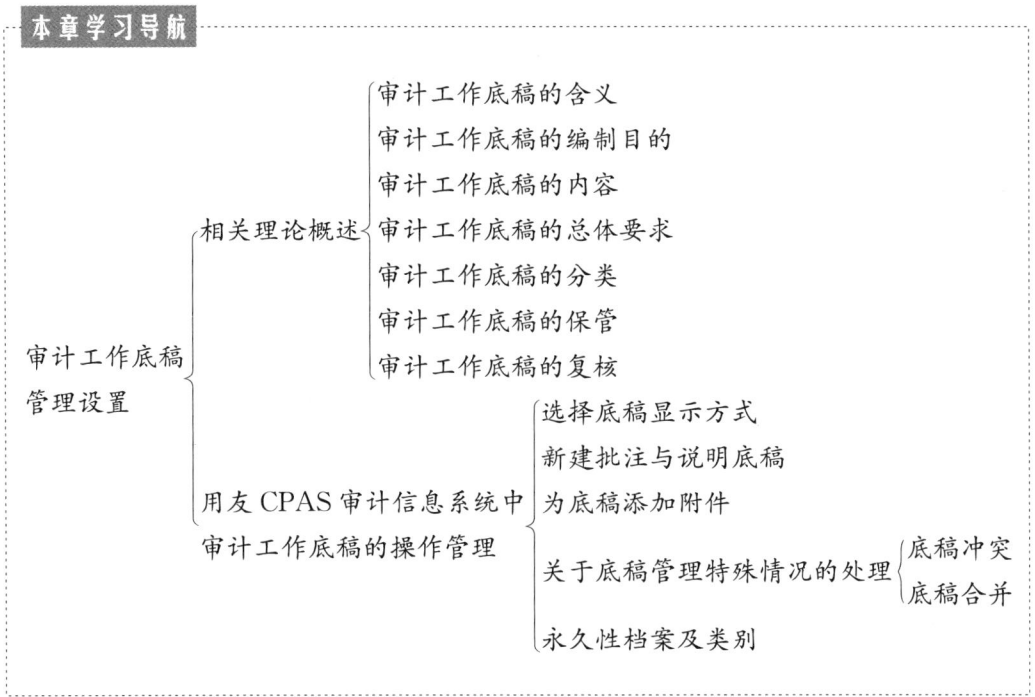

第一节 相关理论概述

一、审计工作底稿的含义

审计工作底稿是指注册会计师对制定的审计计划、实施的审计程序、获取的相关审计证据以及得出的审计结论做出的记录。审计工作底稿是审计证据的载体,是注册会计师在审计过程中形成的审计工作记录和获取的资料。它形成于审计过程,也反映整个审计过程。

二、审计工作底稿的编制目的

注册会计师应当及时编制审计工作底稿,以实现下列目的。

(1) 提供充分、适当的记录,作为审计报告的基础。审计工作底稿是注册会计师形成审计结论,发表审计意见的直接依据。及时编制审计工作底稿有助于提高审计工作的质量,便于在出具审计报告之前,对取得的审计证据和得出的审计结论进行有效复核和评价。

(2) 提供证据,证明注册会计师按照中国注册会计师审计准则的规定执行了审计工作。在会计师事务所因执业质量而涉及诉讼或有关监管机构进行执业质量检查时,审计工作底稿能够提供证据,证明会计师事务所和注册会计师是否按照审计准则的规定执行了审计工作。

三、审计工作底稿的内容

审计工作底稿通常包括下列内容。

总体审计策略;具体审计计划;重大事项概要;分析表(执行分析程序的记录)、问题备忘录(对某一事项或问题概要的汇总记录)、核对表(为核对某些特定审计工作或程序完成情况的表格);询证函回函、有关重大事项的往来信件(包括电子邮件)、管理层书面声明、被审计单位文件记录的摘要或复印件、业务约定书、管理建议书、项目组内部或项目组与被审计单位举行的会议记录、与其他人士(如其他注册会计师、律师、其他行业专家等)的沟通文件及错报汇总表等;审计工作底稿不能代替被审计单位的会计记录,两种证据缺一不可。

审计工作底稿通常不包括下列内容。

已被取代的审计工作底稿的草稿或财务报表的草稿;反映不全面或初步思考的记录;存在印刷错误或其他错误而作废的文本;重复的文件、记录等。

四、审计工作底稿的总体要求

注册会计师编制的审计工作底稿,应当使未曾接触该项审计工作的有经验的专业人士清楚地了解:①按照审计准则的规定实施的审计程序的性质、时间和范围;②实施审计程序的结果和获取的审计证据;③就重大事项得出的结论。

由于审计工作底稿不仅是形成审计结论的依据,而且是评价注册会计师业绩、控制和监督审计质量的基础,因此,对于审计工作底稿的编制不能认为只是工作底稿,就可以马马虎虎、草率从事,而必须认真对待,在内容上做到资料翔实、重点突出、繁简得当、结论明确;在形式上做到要素齐全、格式规范、标识一致、记录清晰。

五、审计工作底稿的分类

审计工作底稿一般分为综合类工作底稿、业务类工作底稿和备查类工作底稿3类。

综合类工作底稿是指注册会计师在审计计划阶段和审计报告阶段,为规划、控制和总结整个审计工作并发表审计意见所形成的审计工作底稿。主要包括:审计业务约定书、审计计划、审计总结、未审会计报表、试算平衡表、审计差异调整汇总表、审计报告、管理建议书、被审计单位管理当局声明书以及注册会计师对整个审计工作进行组织管理的所有记录和资料。

业务类工作底稿是指注册会计师在审计实施阶段为执行具体审计程序所形成的审计工作底稿。主要包括：符合性测试中形成的内部控制问题调查表和流程图、实质性测试中形成的项目明细表、资产盘点表或调节表、询证函、分析性测试表、计价测试记录、截止测试记录等等。

备查类工作底稿是指注册会计师在审计过程中形成的、对审计工作仅具有备查作用的审计工作底稿。主要包括被审计单位的设立批准证书、营业执照、合营合同、协议、章程、组织机构及管理人员结构图、董事会会议纪要、重要经济合同、相关内部控制制度、验资报告的复印件或摘录。备查类审计工作底稿随被审计单位有关情况的变化而不断更新，应详细列明目录清单，并将更新的文件资料随时归档。注册会计师在将上述资料归为备查类工作底稿的同时，还应根据需要，将其中与具体审计项目有关的内容复印、摘录、综合后归入业务类审计工作底稿的具体审计项目之后。通常，备查类审计工作底稿是由被审计单位或第三者根据实际情况提供或代为编制，因此，注册会计师应认真审核，并对所取得的有关文件、资料标明其具体来源。

六、审计工作底稿的保管

审计工作底稿按照一定的标准归入审计档案后，应交由会计师事务所档案管理部门进行管理。会计师事务所应建立审计档案保管制度，以确保审计档案的安全、完整。对于永久性和定期审计档案的保管年限分别如下：

（1）永久性审计档案应长期保管。

（2）会计师事务所应当自审计报告日起，对审计工作底稿至少保存10年。如果注册会计师未能完成审计业务，会计师事务所应当自审计业务中止日起，对审计工作底稿至少保存10年。

（3）不再继续审计的被审计单位，其永久性审计档案的保管年限与最近一年当期档案的保管年限相同。对于保管期限届满的审计档案，会计师事务所可以决定将其销毁。销毁时，应根据有关档案管理规定履行必要的手续。

七、审计工作底稿的复核

由于一张单独的审计工作底稿往往由一名注册会计师编制完成，难免造成在资料引用、专业判断和计算分类方面的误差，对已经编制完成的审计工作底稿必须安排有关专业人员进行复核，以保证审计意见的正确性和审计工作底稿的规范性。

通常，根据组织规模和业务范围，实行会计师事务所对审计工作底稿的三级复核制度。审计工作底稿三级复核制度是指以主任会计师、部门经理（或签字注册会计师）和项目负责人（或项目经理）为复核人，依照规定的程序和要点对审计工作底稿进行逐级复核的制度。

在审计过程中，注册会计师需要大量地编制或取得审计工作底稿，使得审计工作底稿成为注册会计师审计业务中最为普遍的专业工具，促进审计工作向科学化、规范化方向发展。审计工作底稿是联结全部审计工作的纽带，是形成审计结论、发表审计意见的依据，是评价审计责任、专业胜任能力和工作业绩的依据，为审计质量控制与质量检查提供了基础依据，因此要求注册会计师在审计过程中应严格按照准则的要求编制工作底稿。

第二节　用友 CPAS 审计信息系统中审计工作底稿的操作管理

在底稿平台窗口中，上部显示底稿列表、批注列表、附件列表、说明列表等页签，用于选择底稿、批注、附件及说明。下部显示批注、附件、说明等页签，用于为选中的底稿创建或显示批注、附件及说明。

当审计项目是单体审计时，审计人员登录作业端并打开项目（组成部分）后，进入作业端主界面，CPAS 系统默认会直接打开"底稿平台"子窗口，或者依次点击作业端菜单栏"工作底稿—底稿编制平台"。

当审计项目有多个组成部分时，单击"选择组成部分"按钮，可在"图型显示"或"树型显示"对话框中选择组成部分，实现组成部分的切换。每个组成部分都有一套自己的工作底稿。

一、选择底稿显示方式

显示管理底稿列表在底稿列表界面，通过"显示"下拉列表，可以选择底稿列表的显示方式。底稿列表的显示方式有三种：按底稿审计阶段、按底稿分配情况、按底稿完成情况。

默认情况下，按底稿审计阶段显示底稿列表。CPAS 系统的标准模板一般把审计阶段分为八个阶段，如初步活动、了解环境、了解内控、风险评估、控制测试、实质性测试、其他、完成。审计阶段的划分来源于底稿模板，可以根据需要维护审计阶段。

二、新建批注与说明底稿

在底稿列表页签，选中一张工作底稿，然后在"批注"页签中单击右键菜单"新建"，打开底稿批注对话框。选择收件人、批注类型，填写标题、内容，单击"保存"按钮，即为所选底稿添加了一条批注。批注及其回复一同列示在"批注"页签中。

在底稿列表页签，选中一张工作底稿，然后在"说明"页签中单击右键菜单"新建"，打开底稿说明对话框。填写标题、内容，单击"保存"按钮，即为所选底稿添加了一条说明。新建的说明，会列示在"说明列表"页签中。

三、为底稿添加附件

在附件列表页签,单击"导入"按钮,弹出对话框。选择文件,并单击"打开"按钮,即把选中的文件导入到附件列表中。

在底稿列表页签,选中一张工作底稿并打开编辑。然后在底稿编辑界面,单击"CPAS系统"加载项中与底稿相关的功能按钮"引用底稿或附件"—"引用附件",选择有关附件后单击"确定",即建立了附件与底稿之间的连接,实现了底稿对附件的引用。

为当前审计项目导入的所有附件,都纳入"附件列表"进行统一管理。一张底稿可以引用多个附件,一个附件可以被多个底稿引用。

四、关于底稿管理特殊情况的处理

(一) 底稿冲突

底稿冲突是指审计人员编制完工作底稿后将底稿同步到CPAS系统管理系统服务器后,非原始底稿编制人将通过管理系统将底稿下载到本地电脑重新编辑后再上传,导致服务器上编辑人和修改编辑人不一样,刷新底稿后会显示"×",双击显示"底稿在冲突状态,是否现在解决",点击"是",进入底稿冲突管理平台,在只有一张底稿有冲突的情况下,右键选择根据实际判断选择使用本地或服务器底稿,然后必须将底稿重新上传才能消除冲突状态,如果使用服务器底稿解决的话只要刷新即可,不需要重新上传。

(二) 底稿合并

底稿合并是指将系统外的底稿和系统内的底稿合并,也能将Excel格式的底稿合并到Word格式中。

五、永久性档案及类别

永久性档案是指内容相对比较稳定,具有长期使用价值,并对以后审计工作具有重要影响和直接作用的审计档案。例如,被审计单位的组织结构、章程、营业执照、关联方资料、审计业务约定书等。审计业务约定书对以后的纠纷的处理有重大的影响,也应该属于永久性档案。

审计管理系统中的永久性档案功能,提供了新建、编辑、删除、维护更新记录功能。其中,维护更新记录主要用于新建、编辑更新记录,便于日后对更新记录的查阅。

另外,CPAS系统作业端"工作底稿"菜单栏下还包括提交复核、底稿复核、设置复核级别等功能按键,本教材会在第十一章第五节做详细阐述,故此处不做详细介绍。

上机操作 4-1

添加通用底稿。

通用底稿包括审计业务约定书、审计报告范例等模板。底稿初始化时,CPAS系统在默认情况下并没有将这些底稿添加到项目中。假设ABC股份有限公司审计项目需要用到下面两张工作底稿:"(0006)实质性分析程序"及"(0004)利用注册会计师的专家的工作",请从模板中将其添加到该项目的"通用底稿"阶段。

要求:以项目经理张三的身份完成操作。假设张三登录CPAS系统作业端之后,已打开"ABC股份有限公司20×2年度财务报表审计"项目,并进入"底稿平台"窗口。

本 章 练 习

姓名：_____ 学号：_____ 日期：_____ 分数：_____

一、填空题(5′×6)

1. 如果存在底稿冲突(如 2 人做 1 张底稿),可以在"工作底稿"——"_____"界面,解决底稿冲突问题。
2. 如底稿不全或缺失,可以进行_____,获得完整底稿。
3. 在工作底稿—_____功能界面,可以将底稿批量刷新。
4. 底稿冲突管理中解决底稿冲突有_____、_____、_____和_____几种方式。
5. 新建永久性档案必须有_____。
6. 当审计项目有多个组成部分时,单击"_____"按钮,选择组成部分,实现组成部分的切换。

二、单选题(10′×5)

1. 审计人员登录作业端主界面后,CPAS 系统默认会直接打开( )子窗口。
   A. 我的项目列表　　　　　　B. 同步管理
   C. 底稿编制平台　　　　　　D. 客户信息
2. 底稿批量打印时,需要先进行( )后,再打印。
   A. 底稿合并　　　　　　　　B. 底稿模板初始化
   C. 底稿工作量统计　　　　　D. 底稿批量刷新
3. 已归档的永久性档案系统显示为( )。
   A. 红色　　　　　　　　　　B. 绿色
   C. 蓝色　　　　　　　　　　D. 黑色
4. 底稿归档状态不包括( )。
   A. 提交　　　　　　　　　　B. 退回作业
   C. 管理归档　　　　　　　　D. 空白
5. 默认情况下,底稿编制平台是按( )显示底稿列表。
   A. 底稿审计阶段　　　　　　B. 底稿分配情况
   C. 底稿完成情况　　　　　　D. 底稿状态

三、判断题(5'×4)

1. 在底稿冲突左侧窗口单击右键使用本地底稿解决冲突后,还需要再次与服务器进行同步,再次同步后,底稿冲突问题才能彻底解决。　　　　　　　　　　　(　)

2. 冲突底稿在底稿平台可以进行编辑和查看。　　　　　　　　　　　(　)

3. 上级组成部分未归档下级不能归档。　　　　　　　　　　　(　)

4. 在底稿平台窗口的中部有四个页签按钮,分别为:底稿列表、批注列表、附件列表、说明列表。　　　　　　　　　　　(　)

兴趣拓展阅读

审计工作底稿相关知识及填制技巧

审计工作底稿是CPA和助理人员在执行审计业务过程中形成的审计工作记录和取得的资料，它不仅是形成审计结论、发表审计意见的直接依据，也是证明CPA按照独立审计准则要求完成审计工作、履行应尽职责的依据。规范、高效率、高质量地编制各种审计工作底稿是执业CPA业务素质和知识水平的体现。

注册会计师的审计过程实际上是收集审计证据，编制审计工作底稿，进而作出审计结论的过程。通过编制审计工作底稿，把已收集到的数量众多但又不系统、没有重点的各种审计证据资料，系统地加以归类整理，从而使审计结论建立在充分和适当的审计证据基础之上。

一、编制审计工作底稿的规范性要求

《中国注册会计师审计准则》对编制审计工作底稿提出了规范性的操作要求，主要包括：

（1）必要性规定。《中国注册会计师审计准则第1131号——审计工作底稿》第8条规定"注册会计师的目标是，编制审计工作底稿以便：①提供充分、适当的记录，作为出具审计报告的基础；②提供证据，证明注册会计师已按照审计准则和相关法律法规的规定计划和执行了审计工作。"此准则第9条同时规定"注册会计师应当及时编制审计工作底稿。"编制审计工作底稿是对CPA执行审计业务的强制性规定。没有审计工作底稿的审计报告无疑是一份虚假报告。

（2）适当性规定。规范的审计工作底稿并不是各种书面文字的简单堆砌，应当体现已收集到的审计证据和最终形成的审计意见之间内在的逻辑关系。审计工作底稿种类繁多，且有不同的来源和编制人，为保证审计工作底稿的适当性，《中国注册会计师审计准则第1121号——审计工作底稿》中第4条规定"审计工作底稿应便于会计师事务所按照《质量控制准则第5101号——会计师事务所对执行财务报表审计和审阅、其他鉴证和相关服务业务实施的质量控制》的规定，实施质量控制复核与检查"，同时"审计工作底稿有助于负责督导的项目组成员按照《中国注册会计师审计准则第1121号——对财务报表审计实施的质量控制》的规定，履行指导、监督与复核审计工作的责任。"因此，审计工作底稿需要准确、规范地填写，便于质量控制复核与检查。

二、审计工作底稿的现状和问题

编制审计工作底稿是一项对专业能力与实务经验要求较高的工作。受注册会计师行业整体素质不高，会计事务所内部管理制度不健全等因素影响，目前，在编制工作底稿方面尚存在不少问题。主要表现在以下方面。

(1) 审计工作底稿不规范。如内容不完整,要素不齐全,格式不规范,标识不一致,内容不清晰,结论不明确。

(2) 复核制度不健全或流于形式。不少会计师事务所尚未建立审计工作底稿复核制度,缺乏风险控制的有效机制,使编制人某些专业判断一错到底;或者无明确的岗位责任制和错误追究制度,使复核制度流于形式,未起到应有的作用。

(3) 审计工作底稿分类混乱。审计档案保管不严,分类缺乏统一标准,或者仅将所有收集到的资料简单堆砌、归档。

(4) 无审计工作底稿。个别注册会计师将"资格寻租",只管盖章收费;事务所出售审计报告,违法设立分所(执业处),寻找执业黑洞;个别事务所还伪造底稿以假充真。

注册会计师在主观上对审计工作底稿重视不够,在客观上不知道如何(更好)编制、复核审计工作底稿,加之准则缺乏可供操作的、科学的专业标准体系,是造成以上问题的主要原因。

三、审计工作底稿的要素和构成

审计工作底稿是 CPA 在审计过程中形成的审计工作记录和获取的资料。其形成方式有编制和取得两种。

对于自行编制的工作底稿,应当全面记录审计计划的执行轨迹,审计证据的收集过程,职业判断的依据及过程,审计意见的形成过程等。大部分工作底稿应当由 CPA 自行编制。

对于由委托单位或第三方提供的资料,严格讲并不是审计工作底稿,只有在 CPA 实施必要的审计程序并形成相应的审计记录后,作为审计工作底稿的重要组成部分。

审计工作底稿的基本内容包含十部分,分别是:①被审计单位名称;②审计项目名称;③审计项目时点或期间;④审计过程记录;⑤审计标识及其说明;⑥审计结论;⑦索引号及页次;⑧编制者姓名及编制日期;⑨复核者姓名及复核日期;⑩其他应说明的事项。

四、审计工作底稿基本要素的编制方法

下面依顺序分别介绍各要素的编制方法:

(1) 被审计单位名称。此项目是审计对象的占有方(个别时候项目的委托方和审计客体不一致,如司法鉴定项目)。若被审单位为下属公司,则应同时写明下属公司的名称。(如 XX 公司一分厂)此项目可写简称,或以统一的审计标识代替。

(2) 审计项目名称。此项目一般填写审计业务类型,如"2018 年报审计""工资专项审计""破产清算审计"等,项目名称应尽量简练、清晰。

(3) 审计项目时点或期间。此项明确审计范围在时间上的截止点或时间跨度,应结合实质性测试的具体对象区别对待,资产负债项目应填截止时点,损益类项目应填时

间跨度。

(4) 审计过程记录。此项目为审计工作底稿的核心要素,其简繁程序受制于审计项目的性质、目的和要求,被审单位的经营规模等诸多因素。目前,大部分会计事务所采用统一印制的程序表(或是标准的底稿模式)来代替工作底稿编制中大量的手工书写(或录入)工作量,本项目可充分运用审计标识,以提高工作效率。

(5) 审计标识及其说明。此项目是CPA用以表达各种审计含义的书面符号。适当运用审计标识可以缩短工作时间,提高工作效率(但也应防止过度使用,否则一张底稿将变成甲骨文字,让人晦涩难懂),同时应说明其确切含义,并在审计过程中保持其前后一致和不同标识的唯一性。可以单独或合并使用常用符号、英文缩写、简称等形式表达各种含义,并将这些标识及其完整的含义详细记录于审计标识一览表内供检查以及复核者正常阅读。

(6) 审计结论。此项目是CPA经过必要的审计程序后做出的专业判断,它直接支持最终的审计意见,因此,审计结论应清晰、简明地表述,不能含糊其词,模棱两可。

(7) 索引号及页次。索引号是CPA为整理利用审计工作底稿,将具有同一性质或反映同一具体审计对象的工作底稿分别归类,形成相互联系、相互控制的特定编号;页次是同一索引号下不同审计工作底稿的顺序编号。两者结合构成每一审计工作底稿唯一的标识符号,因此,索引号应准确表达对应审计工作底稿的类型和性质,相互之间既有紧密的关联作用和勾稽关系,又有明显的排他性和唯一性,不允许重复。页次一般依次编号,并以分数形式(如2/3)表示。页次编排时应连续,防止跳号、缺号或重号。

(8) 编制者(复核者)姓名及编制(复核)日期。两者姓名均可采用简签格式,并记录于审计标识一览表内。值得注意的是,对于复核者而言,在履行必要的复核程序后,除签名外,还应将相应的复核意见、复核中发现的问题及处理意见书面记录下来,以利于编制者修正或明确审计责任划分。

五、审计工作底稿要素的编制技巧

(一) 合理、恰当运用审计标识

除充分运用约定俗成的审计标识外,对于被审计单位名称、审计程序、审计结论以及编制者(复核者)姓名等要素均可采用适当的审计标识以尽量减少书写量,比如全省统一印制的"会计记录抽查表"中对于核对内容说明并未规定和列示,但大部分核对内容均应包含"原始凭证内容完整""有授权批示"和"账务处理正确"三项,在编制审计工作底稿时可用CHK1、CHK2、CHK3(或其他类似标识)代替;又比如"审定表"中审计结论可用EVC代替"期末余额可以确认";用EVAC代替"期末余额经调整后可以确认";用EVFC代替"期末余额经重分类后可以确认"等等。对于在审计工作底稿编制中出现频率较高的文字均可采用审计标识来代替。

(二) 先编制索引号，后编制底稿页次

大部分执业人员在审计外勤结束后统一编制索引号和页次，这时，由于汇总的工作底稿较多，且又要交叉引用，造成编制困难。可在外勤开始时（或开始前）由项目负责人按照未审会计报表的一级科目顺序先编制程序表或审定表的索引号（如 A1、A2……），在外勤结束时再分别填制底稿页次，这样既能保证索引号的唯一性和相互索引，又可防止页次编制时的缺号、重号。在采用本方法时要注意以下几点。

（1）对于无期末余额或者期初、期末均无余额，但审计期内有业务的报表项目也要编制索引号，如应付工资、待摊费用、往来款项等科目。

（2）对于期初、期末均无余额，但经实质性测试调整或重分类后有余额的会计科目（如待摊费用、往来款项）可随该类项目最后的索引号继续编号，不宜采用在已编索引号中间插入新索引号（如在 A6 和 A7 之间加入 A6-A），以防止新索引号与前者的其他底稿同号造成混淆。

（3）对于从外部取得或第三方提供的资料也要编制索引号。大部分 CPA 过多考虑自行编制工作底稿的编号索引，而忽视了外部资料。尽管从外部取得的资料无统一的格式，但仍应及时按类别编号，以利于归档或复核者审阅。

(三) 借助计算机编制工作底稿

审计项目执行过程中涉及到大量的数据运用，调整和重分类等，容易造成编制者书写时笔下误，同时也加大了外勤工作量。可以借助计算机编制诸如分析性复核、银行余额调节表、审计调整和重分类、试算平衡等审计工作底稿，可以自行设计或从网上下载相关的功能模块，借助 Excel、VFP、华表等工具代为编制，以提高工作效率。

(四) 要求被审计单位提供规定格式的资料

对于被审计单位提供的诸如余额明细表、账龄分析表或折旧计提计算表等资料，可能在利用时仍显要素不全或数据不"兼容"，如余额明细表中无账龄资料，折旧计提表中无资产类别等等，无法直接利用或进一步分析。可以在签约之后对被审计单位财务人员予以必要的辅导，要求他们提供合乎审计程序要求的数据格式，可以有效缩短外勤周期。此外，要求被审计单位按审计档案统一的纸张格式提供必要的资料，也有利于审计项目的归档工作。

质量是事务所生存的生命线，而高质量的审计工作底稿无疑是高质量审计服务的最有力保证。事务所应建立健全内部岗位责任、复核、风险控制等有效制度，引导和监督 CPA 及助理人员严格规范执业，在执业过程中不断总结、积累，逐步提高其业务素质和实践能力，这将是会计事务所在现阶段最需要练就的"内功"，只有练好内功，事务所才能有在激烈的市场竞争中立于不败之地的根本。

注：资料根据《中国注册会计师审计准则》内容整理编写。

第五章 数据准备

本章学习导航

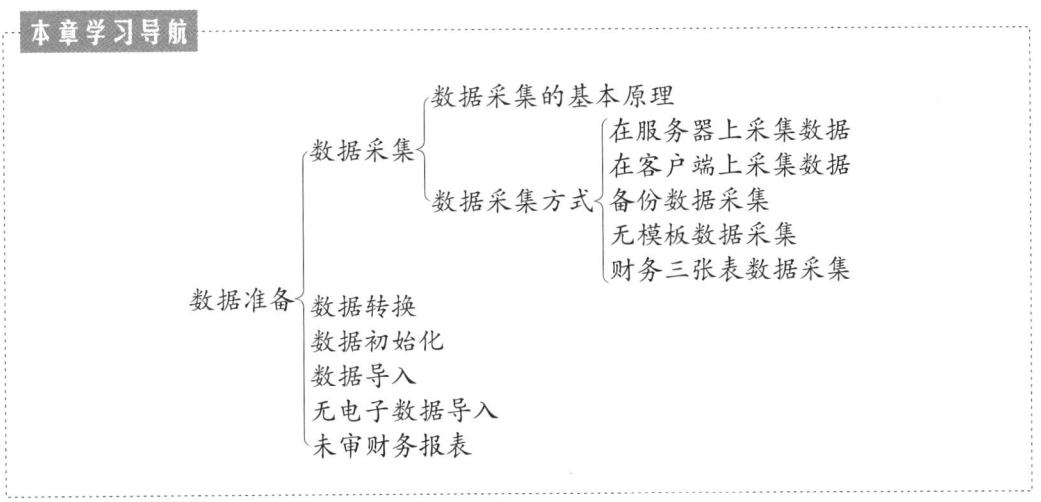

第一节 数据采集

注册会计师在审计过程中,涉及的被审计单位财务软件越来越多,如何有效地采集被审计单位的电子数据,是利用 CPAS 系统进行计算机审计工作的关键步骤。因此,必须保证采集到被审计单位完整的数据,并保证数据的一致性和可操作性,否则会得出错误的审计结果。

"用友数据搬运工"是 CPAS 系统的财务数据采集工具,可以看作标准接口,它将不同格式的会计账套文件生成统一的、能够被 CPAS 系统识别的审计项目文件。

一、数据采集的基本原理

数据采集的基本思路是:运行数据采集工具,建立与被采集数据的连接,按照既定的采集模板,识别并提取相关数据,保存为". aud"格式的数据文件。采集后的数据文件是加密的文件格式,此文件不能在 CPAS 系统以外被打开,以保证数据文件的安全性。

二、数据采集方式

CPAS 系统提供了多种数据采集方式,如在服务器上采集数据、在客户端上采集数据、备份数据采集等,以保证数据的可采集性。

(一) 在服务器上采集数据

1. 导出采集工具

采集数据之前,我们都需要事先导出采集工具。在作业端双击选择好要操作的审计项目并进入作业端主界面,依次单击菜单"数据准备"—"数据采集工具",弹出"数据采集工具"界面。

如图5-1和图5-2所示,插入U盘,待U盘被系统识别后,单击"导出到U盘"按钮,可以将数据采集工具导出到U盘。采集工具导出到U盘后,在U盘中有一个"数据采集工具"文件夹。

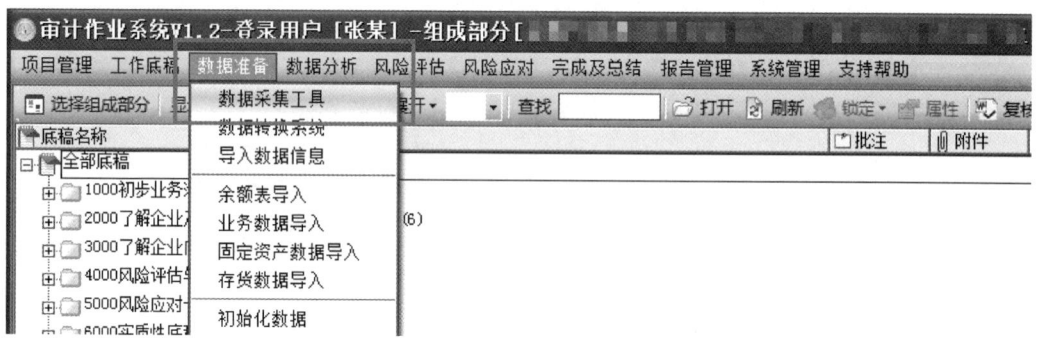

图 5-1　进入数据采集界面

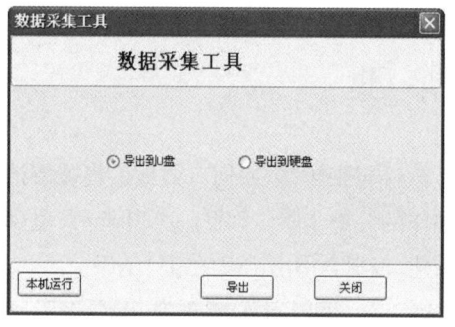

图 5-2　导出数据采集工具

如果CPAS系统安装在D盘根目录下,可以双击打开D盘下的"UFCPAS1"文件夹,里面有"用友数据采集工具"文件夹,将此文件夹拷贝到U盘也可以完成将数据采集工具复制到U盘的操作过程,如图5-3和图5-4所示。

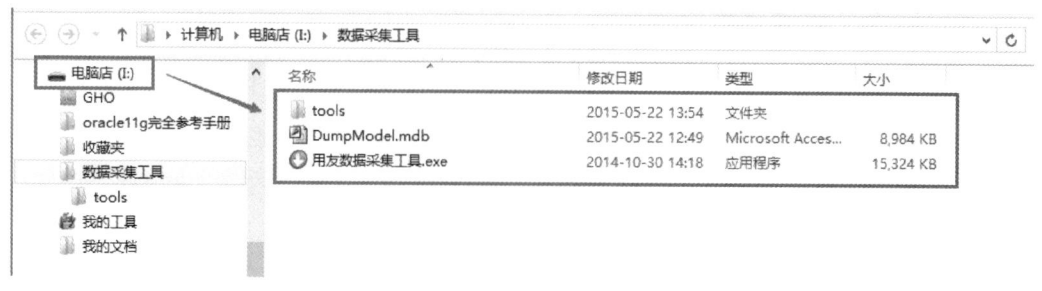

图 5-3　数据采集工具路径

第五章 数据准备

图 5-4 数据采集工具路径

2. 使用工具进行采集

为确保数据采集工具正常运行,运行数据采集工具前,应将杀毒软件退出,待数据采集工作完成后再开启杀毒软件。

如果没有退出杀毒软件,运行数据采集工具执行文件时,杀毒软件会有相关安全提示,请正确处理杀毒软件弹出的提示对话框。

在财务软件的服务器上,使用工具进行采集的步骤如下:

(1) 双击打开 U 盘中的"数据采集工具"文件夹,双击文件夹中的"用友数据采集工具.exe"执行文件。

(2) 运行之后弹出"是否自动搜索"如图 5-5 所示,根据提示选择"是",这样工具会自动搜索出该服务器上的财务软件(搜索过程时间有可能较长,请耐心等待)。如图 5-6 所示,在"已搜索到的财务软件"下面有财务软件名称及版本号显示,说明已经搜索到相关财务软件。

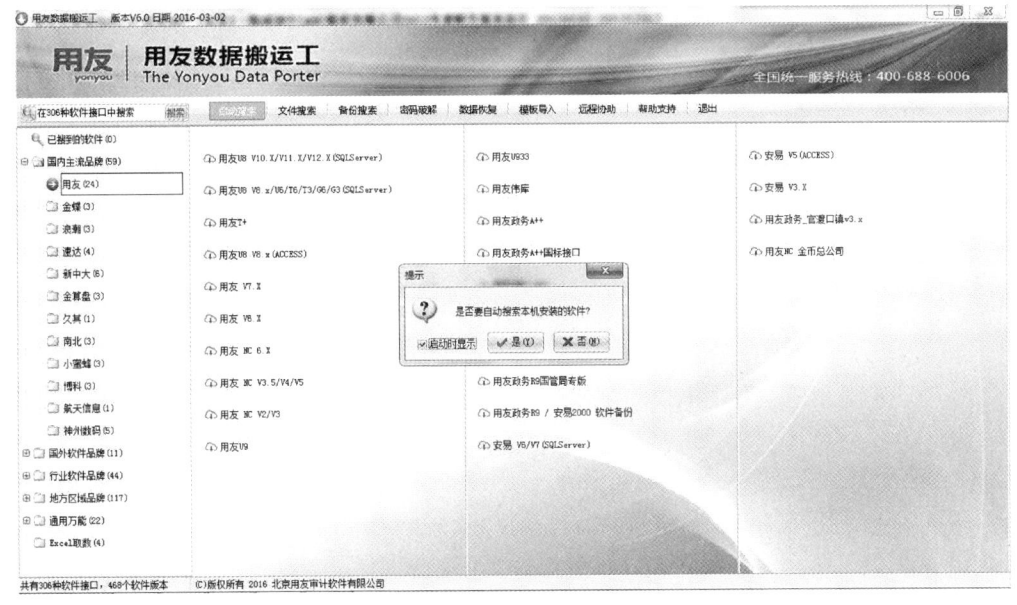

图 5-5 数据采集工具界面

(3) 点击该模板,进入采集参数界面,这里的账套列表和年度列表已经自动搜索出来。最后,选择所需账套,选择所需年度,点击"开始采集"按钮,就可以从服务器中采集数据了。

图 5-6　搜索到相关财务软件界面

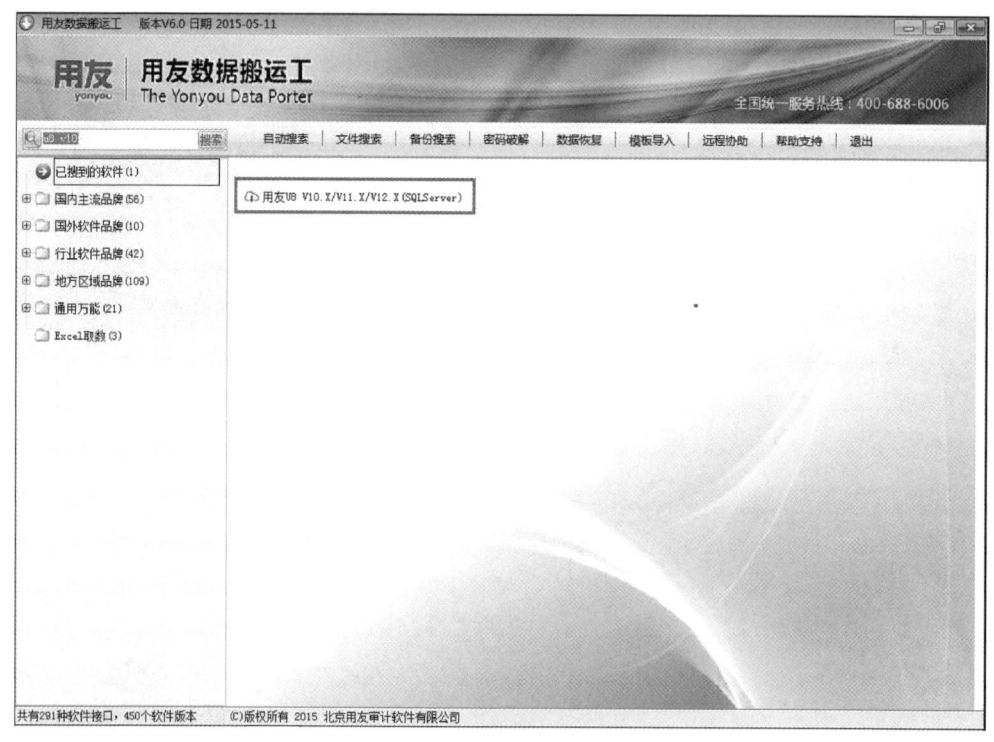

图 5-7　人工选择财务软件界面

（4）如果不使用"自动搜索"的功能，可以直接选择 U8 的模板，如图 5-7 所示，进入采集参数界面，勾选界面下方的"本机是服务器"选项。在"测试连接"成功后，点击"读取账套"按钮，通过读取 U8 的系统数据库而列示出 U8 的账套编号和名称；点击"读取年度"按钮，列示出所选账套的年度信息，点击"开始采集"，如图 5-8 所示，也能采集到财务数据。

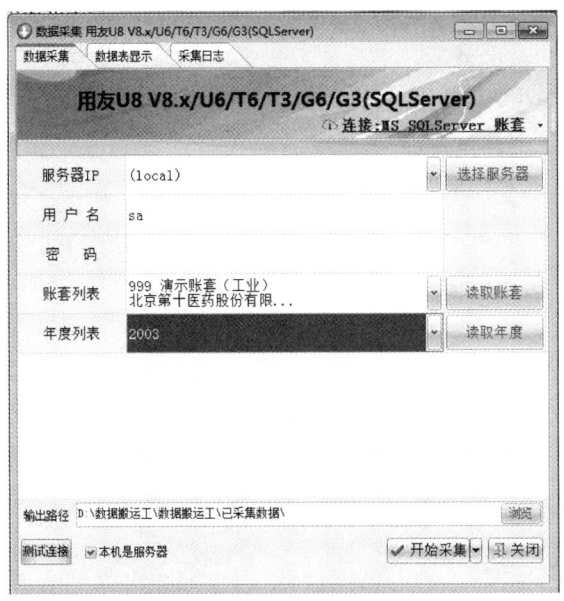

图 5-8 准备采集数据界面

如果不使用自动搜索功能，也可选择手动选择模板，如图 5-9 所示，使用用友数据搬运工的自动搜索财会软件功能，不过值得注意的是，此功能需要较长的运行时间。

图 5-9 进入自动搜索财务软件界面

操作提示

（1）请勿只拷贝数据采集工具中某一文件，需拷贝整个文件夹。
（2）数据采集过程中，请关闭杀毒软件，以免数据采集被拦截。
（3）数据采集中的参数设置，需要被审计单位财务或IT部门配合提供。

（二）在客户端上采集数据

被审计单位不允许在财务服务器上操作，只有在财务软件上采集数据时，可采用在客户端上采集数据，以用友U8采集为例。

在采集主界面，选择"MS SQL Server 账套"或者"MS SQL Server 数据库"，如图5-10和图5-11所示，这种方式与直接在服务器上采集的区别有3点：

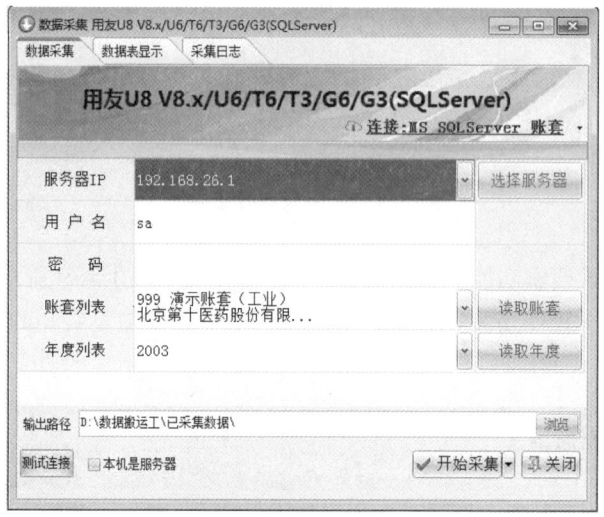

图5-10 在客户端采集数据界面(1)

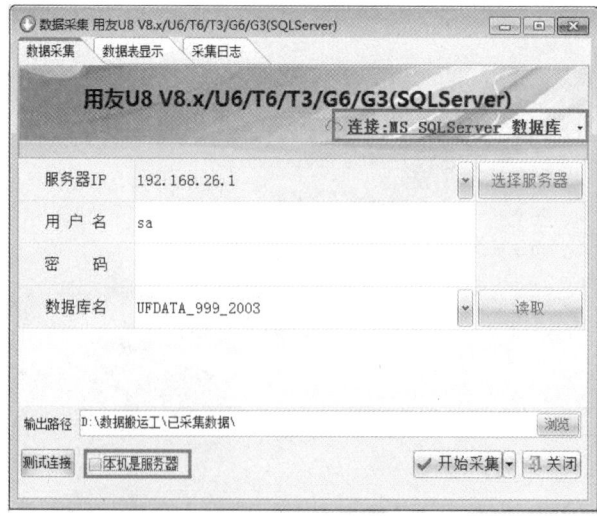

图5-11 在客户端采集数据界面(2)

第五章 数据准备

(1) 需要填写数据库服务器的 IP 地址。

(2) 需要填写用户名和口令 (用户名默认为 sa)。

(3) 不要勾选界面下方的"本机是服务器"选项。

如何找到服务器 IP：

(1) 服务器的 IP 地址获取方法是在服务器上点"运行"，输入"cmd"如图 5-12 所示。

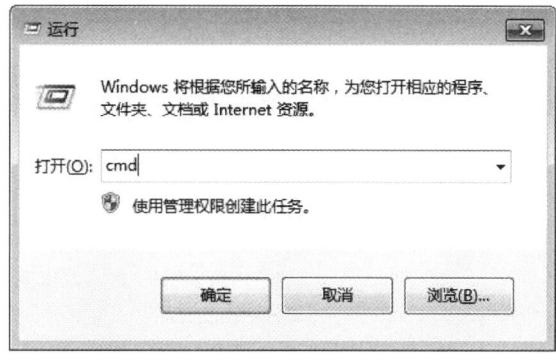

图 5-12 获取服务器 IP 地址界面

(2) 在打开的 DOS 窗口里输入"ipconfig"命令，即可得到该服务器的 IP 地址，如图 5-13 所示。

配置好参数，测试链接成功后，读取账套和年度，点击"开始采集"。采集成功后，会出现对话框，提示是否查看已采集数据，如图 5-14 所示。

图 5-13 服务器 IP 地址界面

(三) 备份数据采集

备份数据采集只需要将被审计单位备份文件拷贝回来即可。审计人员依然需要通过取数工具将备份文件解析，采集出审计软件能够识别的".aud"文件。操作步骤如下。

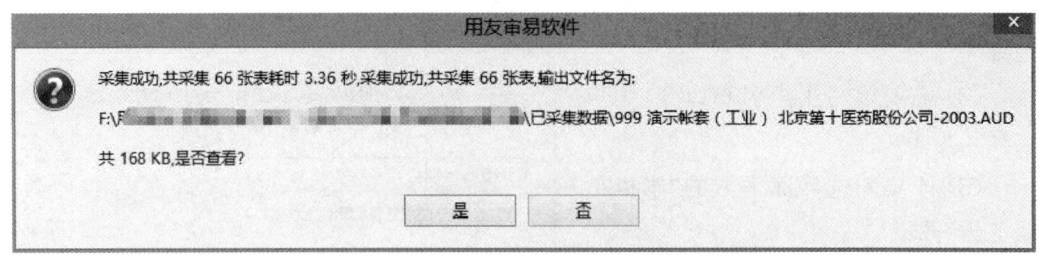

图 5-14 数据采集完成界面

(1) 点击"选择文件"按钮,选择被审计单位给提供的数据备份,比如,"UFDATA. BA_"或"UFDATA. bak",点击"还原"按钮,就可以把这个数据库的备份还原到 SQL Server 数据库中去。

(2) 点击"开始采集"按钮,如图 5-15 所示,我们就可以从本地的 SQL Server 数据库中采集数据了,生成一个后缀名为".aud"的文件。

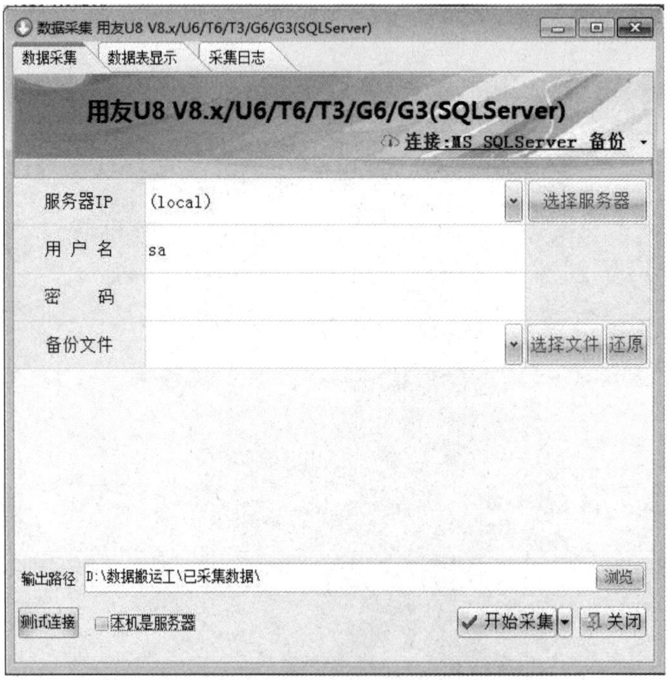

图 5-15 备份数据采集界面

(四) 无模板数据采集

用友数据采集工具提供了 300 多种不同财务软件及不同版本的财务软件数据采集接口,基本覆盖了市面上各种财务软件。

在数据采集时,如果被审计单位使用的财务软件不在用友数据采集工具的接口列表中,这时可以运用"无模板(按数据库)"方式进行数据采集。运用"无模板(按数据库)"方式采集数据后,用友审计软件公司接口工程师可以针对采集好的 AUD 数据文件制作一个相应的数据转换接口。

如被审计单位运用了个性开发的 SAP 财务系统,数据库是 Oracle,数据采集步骤如下。

(1) 在客户端运行 U 盘中的数据采集工具执行文件"用友数据采集工具.exe"。

(2) 出现"是否搜索本机财务数据"相关提示框时选择"否"。

(3) 在出现的界面中单击"无模板(按数据库)"前的加号并单击"oracle",单击"开始采集",如图 5-16 和图 5-17 所示。

图 5-16　无模板数据采集界面(1)

图 5-17　无模板数据采集界面(2)

(4) 在出现的界面中进行参数配置并完成数据采集,如图 5-18 所示。

图 5-18　无模板数据采集完成界面

(五) 财务三张表数据采集

由于在某些特殊情况下,审计人员无法从被审计单位 ERP 系统中采集到所需要的 ERP 数据,但被审计单位能够提供从 ERP 系统导出电子表格形式的文件,所以为了实现电子表格数据与 CPAS 系统的顺利对接,用友数据采集工具专门提供了导入财务三张表的数据采集功能,并提供相应的三张表数据模板。

三张表数据模板存放路径为:"\用友数据采集工具\tools\导出三张表(科目表,余额表,序时账)模板. xlsm"。

在三张表第一页签,有专门的数据采集说明,审计人员必须按照说明要求的格式进行数据整理。三张表数据采集模板,如图 5-19 所示。

操作提示

当 Excel 提示安全警告宏已被禁用,需要手动启用宏。

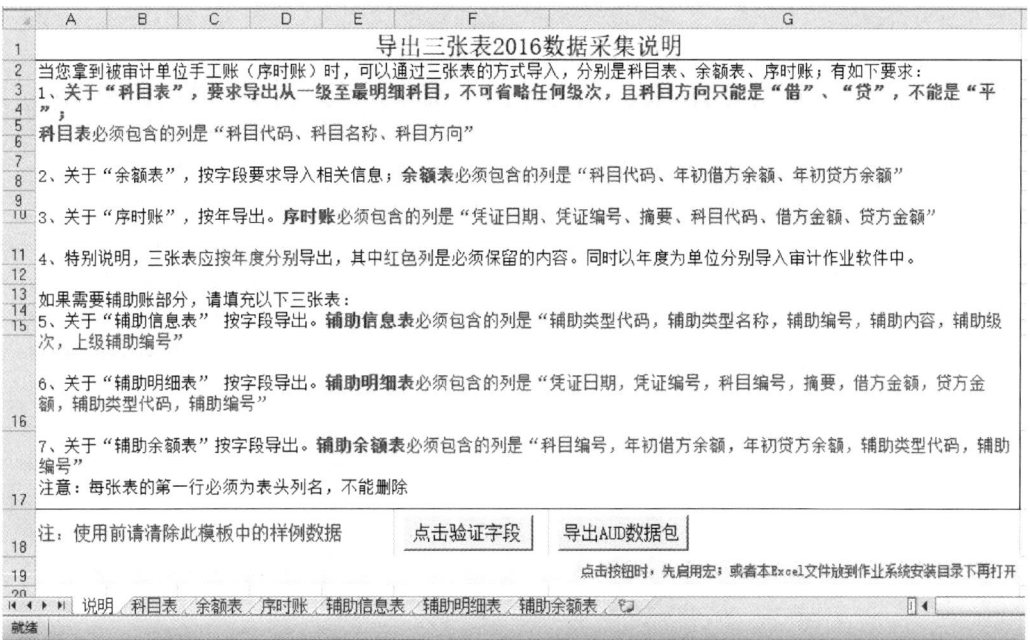

图 5-19　三张表数据采集模板界面

第二节　数 据 转 换

数据转换是数据采集的继续，目的是把数据采集得到的中间数据文件（AUD 文件），导入到 CPAS 系统中，转换为各种查询分析工具可以直接操作的审计数据，操作步骤如下。

（1）打开审计项目并启动数据转换系统。

（2）选择数据文件并执行转换。

（3）执行数据转换。

在作业端主界面，依次单击菜单"数据准备"—"数据转换系统"，弹出"数据转换系统"窗口，如图 5-20 所示。

"数据转换系统"窗口中，单击"选择文件"按钮，弹出如图所示的对话框，选择"AUD"格式的数据文件，再单击"打开"按钮，如图 5-21 所示。

在"数据转换系统"窗口中，单击"开始转换"按钮，完成数据转换。转换结束后，系统会给出相关提示信息，如图 5-22 所示。

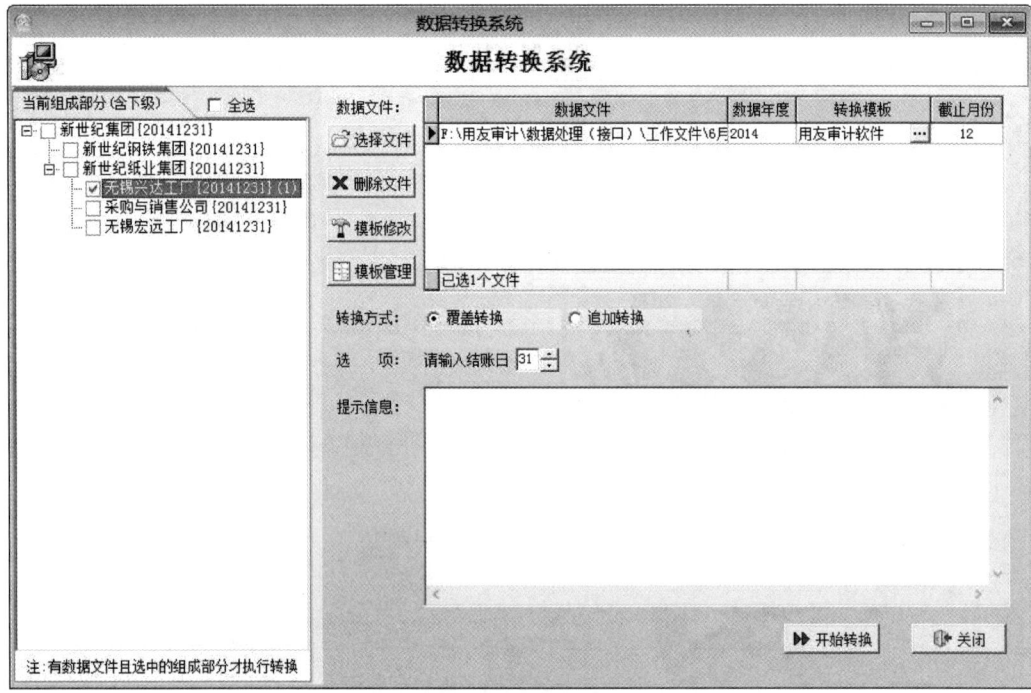

图 5-20　数据转换界面

图 5-21　选择被审计单位数据文件界面

第五章 数 据 准 备

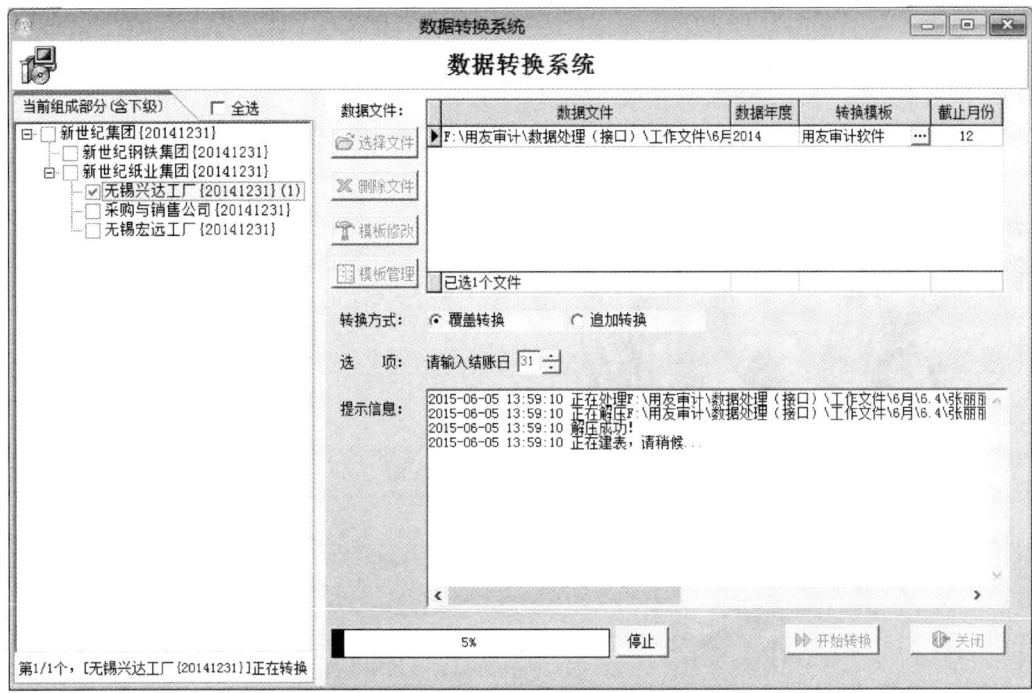

图 5-22 数据转换执行界面

操作提示

当需要转换多家单位的数据时,可以使用批量转换功能,具体提示如下。
(1) 选择上级的组成部分,在数据转换中,可以看到所有下级单位。
(2) 选中黑体(非灰色斜体)的组成部分,可以为其添加数据。
(3) 在组成部分名称左侧,可以通过勾选,来选择批量转换哪些单位的数据。
(4) 添加数据文件:选中组成部分后,在右侧进行添加数据文件。组成部分后面的括号中,会显示当前已添加数据文件的数量。

第三节 数据初始化

初始化数据是为了把采集转换到 CPAS 系统的数据,进行标准科目对应、试算平衡表、审定表初始化、辅助账初始化等预处理,为下一步试算平衡表计算、辅助账分析、经济指标分析等功能做好相关数据准备。

在"初始化数据"窗口中,根据界面默认选项,在"会计报表模板"后面选择好模板,单击"初始化"按钮,即可以完成数据的初始化。

数据初始化完毕后如果有科目未对应上,会出现相关信息提示,可以手动进行科目对应,单击"数据准备"菜单下的"标准科目对应"进行手动科目对应工作。

操作提示

在科目对应时,需要将一级科目中有发生额或有余额的科目全部对应。如在二级科目中,"坏账准备"科目也有发生额或余额的话,也需要进行对应。

在作业端主界面,单击菜单"数据准备"—"初始化数据",如图 5-23 和图 5-24 所示。

图 5-23 进入初始化界面

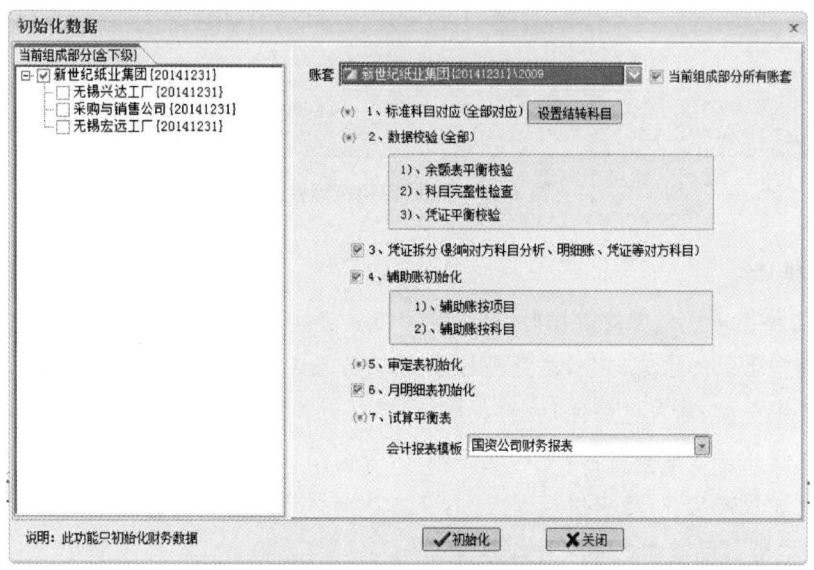

图 5-24 初始化数据界面

第四节 数 据 导 入

在审计过程中,数据的来源可能不仅仅局限于财务软件中,也可能存在于各种数据库或 Excel 文档里。为了增加数据的利用率,审计人员在必要时可以选择使用"业务数据导入"功能,来实现对相关业务数据的查看和使用,具体操作如下。

(1) 左侧选择数据源,可以来自文件,也可以来自数据库。

(2) 选择导入的账套年度。

(3) 选择要导入的数据内容,即勾选所需数据表。
(4) 点击进行导入,如图 5-25 所示。

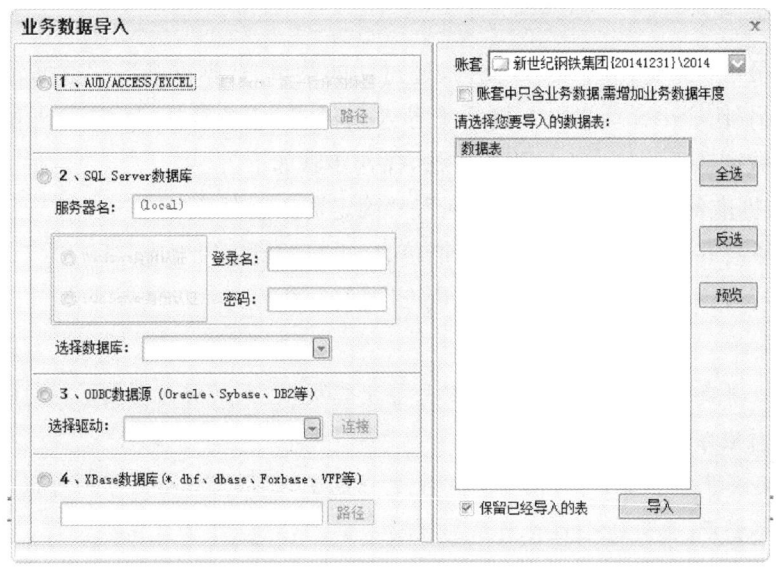

图 5-25　外部数据导入界面

打开综合查询工具后,先选择左侧的账套年度,之后可以在"业务数据导入库"中,查看导入的数据,如图 5-26 所示。

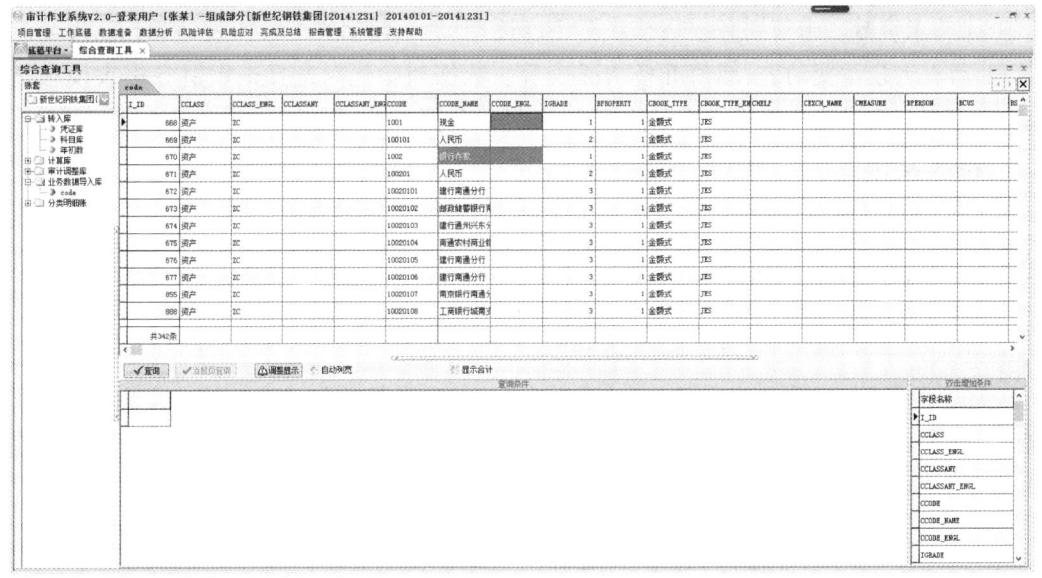

图 5-26　查看外部数据导入界面

第五节 无电子数据导入

审计人员可将采集出的 AUD 文件,通过功能菜单"数据准备"—"数据转换系统"导入进系统。另外,CPAS 系统也支持手工导入余额表、业务数据、固定资产和存货数据。以固定资产数据导入为例来介绍操作方法,操作步骤如下。

(1)"数据准备"—"无电子数据导入"—"固定资产数据导入"。
(2)选择被审计单位准备的固定资产信息,进行关键字段对应。
(3)导入,点击"数据分析"—"固定资产"进行分析。

操作提示

(1)每一项数据导入的时候,都可以先导出模板,在系统外维护好,导入系统,这样就不需要手动对应字段。
(2)固定资产和存货,打勾的必对字段是一定要对应的,非必对字段可以不对应。
(3)固定资产、存货每个目标表都需要对应一次,对应好了点保存设置,点到"导入数据列表"页签。执行导入即可。

第六节 未审财务报表

未审财务报表显示当前组成部分的审前财务报表数据,即经过账面差异调整的账面数生成的未审数。未审财务报表按账套年度逐期展示,包括资产负债表、利润表、现金流量表、所有者权益变动表、减值准备情况表等。数据初始化时选择未审财务报表模板类型,若需要更换模板可以在模板下拉框选择,界面如图5-27所示。

操作提示

(1)在此过程中,如出现报表数据不平衡,应检查标准科目对应是否有误、数据采集是否存在问题,如需生成现金流量表,操作步骤是:① 进入"数据准备"—"现金流量对应页签";② 在现金流量节目"设置货币资金项目";③ 选择未对应科目(无颜色的代表未对应),并在弹出窗口设置未对应科目,点击"对应"。
(2)如需调表不调账的处理,点击界面由上面的"调整分录汇总表"按钮,进行账表调整,操作步骤是:在现金流量汇总节目录入调整分录,调整或调减某项现金流量项目,调整完需要点"重计现金流量汇总"按钮,重新计算,使得调整数据体现出来。
(3)现金流量汇总界面还可以批量设置现金流量项目,需要行选相同性质的科目,批量设置为同一现金流量项目。

第五章 数据准备

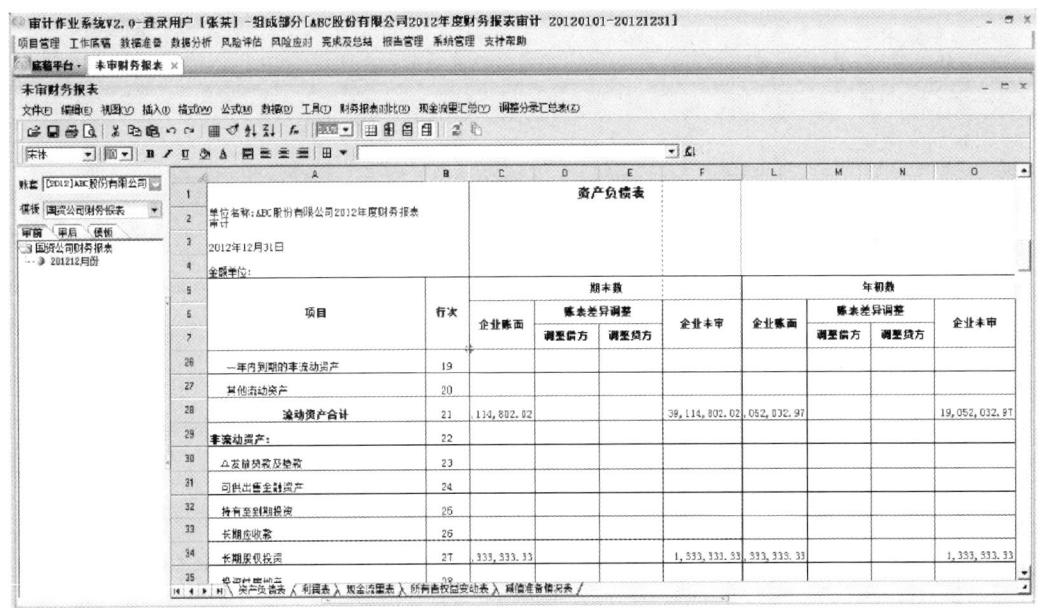

图 5-27 未审财务报表界面

上机操作 5-1

练习在服务器采集 U8ERP V8.X 的数据，可任意选择"MS SQLServer 账套"或"MS SQLServer 数据库"形式进行数据采集，并转换到审计项目中。

表 5-1 习题参数表

参数名称	参数值	备注
数据库类型	ServerMicrosoft SQL	
服务器类型	127.0.0.1（演示 IP）	服务器地址以实际教学环境为准
数据库用户名	sa	
数据库密码	空	密码以实际教学环境为准
财务软件名称及版本	用友 U8 V8.X	
数据库名称	2003 演示	
账套年度	2003	

上机操作 5-2

将"上机操作 5-1"采集的"2003 演示"账套数据转换到"ABC 股份有限公司 20×2 年度财务报表审计"项目中，并验证数据正确性。

表 5-2　习题参数表

参数名称	参数值	备注
用户名及密码	1;1	
项目名称	ABC股份有限公司2012年度财务报表审计	
组成部分名称	ABC股份有限公司2012年度财务报表审计	
财务数据名称	uddata_999_2004.AUD	

本 章 练 习

姓名：_____   学号：_____   日期：_____   分数：_____

一、填空题($4' \times 14$)

1. 用友数据采集工具只能在_____操作系统上运行。
2. 用友数据采集工具采集完财务数据后，文件的后缀名是_____。
3. 数据准备-初始化包含_____、_____、_____和_____共四个必须的步骤。
4. 使用数据采集工具采集完财务数据后的文件夹名称是_____。
5. "导出三张表（科目表，余额表，序时账）模板.xlsm"存放在用友数据采集工具_____文件夹中。
6. 准确判断财务数据中的凭证信息是否转入审计系统中，通常用_____功能查看。
7. 未审财务报表模板中，包含_____、_____、_____和_____共四个页签。
8. 采集 U8 V10X/V11X（SQL Server）版本数据时，如果 SQL Server 有密码时，一般点击_____功能绕开 SQL Server 的密码。

二、单选题($3' \times 8$)

1. 用友数据采集工具采集完财务数据后，文件的后缀名是(　　)。
   A. AUE   B. AUM   C. AUD   D. AUF
2. 使用数据采集工具采集完财务数据后的文件夹名称是(　　)。
   A. TOOLS   B. 已采集数据   C. TEMP   D. 其他
3. "导出三张表（科目表，余额表，序时账）模板.xlsm"存放在用友数据采集工具(　　)文件夹中。
   A. 已采集数据   B. TOOLS   C. TEMP   D. 其他
4. 采集 U8 V10X/V11X（SQL Server）版本数据时，如果 SQL Server 有密码时，一般点击(　　)功能绕开 SQL Server 的密码。
   A. 执行采集   B. 选择服务器
   C. 本机是服务器   D. 测试连接
5. 准确判断财务数据中的凭证信息是否转入审计系统中，通常用(　　)功能查看。
   A. 初始化数据   B. 数据校验

C. 余额表　　　　　　　　D. 导入数据信息
6. 用友数据采集工具中一般运用（　　）菜单进行采集模板的导出、导入操作。
   A. 搜索工具　　B. 模板工具　　C. 破解与恢复　　D. 远程工具
7. 当标准科目中没有与被审计单位名称相符的科目时，用（　　）按钮来增加标准科目中的科目。
   A. 查找　　　　B. 自动对应　　C. 维护　　　　　D. 其他
8. 可以校验转换后的总账数据的正确性的功能是（　　）。
   A. 初始化数据　　　　　　B. 标准科目对应
   C. 余额表查询　　　　　　D. 数据校验

三、判断题($3' \times 8$)

1. 用友数据采集工具，不需要安装。（　　）
2. 标准科目对应，只需要对应一级未对应的科目就可以。（　　）
3. 用友数据采集工具，支持客户端取数和服务器取数两种方式。（　　）
4. 用友数据转换系统，可以同时转换很多单位和很多年度的数据。（　　）
5. 未审财务报表功能不能生成现金流量表。（　　）
6. 运用未审财务报表生成报表前，一定要先进行标准科目对应。（　　）
7. 用友数据采集工具也可以采集财务软件备份数据。（　　）
8. 业务数据导入功能，也可以直接连接数据库(SQL Server)，直接进行数据导入。（　　）

第六章 数据分析

本章学习导航

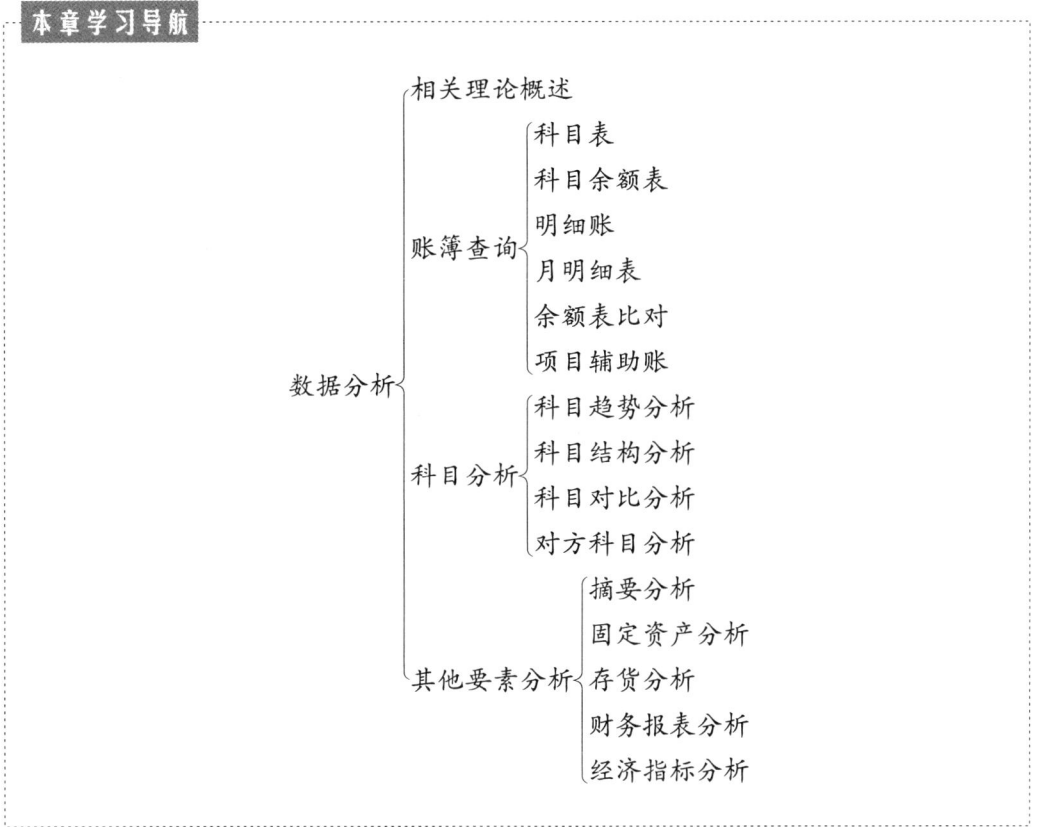

第一节 相关理论概述

分析程序是指注册会计师通过分析不同财务数据之间以及财务数据与非财务数据之间的内在关系,对财务信息作出评价。分析程序还包括在必要时对识别出的,与其他相关信息不一致或预期值差异重大的波动或关系进行调查。例如,注册会计师可以对被审计单位的财务报表和其他会计资料中重要比率及其变动趋势进行分析性复核,以发现其异常变动项目。

分析程序的运用贯穿了整个审计过程。在风险评估中运用分析程序是审计准则的强制性要求。但注册会计师无须在了解被审计单位及其环境的每一方面都实施分析程序。在实施实质性分析时,注册会计师应当考虑实质性分析程序对于可能存在重大错报风险的认定的适用性;在临近审计结束时,注册会计师应当设计和实施分析程序,帮助其对财务报表形成总体结论,以确定财务报表是否与其被审计单位的了解一致。

第二节 账簿查询

账簿查询的功能模块包括科目表、科目余额表、明细账、现金日记账、银行存款日记账、项目辅助账等。

一、科目表

科目表用于查看各级会计科目的类别、方向、借贷方年初余额、累计发生额、年末余额。

在作业端主界面,依次单击菜单"数据分析"—"账簿查询"—"科目表",打开"科目表"窗口。"科目表"窗口有"默认显示"和"表格显示"两个页签。

在"默认显示"页签中,系统将科目分为资产类、负债类、共同类、权益类、成本类、损益类、其他类等类别,在不同的子页签中显示不同内容的科目树。

在"默认显示"页签中,每当选中一个科目,其相应的信息显示在该页签的右侧。在"关键字"文本框中,输入科目编号或名称,并单击"查找"按钮,可以定位特定的科目。

当勾选页签下方的"无数据不显示"选项时,没有期初、期末余额及发生额的会计科目,将不会出现在科目树中。

通过右键菜单,可以展开或收缩科目树,可以复制数据或科目名称,可以将所显示的数据导出到文本文件。

"表格显示"页签如图6-1所示。

在"表格显示"页签中,所有会计科目的方向、发生额、余额同时在一个表格中显示,比较适合于浏览数据。

当勾选页签下方的"不显示无业务发生科目"选项时,没有期初、期末余额及发生额的会计科目,将不会出现在表格中显示。通过右键菜单,可以展开或收缩科目树,可以复制或导出数据。

科目表主要功能是增加科目,例如,想做一笔补提坏账准备的调整分录,但是企业并未设置资产减值损失科目,这就需要增加科目,增加二级科目的前提是上级科目没有发生额或余额;删除科目只能删除手动增加的科目。

二、科目余额表

当完成数据转换并进行了初始化数据操作,可以通过CPAS系统生成的科目余额表

第六章 数据分析

科目表								
账套 [2012]ABC股份有限公司2012年度财务报表审计 ＋科目管理								
总账科目树 | 总账科目表								
全部展开 全部收缩 导出 快速刷新 ☑树状 □不显示无业务发生科目								
科目名称	类别	方向	年初借方	年初贷方	本年借方	本年贷方	期末借方	期末贷方
—1001-库存现金	资产	借	22,491.98		2,065,529.32	2,068,418.82	19,602.48	
⊞—1002-银行存款	资产	借	6,900,848.57		105,548,183.99	101,553,813.13	10,895,219.43	
—1012-其他货币资金	资产	借	2,000,000.00			2,000,000.00		
⊞—1101-交易性金融资产	资产	借			1,066,666.67		1,066,666.67	
—1121-应收票据	资产	借	2,517,048.20		14,037,692.02	14,070,218.22	2,484,522.00	
—1122-应收账款	资产	借	1,891,314.04		66,145,480.92	65,062,782.12	2,974,012.84	
⊞—1123-预付账款	资产	借	47,070.96		13,683,366.64	4,370,943.64	9,359,493.96	
—1131-应收股利	资产	借						
—1132-应收利息	资产	借						
—1221-其他应收款	资产	借	14,159.74		7,450,535.95	687,590.04	6,777,105.65	
—1231-坏账准备	资产	贷		94,565.70	94,565.70	357,505.96		357,505.96
—1401-材料采购	资产	借						
—1403-原材料	资产	借	1,666,707.18		14,750,136.90	14,927,674.24	1,489,169.84	
—1404-材料成本差异	资产	借						
—1405-库存商品	资产	借	4,086,928.96		20,378,886.70	21,378,190.96	3,087,624.70	
—1406-发出商品	资产	借						
—1407-商品进销差价	资产	贷						
—1408-委托加工物资	资产	借						
—1412-低值易耗品	资产	借						
—1413-包装物	资产	借						
⊞—1415-自制半成品	资产	借	29.04		3,061,062.16	1,742,200.78	1,318,890.42	
—1471-存货跌价准备	资产	贷						
551								

图 6-1 科目表

和被审计单位的科目余额表进行数据核对。

科目余额表用于查询统计各级科目的年初数、本期发生额、累计发生额和期末余额等。它可以输出某月或某几个月的所有总账科目或明细科目的期初余额、本期发生额、累计发生额、期末余额。在实行计算机记账后,科目余额表相当于代替了总账。

在作业端主界面,依次单击菜单"数据分析"—"账簿查询"—"科目余额表",打开"科目余额表"窗口。

三、明细账

明细账功能用于查询各科目的明细账,在查账过程中能轻松实现从总账双击看到明细账,再双击明细账看到记账凭证实现明细账、记账凭证穿透功能;在明细账界面中还可以进行凭证抽样,具体操作如下。

(1) 查询明细账。在作业端主界面,依次单击菜单"数据分析"—"账簿查询"—"明细账",打开"明细账"窗口。

明细账窗口的左边显示科目树,用于选择科目。系统将科目分为资产类、负债类、共同类、权益类、成本类、损益类、其他类等类别,可以分类选择科目。

明细账窗口的右边显示相关科目的明细账,每个科目一个明细账页签。双击相应的明细账页签,会关闭该页签,但系统会自动保留一个页签。

(2) 抽凭。如图 6-2 所示的明细账主界面中,单击"抽凭"按钮,会弹出如图 6-3 所示的抽凭窗口,可以设置条件,抽取凭证。

如图 6-3 所示,使用抽凭功能可以对凭证进行随机抽取,如需要对现金业务进行抽凭,对发生额大于 10 000 和小于 10 000 的凭证各抽取 5 笔,这样就需要用到抽凭功能了。

图 6-2 明细账主界面

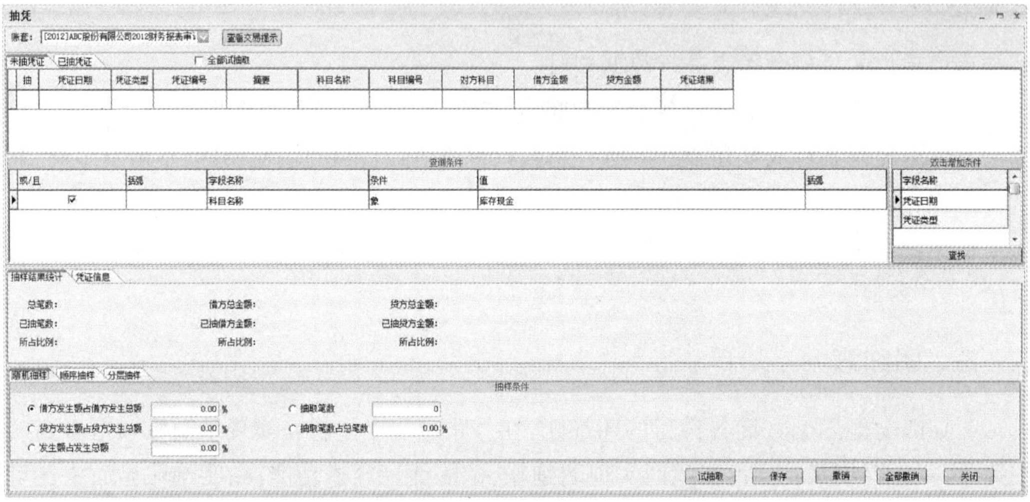

图 6-3 抽凭

操作提示

明细账除了查看功能,最重要的就是抽凭功能,两种抽凭方法,一种是在明细账界面直接勾选,另一种是在抽凭界面完成,具体抽凭步骤如图 6-3 所示;明细账同样具有右键功能,与科目余额表相同;在已抽凭证中可以录入凭证结果,会在实质性底稿中显示;双击明细账某一数据,可以穿透到凭证。

四、月明细表

月明细表功能用于查看科目的各月明细数据,将明细账数据按月横向显示。

在作业端主界面,依次单击菜单"数据分析"—"账簿查询"—"月明细表",打开"月明细表"窗口,单击"初始化当前账套月明细"后选择"银行存款"科目,出现银行存款月明细表界面。

操作提示

月明细表其实是按月显示科目余额表的发生额,支持初始化当前账套的月明细表,在数据转换完成后的初始化数据可以选择性勾选是否初始化月明细表,如果当时没初始化,可以在这里执行;支持右键功能;双击某一数据,可以调用所选科目的明细账。

五、余额表比对

针对同一项目的数据多次导入的情况,对比前后导入的数据,判断是否存在差异。

在作业端主界面,依次单击菜单"数据分析"→"账簿查询"→"余额表比对",可以打开"余额表比对"窗口,在"余额表比对"窗口中单击"分析"按钮,可以查询出本次导入的数据和上次导入的数据相关差异。

运用余额表比对功能的前提是本项目进行了两次数据转换操作。数据差异的显示方式有三种,分别为科目编号完全相同、科目编号完全不同、所有科目。

六、项目辅助账

通过项目辅助账功能可以查看当前导入的财务账套数据中的辅助核算数据。

在作业端主界面,依次单击菜单"数据分析"—"账簿查询"—"项目辅助账"可以打开。

项目辅助账:按项目树形结构列示辅助账,这些项目分为客商核算、个人核算、项目核算。不同的财务数据,显示的辅助核算项会有差异。

如果需要浏览各辅助项目的总账和明细的情况,可以继续双击右侧数据区域查看相关数据。

上机操作 6-1

通过对 20×2 年度 ABC 有限责任公司"科目表"功能快速查询到"应收账款"各明细科目的年初数、本期数据和期末数据并当前项目的余额表导出为 Excel 文件。

上机操作 6-2

将"管理费用"所有二级明细科目的借方累计数形成一张科目余额表,按借方累计数降序排序后导出为 Excel 文件。

上机操作 6-3

对现金明细账进行抽凭,选择"分层抽样",单击"分层抽样",分层金额设置为"10 000",金额">=10 000"抽样数量为 5 笔,金额"<10 000"抽样数量为 5 笔,将抽凭结果导出为 Excel 文件。

第三节 科 目 分 析

科目分析的功能模块包括科目趋势分析、科目结构分析、科目对比分析、对方科目分析,通过这四个模块对科目进行全方位分析,对关键会计科目进行分析程序。

一、科目趋势分析

通过科目趋势分析可以展示选定科目在会计期间内的数据变化情况。用户可根据会计科目的类别,选择数据的分析选项,可以是"期末余额""发生额"或是"累计发生额"。科目趋势分析同时可用两种形式展现,其一为直观的图表形式,趋势分析多用线形图展示,但用户亦可设置其他类别图形;其二为数据表形式,列示出选定科目在年度内各月份的数据及增减率情况。

在作业端主界面,依次单击菜单"数据分析"—"科目分析"—"科目趋势分析",打开"科目趋势分析"主界面,比如对"库存现金"科目借方余额进行全年度科目趋势分析,分析结果如图6-4所示,在折线图中,双击某一个折点可以查阅当前节点的明细账。

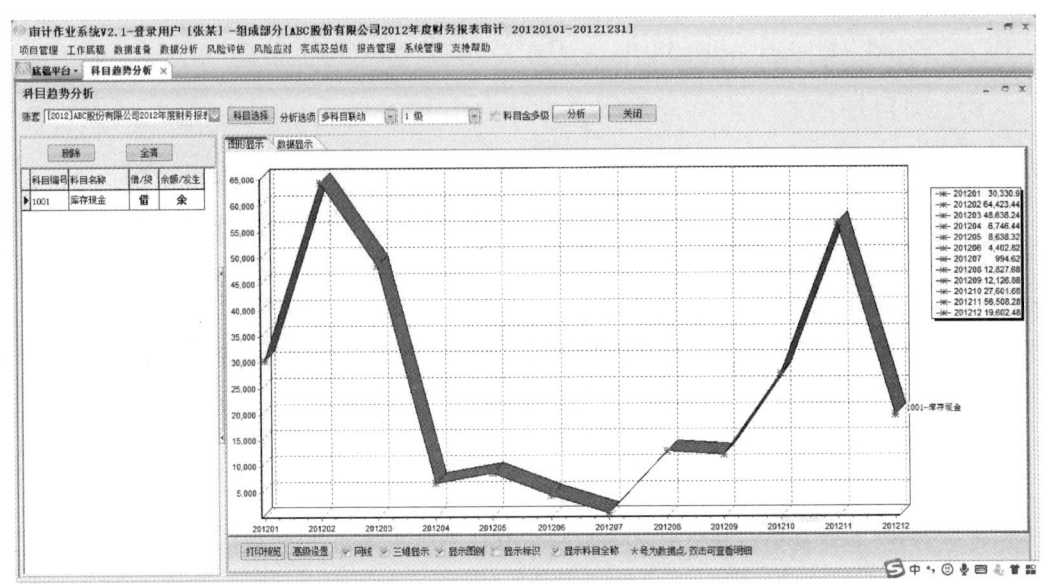

图6-4 库存现金余额趋势分析

科目趋势分析操作步骤如下:
(1)进入科目趋势分析主界面。
(2)单击界面左上方"科目选择"按钮,选择需要进行分析的科目。
(3)对需要分析的科目借贷方向以及需要分析余额还是发生额进行单击选择,如图6-4界面左侧所示,选择完"库存现金"科目后,单击界面中"库存现金"后面的"借"字后"借"变为"贷"了,单击后面的"余"字后,"余"变为"发"。
(4)设置完毕后,单击界面右上方"分析"按钮,完成当前科目的趋势分析。

操作提示

(1)支持同时分析多个科目,如果选择"单科目变动",那么左侧光标对应哪个科目,右侧就会显示对应科目的分析结果,如果选择"多科目联动",那么所有选择分析的科目分析结果会在一个页面显示。

(2) 可以选择"图形显示",也可以选择"数据显示",图形显示更为直观,数据显示更为清晰。

(3) 光标放在图形每个点上,图形上方会显示该点对应的数据,双击每个点,都会穿透到明细账。

(4) 支持右键功能,可以把分析结果另存到本地,也可以选择显示类型,可选择的类型包括曲线、饼图和柱形图。

二、科目结构分析

通过科目结构分析可分析一个科目下所有明细科目的构成,结果支持图形显示和数据显示。

在作业端主界面,依次单击菜单"数据分析"—"科目分析"—"科目结构分析",打开"科目结构分析"窗口,比如对"银行存款"科目借方发生业务进行科目结构分析,分析结果如图 6-5 所示,通过分析结果能看到"银行存款—交行基本户"所占比重很高,可以重点关注。另外点击右键支持保存到系统外或者复制粘贴到底稿中。

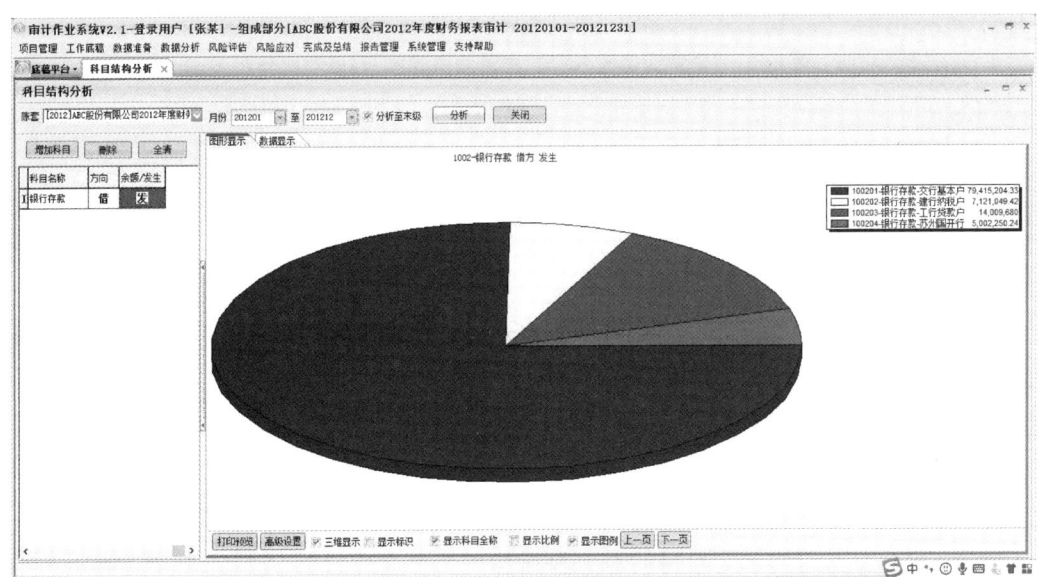

图 6-5 "银行存款"科目结构分析

科目结构分析操作步骤如下。

(1) 进入科目结构分析主界面。

(2) 如图 6-5 所示,单击左上方的"增加科目"按钮,选择需要分析的科目。

(3) 按照科目趋势分析的方法,设置科目方向及需要分析的发生额或余额。

(4) 单击右上方的"分析"按钮,完成当前科目的科目结构分析。

三、科目对比分析

根据经济业务的账务处理原理，一般而言，某会计科目常与另一会计科目的变动存在规律性，比如存在变动的趋同性，我们称两个科目存在关联性，比如主营业务收入与主营业务成本存在关联。科目对比分析用于对关联科目间的比率情况进行分析。

在作业端主界面，依次单击菜单“数据分析”—“科目分析”—“科目对比分析”，打开“科目对比分析”窗口，“主营业务收入”科目贷方与“主营业务成本”科目借方对比分析结果如图 6-6 所示。

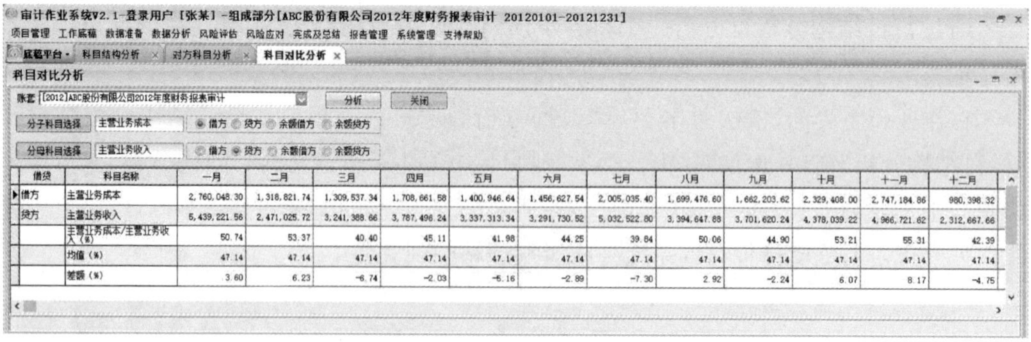

借贷	科目名称	一月	二月	三月	四月	五月	六月	七月	八月	九月	十月	十一月	十二月
借方	主营业务成本	2,760,048.30	1,318,821.74	1,309,537.34	1,708,661.58	1,400,946.64	1,456,627.54	2,005,035.40	1,699,476.60	1,662,203.62	2,329,408.00	2,747,184.86	980,398.32
贷方	主营业务收入	5,439,221.56	2,471,025.72	3,241,388.66	3,787,496.24	3,337,313.34	3,291,730.52	5,032,522.80	3,394,647.88	3,701,620.24	4,378,039.22	4,966,721.62	2,312,667.66
	主营业务成本/主营业务收入（%）	50.74	53.37	40.40	45.11	41.98	44.25	39.84	50.06	44.90	53.21	55.31	42.39
	均值（%）	47.14	47.14	47.14	47.14	47.14	47.14	47.14	47.14	47.14	47.14	47.14	47.14
	差额（%）	3.60	6.23	-6.74	-2.03	-5.16	-2.89	-7.30	2.92	-2.24	6.07	8.17	-4.75

图 6-6 “主营业务收入”与“主营业务成本”科目对比分析

科目对比分析操作步骤如下：

（1）进入科目对比分析主界面。

（2）单击“分子科目选择”按钮，选择需要分析的分子科目，分子科目选择后选择需要分析的科目方向，如“贷方”。

（3）单击“分母科目选择”按钮，选择需要分析的分母科目，分母科目选择后选择需要分析的科目方向，如“借方”。

（4）单击“分析”按钮，完成当前科目对比分析。

四、对方科目分析

对方科目分析可对选定科目的对方科目构成情况进行分析，是一个重要的审计分析工具。根据对方科目的构成情况，审计人员能分析出与选定科目相关的账务处理结果，并可进一步分析出经济业务的发生情况，起到突出审计重点、节约审计时间、提高审计效率的作用。

在作业端主界面，依次单击菜单“数据分析”—“科目分析”—“对方科目分析”，打开“对方科目分析”窗口，如选择本方科目为“库存现金”，本方借贷选择为“借方”，分析结果如图 6-7 所示。从汇总页签，可以查看对方科目的总金额；从明细页签，可以查看具体的凭证，并支持导出到 Excel 表中。

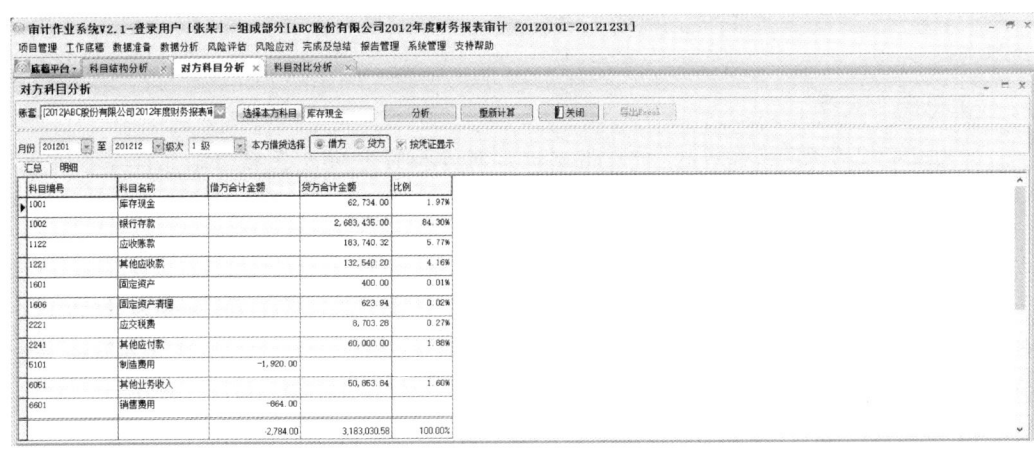

图 6-7 "库存现金"对方科目分析

比如以"库存现金"科目借方为本方进行分析后，查找到跟"库存现金"相关联的业务科目有"银行存款""应收账款""其他应收款"等，其中"应收账款"所占比例较高，则可以对此业务重点关注。

双击"应收账款"所在的行，这时可以看到"库存现金"科目与"应收账款"科目发生业务的具体凭证情况，如图 6-8 所示。

图 6-8 对方科目分析明细业务

上机操作 6-4

针对 20×2 年度 ABC 有限公司案例，进行上机操作。

(1) 对"库存商品"科目借方发生业务进行科目结构分析，查看哪类库存商品占比较大。

(2) 对"管理费用"科目借方发生业务进行科目结构分析,查看哪个明细科目所占比重较大。

上机操作 6-5

针对 20×2 年度"应收账款"科目借方进行对方科目分析并查看明细凭证业务情况,确认哪个对方科目占比比较高。

上机操作 6-6

使用"对方科目分析"工具,设置本方科目:销售费用—广告费借方;对方科目:其他应付款—应付销售费用贷方,并通过分析相关凭证,查找是否存在错报,如果存在错报请加以说明并写出调整分录。

上机操作 6-7

使用"对方科目分析"工具,设置本方科目:预付账款—待摊费用—财产保险费摊销—财产保险费贷方;对方科目:管理费用—无形资产摊销借方,并通过分析相关凭证,查找是否存在错报,有的话请加以说明并写出调整分录。

第四节 其他要素分析

一、摘要分析

摘要分析包括汇总摘要分析和疑点摘要分析,汇总摘要分析能通过选择账套、选择科目、选择分析区间等参数设置从而对摘要进行汇总,对出现的高频摘要给予重点关注。而疑点摘要分析跟摘要分析是同样原理,通过手写或在使用内置疑点字词增加预警字词,对出现预警字眼的疑点摘要进行重点关注。

操作提示

在疑点摘要分析中,①预警字词可以从疑点字词中选择,也可以直接手写增加;②如果想要选择科目,需要把"全部科目"前的勾选去掉;③光标选中哪个预警字词,右侧显示对应的查询结果。

二、固定资产分析

固定资产分析包括固定资产卡片、折旧方法设置、折旧测算三个子菜单。在制造业中,固定资产占总资产比重一般较高,因此做好固定资产分析显得较为重要。进行固定资产分析操作步骤如下。

(1) 依次单击菜单"数据分析"—"固定资产"—"固定资产卡片",通过导入被审计单位固定资产信息的 Excel 表格,如图 6-9 所示设置基础信息后,点击"类别及其结构分析",可以设置条件查询需要的固定资产信息。

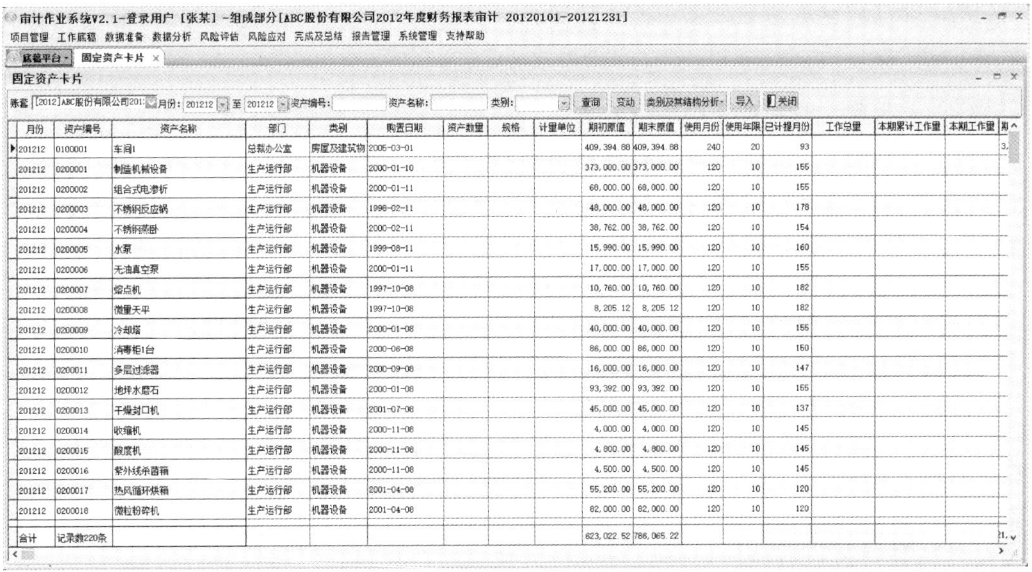

月份	资产编号	资产名称	部门	类别	购置日期	资产数量	规格	计量单位	期初原值	期末原值	使用月份	使用年限	已计提月份	工作总量	本期累计工作量	本期工作量	期
201212	0100001	车间1	总裁办公室	房屋及建筑物	2005-03-01				409,394.88	409,394.88	240	20	93				3,
201212	0200001	制造机械设备	生产运行部	机器设备	2000-01-10				373,000.00	373,000.00	120	10	155				
201212	0200002	组合式电渗析	生产运行部	机器设备	2000-01-11				68,000.00	68,000.00	120	10	155				
201212	0200003	不锈钢反应锅	生产运行部	机器设备	1998-02-11				48,000.00	48,000.00	120	10	178				
201212	0200004	不锈钢蒸卧	生产运行部	机器设备	2000-02-11				38,762.00	38,762.00	120	10	154				
201212	0200005	水泵	生产运行部	机器设备	1999-08-11				15,990.00	15,990.00	120	10	160				
201212	0200006	无油真空泵	生产运行部	机器设备	2000-01-11				17,000.00	17,000.00	120	10	155				
201212	0200007	熔点机	生产运行部	机器设备	1997-10-08				10,760.00	10,760.00	120	10	182				
201212	0200008	微量天平	生产运行部	机器设备	1997-10-08				8,205.12	8,205.12	120	10	182				
201212	0200009	冷却塔	生产运行部	机器设备	2000-01-08				40,000.00	40,000.00	120	10	155				
201212	0200010	消毒柜1台	生产运行部	机器设备	2000-06-08				86,000.00	86,000.00	120	10	150				
201212	0200011	多层过滤器	生产运行部	机器设备	2000-09-08				16,000.00	16,000.00	120	10	147				
201212	0200012	地坪水磨石	生产运行部	机器设备	2000-01-08				93,392.00	93,392.00	120	10	155				
201212	0200013	干燥封口机	生产运行部	机器设备	2001-07-08				45,000.00	45,000.00	120	10	137				
201212	0200014	收缩机	生产运行部	机器设备	2000-11-08				4,000.00	4,000.00	120	10	145				
201212	0200015	酸度机	生产运行部	机器设备	2000-11-08				4,800.00	4,800.00	120	10	145				
201212	0200016	紫外线杀菌箱	生产运行部	机器设备	2000-11-08				4,500.00	4,500.00	120	10	145				
201212	0200017	热风循环烘箱	生产运行部	机器设备	2001-04-08				55,200.00	55,200.00	120	10	120				
201212	0200018	微粒粉碎机	生产运行部	机器设备	2001-04-08				82,000.00	82,000.00	120	10	120				
合计	记录数220条								623,022.52	786,065.22							21,

图 6-9 固定资产卡片设置

（2）设置折旧方法。在此操作时，需要先设置最高折旧年限，再设置最低折旧年限，系统计算规则是最低折旧年限不能高于最高折旧年限。同时，此操作支持批量设置折旧方法和折旧年限。

（3）折旧测算，通过第（2）步设置好恰当的折旧方法、折旧年限后，据此进行重计折旧金额，对固定资产完成分析，如图 6-10 所示。

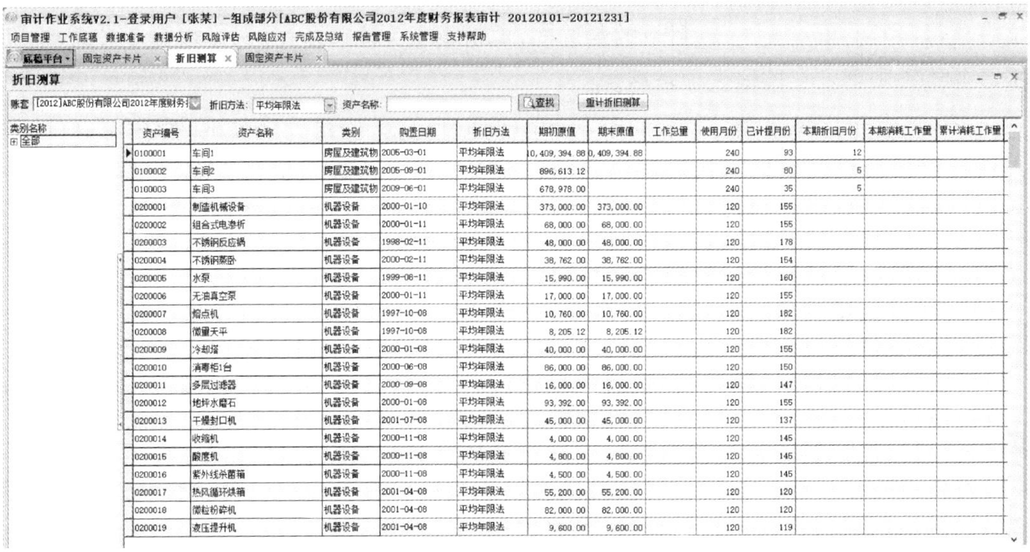

资产编号	资产名称	类别	购置日期	折旧方法	期初原值	期末原值	工作总量	使用月份	已计提月份	本期折旧月份	本期消耗工作量	累计消耗工作量
0100001	车间1	房屋及建筑物	2005-03-01	平均年限法	10,409,394.88	0,409,394.88		240	93	12		
0100002	车间2	房屋及建筑物	2005-09-01	平均年限法	896,613.12			240	80	5		
0100003	车间3	房屋及建筑物	2009-06-01	平均年限法	678,978.00			240	35	5		
0200001	制造机械设备	机器设备	2000-01-10	平均年限法	373,000.00	373,000.00		120	155			
0200002	组合式电渗析	机器设备	2000-01-11	平均年限法	68,000.00	68,000.00		120	155			
0200003	不锈钢反应锅	机器设备	1998-02-11	平均年限法	48,000.00	48,000.00		120	178			
0200004	不锈钢蒸卧	机器设备	2000-02-11	平均年限法	38,762.00	38,762.00		120	154			
0200005	水泵	机器设备	1999-08-11	平均年限法	15,990.00	15,990.00		120	160			
0200006	无油真空泵	机器设备	2000-01-11	平均年限法	17,000.00	17,000.00		120	155			
0200007	熔点机	机器设备	1997-10-08	平均年限法	10,760.00	10,760.00		120	182			
0200008	微量天平	机器设备	1997-10-08	平均年限法	8,205.12	8,205.12		120	182			
0200009	冷却塔	机器设备	2000-01-08	平均年限法	40,000.00	40,000.00		120	155			
0200010	消毒柜1台	机器设备	2000-06-08	平均年限法	86,000.00	86,000.00		120	150			
0200011	多层过滤器	机器设备	2000-09-08	平均年限法	16,000.00	16,000.00		120	147			
0200012	地坪水磨石	机器设备	2000-01-08	平均年限法	93,392.00	93,392.00		120	155			
0200013	干燥封口机	机器设备	2001-07-08	平均年限法	45,000.00	45,000.00		120	137			
0200014	收缩机	机器设备	2000-11-08	平均年限法	4,000.00	4,000.00		120	145			
0200015	酸度机	机器设备	2000-11-08	平均年限法	4,800.00	4,800.00		120	145			
0200016	紫外线杀菌箱	机器设备	2000-11-08	平均年限法	4,500.00	4,500.00		120	145			
0200017	热风循环烘箱	机器设备	2001-04-08	平均年限法	55,200.00	55,200.00		120	120			
0200018	微粒粉碎机	机器设备	2001-04-08	平均年限法	82,000.00	82,000.00		120	120			
0200019	液压提升机	机器设备	2001-04-08	平均年限法	9,600.00	9,600.00		120	119			

图 6-10 固定资产折旧测算

操作提示

(1) 可以设置查询条件查询需要的固定资产信息,如查询全部固定资产,查询条件可以不设置。

(2) 支持简单的固定资产结构分析。

(3) 支持批量设置折旧方法和折旧年限,选中需要批量设置的行,批量设置。

(4) 折算测算步骤会影响实质性底稿固定资产折旧测算表的生成,只有做了折旧测算,折旧测算表才能生成。

三、存货分析

存货分析包括存货总账、存货单据、存货分析、采购发票、销售发票等子菜单,细分的功能较多,审计人员根据自身需求进行分析即可,操作类似"固定资产分析",故此处不再做详细介绍。

四、财务报表分析

财务报表分析包括对资产负债表、利润表的分析,主要是分析财务报表的结构比。

在作业端主界面,依次单击菜单"风险评估"—"财务报表分析",打开"财务报表分析"。

在财务报表分析窗口中,显示了"资产负债表"与"利润表"两个页签。资产负债表页签显示了各报表项目的年初数及结构比、期末数及结构比,以及期末数较年初数的增长数、增长比、结构比增减率。利润表页签显示了各报表项目的上期数、本期数,以及本期数较上期数的增长数、增长比。

对于需要重点关注的报表项目,可以在资产负债表页签或利润表页签中,选中相应的报表项目,勾选"重点关注"栏目下的复选框,填写重点关注理由,并选择相关业务流程,所选业务流程则列示在该报表项目后。

第一次打开财务报表分析窗口时,应单击"重新分析"按钮。单击"回写底稿"按钮,可以把财务报表分析结果写入《2010B 未审财务报表的总体分析》底稿的《财务报表分析——资产负债表》和《财务报表分析——利润表》表页。不过,要想回写底稿,必须在打开财务报表分析窗口之前,先通过底稿编制平台打开该底稿。

五、经济指标分析

在作业端主界面,依次单击菜单"风险评估"—"经济指标分析",打开"经济指标分析"窗口。

在经济指标分析窗口中,显示了有关经济指标的名称、公式、说明及本年指标值。第一次打开经济指标分析窗口时,应单击"分析"按钮,完成计算。

单击"回写底稿"按钮,可以把经济指标分析结果写入《2010B 未审财务报表的总体分析》底稿的《经济指标分析》表页。不过,要想回写底稿,必须在打开经济指标分析窗口之前,先通过底稿编制平台打开该底稿。

如果需要增加经济指标或对现有指标进行公式修改,单击"系统管理"菜单下的"经济指标设置"进行指标公式修改及增加指标。经济指标模板设置界面如图 6-11 所示。

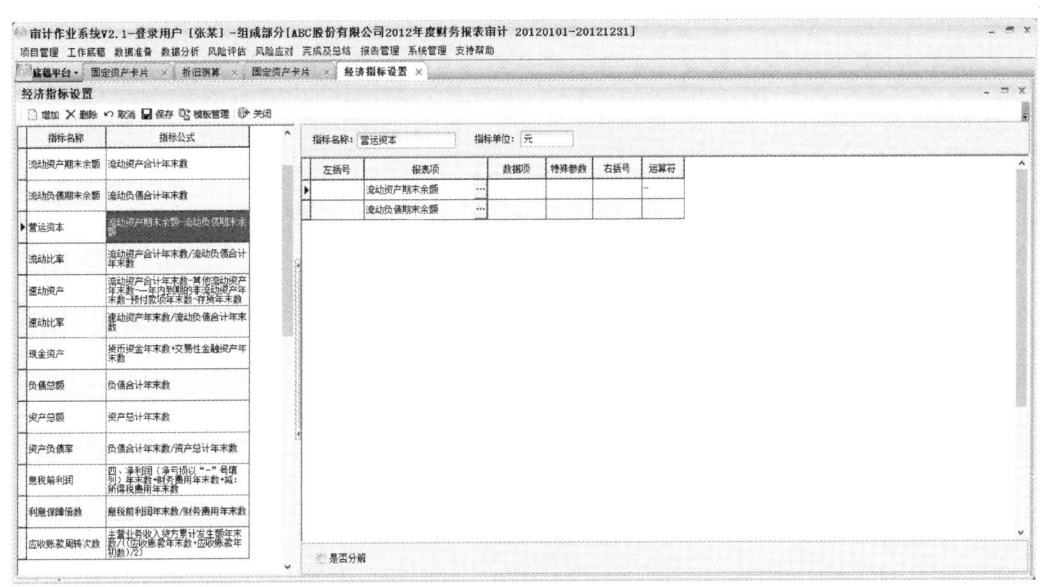

图 6-11 经济指标模板设置

上机操作 6-8

以"ABC 股份有限公司 20×2 年度财务报表审计"项目为例,进行财务报表分析,并将分析结果回写到"2010B 未审财务报表的总体分析"底稿中。相关条件如下。

(1) 报表为利润表。

(2) 报表项目较上年增长比超过 50%。

(3) 报表项目较上年增长比超过 50% 的设为重点关注。

要求:按要求条件将分析结果回写到"2010B 未审财务报表的总体分析"底稿中。

上机操作 6-9

以"ABC 股份有限公司 20×2 年度财务报表审计"项目为例,进行经济指标分析,并将分析结果回写到"2010B 未审财务报表的总体分析"底稿中。相关条件如下。

(1) 分析至前一年(即 20×1 年)。

(2) 对异常指标值进行合理分析,并对指标值进行说明。

要求:按要求条件将分析结果回写到"2010B 未审财务报表的总体分析"底稿中。

上机操作 6-10

在"风险评估-经济指标分析"栏目增加一个"销售毛利率"分析,其公式为"(主营业收入－主营业务成本)÷主营业收入"。

上机操作 6-11

对 20×1 年到 20×3 年管理费用二级科目对多年度趋势按年度分析,分析管理费用哪些认定可能出现错报。

上机操作 6-12

对 20×1 年到 20×3 年销售费用二级科目对多年度趋势按年度分析,分析销售哪些认定可能出现错报。

上机操作 6-13

对 20×1 年到 20×3 年预收账款多年趋势按年度分析,分析审计时需要关注的重点事项。(分析结果导出到 Excel,分析结果保存在 Excel 文档)

本 章 练 习

姓名：_____ 学号：_____ 日期：_____ 分数：_____

一、填空题(5′×6)

1. "数据分析—科目趋势分析"具有_____、_____两种分析选项。
2. 在"数据分析—账簿查询—余额表"界面里双击可以穿透到_____查看相关数据。
3. 系统里可以按_____、_____两种分式查看固定资产信息。
4. "存货分析—存货分析"下的明细数据需要_____才可显示相应的数据。

二、单选题(5′×6)

1. "数据分析—账簿查询"在(　　)中可以查看科目的月合计数据。
   A. 科目表　　B. 明细账　　C. 月明细表　　D. 余额表
2. (　　)是需要数据初始化才可以看的数据的。
   A. 科目表　　　　　　　　B. 明细账
   C. 辅助账科目余额表　　　D. 余额表
3. (　　)是需要使用前先数据初始化的。
   A. 科目趋势分析　　　　　B. 科目结构分析
   C. 科目对比分析　　　　　D. 对方科目分析
4. 在"数据分析—摘要汇总分析"界面中,右键"查看凭证"进入的是(　　)。
   A. 凭证浏览　　B. 明细账　　C. 记账凭证　　D. 余额表
5. 在(　　)可以查看到固定资产变动统计情况。
   A. 固定资产信息卡片　　　B. 固定资产部门
   C. 固定资产类别　　　　　D. 余额表
6. (　　)可以穿透到"存货明细账"。
   A. 存货总账　　B. 明细账　　C. 存货分析　　D. 余额表

三、判断题(8′×5)

1. 科目表里的总账科目树和总账科目表里都有穿透到明细账的功能。(　　)
2. "数据分析—固定资产"可以查看到固定资产变动统计。(　　)
3. "数据分析—摘要汇总分析"可以进行单个科目的汇总分析。(　　)
4. "数据分析—科目表—总账科目表"下以树状的形式显示可以按需要选择导出个

别科目表,而不是全部科目导出。( )

5."数据分析—余额表"下的分析工具包括科目结构分析、科目多年度趋势分析、对方科目分析、摘要汇总分析。( )

兴趣拓展阅读

浙江九好"忽悠式重组"案例

一、案例背景

2017年中国证监会组织专门执法力量迅速查办了浙江九好"忽悠式重组"案。浙江九好办公服务集团有限公司（现更名为九好网络科技集团有限公司，以下简称"浙江九好"）通过虚增收入、虚构银行存款金额等种种恶劣手段，将自己包装成价值37.1亿元的"优良"资产，与鞍山重型矿山机器股份有限公司（以下简称"鞍重股份"）联手进行"忽悠式"重组，以期达到重组上市之目的。

由于浙江九好等在重组上市过程中的信息披露违法行为涉案金额巨大、手段极其恶劣，违法情节特别严重，中国证监会对浙江九好、鞍重股份及主要责任人员在《证券法》规定的范围内顶格处罚，对本案违法主体罚款合计439万元；同时对浙江九好造假行为主要责任人员郭丛军、宋荣生、陈恒文等人采取终身市场禁入以及5~10年不等的市场禁入（中国证监会处罚决定书〔2017〕10号、中国证监会处罚决定书〔2017〕35号）。2017年9月20日，浙江九好年报审计机构利安达会计师事务所（以下简称"利安达"）收到了中国证监会的行政处罚决定书（〔2017〕85号），证监会对利安达以及年报签字会计师做出了顶格处罚，没收利安达业务收入150万元，并处以750万元罚款，对签字注册会计师蒋淑霞、李杰给予警告，并分别处以10万元罚款。

二、被审计单位的基本情况

浙江九好于2010年3月由杜晓芳投资成立，是一家从事"后勤托管"服务的集团化企业，公司首创"后勤托管"平台服务模式，倾力打造极具公信力的采购与销售平台。依据多年的后勤托管经验，以及"九好店商"线上平台，浙江九好在行业内率先实现了"后勤＋互联网"的改革，实现与客户、供应商之间的多方共赢。浙江九好已经在北京、上海、华东、华南、华北、华中、东北、西南、西北九大地区完成了全国战略布局，设立了除杭州母公司以外的二十一家后勤服务子公司及为后勤服务提供金融支持的商业保理公司、金融服务公司。

三、被审计单位的会计问题

2013年至2015年，浙江九好通过各种手段虚增服务费收入264 897 668.7元，虚增2015年贸易收入574 786.32元；虚构银行存款3亿元，未披露3亿元借款以及银行存款质押。浙江九好将上述情况列入财务报表，向鞍重股份提供并于2016年4月23日披露了含有虚假内容的《浙江九好办公服务集团有限公司审计报告（2013年至2015年）》。

浙江九好的财务造假行为导致了浙江九好、鞍重股份所披露的信息含有虚假记载、重大遗漏;导致郭丛军、杜晓芳及其一致行动人九贵投资、九卓投资公开披露的《鞍山重型矿山机器股份有限公司收购报告书摘要》含有虚假记载、重大遗漏。2016年6月28日鞍重股份向中国证监会申请撤回与浙江九好的重大资产重组申请文件并发布公告。

(一)对浙江九好造假事实进行具体分析程序

报告期内,九好集团各项业务的销售收入及占比情况如表6-1和图6-12所示。

表6-1 收入趋势分析

金额单位:万元

项目	2013年		2014年		2015年	
	收入	占比	收入	占比	收入	占比
服务费	11 062.98	44.39%	22 196.26	70.09%	37 642.25	91.2%
贸易	13 857.29	55.61%	9 469.35	29.91%	3 632.50	8.8%
总计	24 920.27	100.00%	31 664.60	100.00%	41 274.75	100.00%

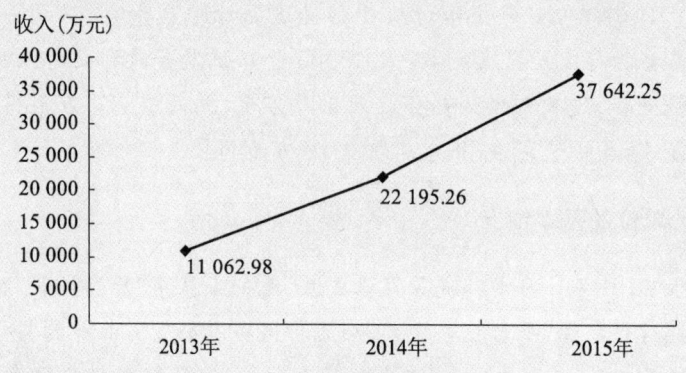

图6-12 服务费收入变化趋势

2013年服务费收入增长率达100.63%,2014年增长率达69.60%,从服务收入趋势看可知,九好集团2013年至2015年收入翻倍增加。

报告期内,九好集团贸易业务、平台服务业务毛利率及与同行比较如表6-2和表6-3所示。

表6-2 销售毛利率

项目	2013年度	2014年度	2015年度
公司综合毛利率	47.54%	71.37%	89.07%
其中:贸易毛利率	11.04%	14.46%	8.24%
平台毛利率	93.26%	99.66%	96.87%

表 6-3 销售毛利率与同行比较

公司	2013 年	2014 年	2015 年
九好集团	93.26%	95.66%	96.87%
58同城	94.19%	94.77%	92.81%

九好集团平台服务毛利率2013年至2015持续上升,2015年高达96.87%,比老牌服务类平台58同城高出4个百分点。

(二)造假手段

浙江九好主要从事后勤服务中介平台业务,为后勤业务供应商和客户提供居间撮合,并向供应商收取一定比例的服务费。2013年至2015年3年中与其合作的供应商数量分别为935家、1 176家和1 319家,客户则达到上万家。如此规模的供应商和客户数量,给其造假销售收入提供了极大的便利。具体来说,通过虚设客户、虚构业务、续签合同,确认并不符合收入确认的要求和条件的贸易,伪造资金流,隐匿借款、虚构存款等方式虚构收入。

因此,通过分析程序,比较财务信息和非财务信息之间的关系和计算相关的比率,以确定审计重点、获取审计证据。

注:资料数据来自中国证监会行政处罚书([2017]32号)、九好集团重大资产置换交易报告书。

第七章　计划审计工作

> **本章学习导航**
>
> 计划审计工作
> - 相关理论概述
> - 初步业务活动
>   - 初步业务活动目的
>   - 初步业务活动程序表
>   - 评价职业道德要求的合规性
>   - 首次接受委托对期初余额审计
> - 总体审计策略

第一节　相关理论概述

计划审计工作是注册会计师审计工作的第一步,也是整个审计工作的基础和依据。在这一阶段,注册会计师需要完成两个方面的工作:一是开展初步业务活动;二是制定总体审计策略和具体审计计划。

根据《中国注册会计师审计准则第1201号——计划审计工作》,注册会计师应当在本期审计工作业务开始时开展初步业务活动,针对保持客户关系和具体审计业务实施相应的质量控制程序,评价遵守职业道德规范的情况(包括遵守独立性要求的情况),就业务约定条款与被审计单位达成一致意见。

第二节　初步业务活动

一、初步业务活动目的

注册会计师需要开展初步业务活动,以实现以下3个主要目的。
(1) 注册会计师已具备执行业务所需要的独立性和专业胜任能力。

(2) 不存在因管理层诚信问题而影响注册会计师承接或保持该项业务意愿的情况。

(3) 与被审计单位不存在对业务约定条款的误解。

初步业务活动底稿在 CPAS 系统管理端操作,执行项目后初步业务活动底稿展现在项目相关信息下,按准则要求展开初步业务活动评价。底稿平台 1000 阶段为初步业务活动工作底稿,该阶段底稿根据所选组成部分在管理端定义的属性是首次接受委托还是保持审计而自动识别显示对应的底稿,如图 7-1 所示。

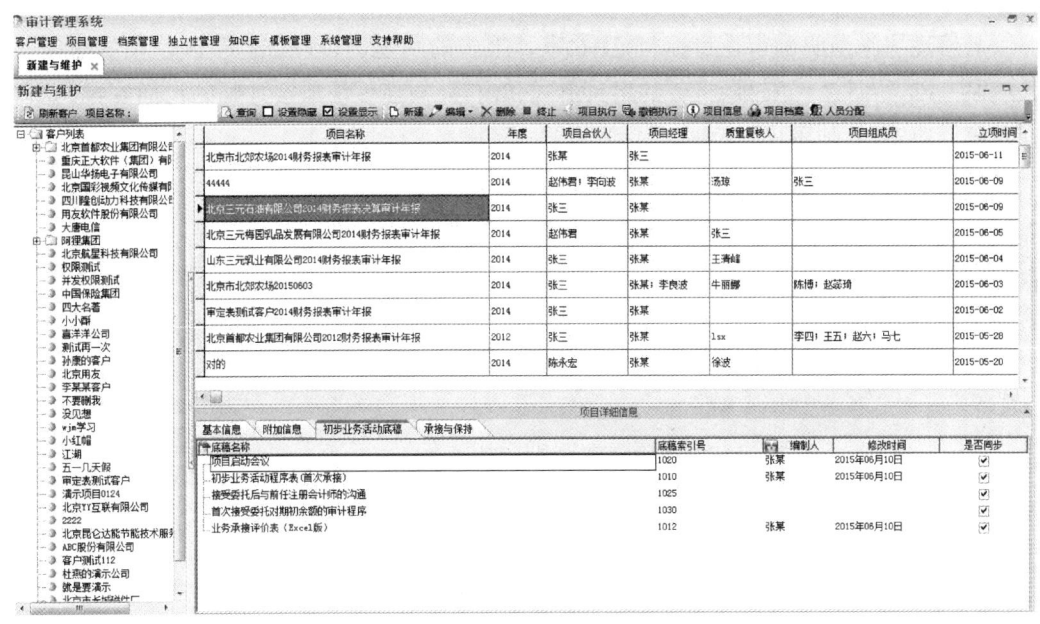

图 7-1 初步业务活动底稿位置

通过管理端对组成部分的编辑及提交,在作业端登录相应项目及组成部分,在底稿平台所看到的初步业务活动工作底稿就是与之匹配的针对首次接受委托审计需要完成的底稿,如图 7-2 所示。

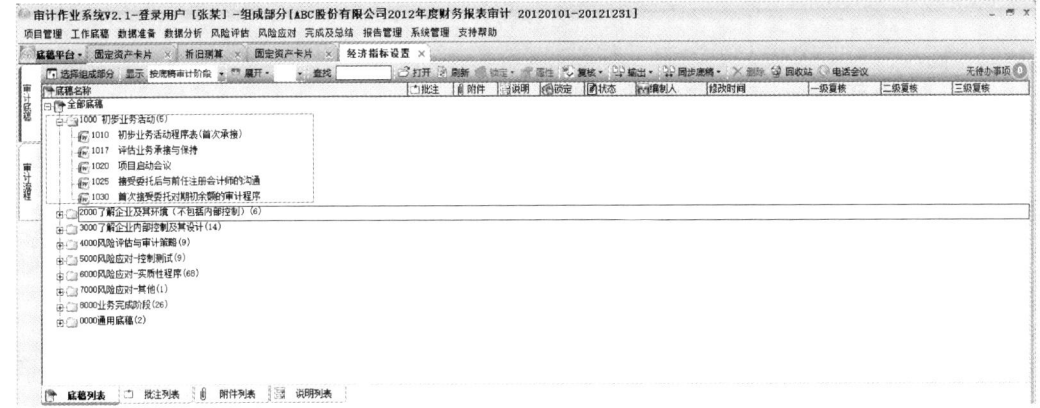

图 7-2 首次接受委托审计初步业务活动工作底稿

二、初步业务活动程序表

按照《中国注册会计师审计准则第1121号——对财务报表审计实施的质量控制》及《质量控制准则第5101号——会计师事务所对执行财务报表审计和审阅、其他鉴证和相关服务业务实施的质量控制》与客户关系和具体业务的接受与保持相关的要求,注册会计师需要与管理层和前任注册会计师沟通,了解业务的基本情况确定是否可以承接。

与管理层沟通明确审计目标与范围、审计报告的用途、管理层的责任、使用的财务报表编制基础、审计工作安排、报告的出具形式和内容、与前任注册会计师的沟通安排(如存在)、审计收费、其他事项。

经企业同意与前任注册会计师沟通,了解公司管理层的正直诚信情况、与管理层在重大会计、审计等问题上存在的意见分歧、向公司治理层通报的管理层舞弊、违反法律法规行为以及值得关注的内部控制缺陷、导致变更会计师事务所的原因等情况以确定本所是否能够接受委托。图7-3所示为初步业务活动程序表(首次承接)界面。

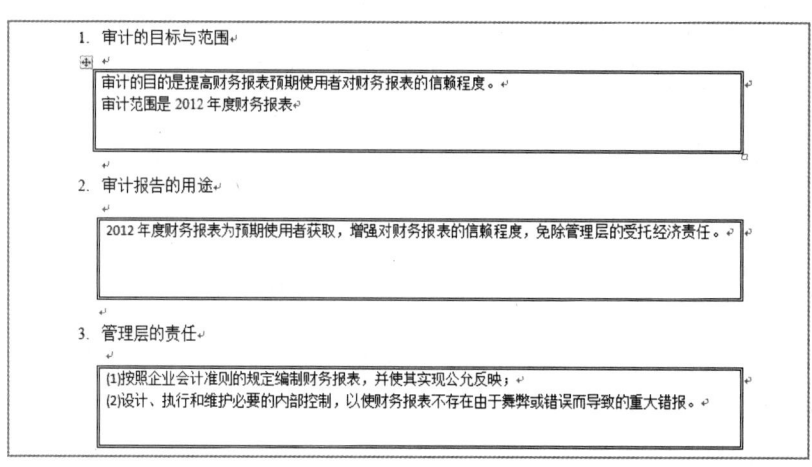

图7-3 初步业务活动程序表(首次承接)界面

三、评价职业道德要求的合规性

《中国注册会计师职业道德守则》规定了职业道德基本原则和职业道德概念框架,会员应当遵守职业道德基本原则,并能够运用职业道德概念框架解决职业道德问题。

这些基本原则包括诚信、独立、客观和公正、专业胜任能力和应有的关注、保密、良好职业行为。

评价职业道德包括签署事务所独立性和个人独立性声明、涉密保密事项签署保密协议。

通过执行业务承接评价程序,在对被审计单位及行业了解的基础上,项目合伙人应当证实项目承接的决定是适当的。

在审计业务开始前,与被审计单位就审计业务约定条款达成一致意见,签订或修改审计业务约定书,以避免双方对审计业务的理解产生分歧。

与前任注册会计师就对审计有重大影响的事项进行沟通,获取必要的审计证据(主要以沟通函和三方会谈的形式进行)。

四、首次接受委托对期初余额审计

对于首次接受委托对期初余额审计,注册会计师的目标是获取充分、适当的审计证据以确定下列事项。

(1) 期初余额是否含有对本期财务报表产生重大影响的错报。

(2) 期初余额反映的恰当的会计政策是否在本期财务报表中得到一贯运用,或会计政策的变更是否已按照适用的财务报告编制基础做出恰当的会计处理和充分的列报与披露。

首次接受委托审计的初步业务活动工作底稿为5张,具体可参见图7-2所示,根据前面管理端底稿模板的介绍与学习可以了解到,该阶段1010、1025、1030底稿为首次承接的专用底稿,1017、1020为首次承接与保持审计的通用底稿。

第三节　总体审计策略

注册会计师应当为审计工作制定总体审计策略。总体审计策略用以确定审计范围、时间安排和方向,并指导具体审计计划的制定。总体审计策略的制定应当包括考虑影响审计业务的重要因素,以确定项目组工作方向,包括确定适当的重要性水平,初步识别可能存在较高的重大错报风险的领域,初步识别重要的组成部分和账户余额,评价是否需要针对内部控制的有效性获取审计证据,识别被审计单位、所处行业、财务报告要求及其他相关方面最近发生的重大变化等。

在CPAS系统中,制定总体审计策略的操作步骤如下。

(1) 打开CPAS系统作业端"审计底稿"页面。

(2) 点击打开"4021总体审计策略(集团)"底稿,填好被审计单位的审计范围,审计时间的安排(包括报告时间要求、执行审计工作的时间安排、沟通的时间安排),影响审计业务的重要因素(包括重要性、可能存在较高重大错报风险的领域、识别重要组成部分、识别重要的交易、账户余额和披露相关认定),人员安排(包括项组主要成员、质量控制复核人员),对专家或其他第三方工作的利用(包括对专家或第三方工作的利用、对内部审计的利用、对组成部分注册会计工作的利用、对非审计单位使用服务机构的考虑),其他事项,总体审计策略的更新等七方面的填写,如图7-4所示。

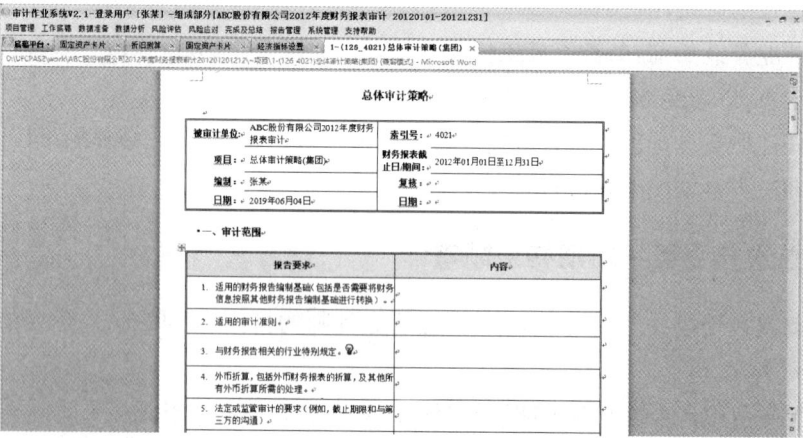

图 7-4　总体审计策略底稿界面

本 章 练 习

姓名：_____ 学号：_____ 日期：_____ 分数：_____

一、单选题($15' \times 2$)

1. 初步业务活动底稿在（　　）阶段。
   A. 1000 阶段底稿　　　　　　B. 2000 阶段底稿
   C. 3000 阶段底稿　　　　　　D. 4000 阶段底稿

2. （　　）属于能在管理系统编制的初步业务活动底稿。
   A. 4021 总体审计策略（集团）　　B. 2010D 了解组成部分注册会计师
   C. 2010 了解被审计单位及其环境　D. 1010 初步业务活动程序表

二、多选题($20' \times 2$)

1. 初步业务活动程序表里的审计工作核对表应核对的信息有（　　）。
   A. 审计的目标与服务　　　　　B. 审计收费计算基础和收费安排
   C. 与前任注册会计师沟通的函件　D. 适用的编报基础

2. 4021 总体审计策略（集团）底稿要填写的内容包括（　　）。
   A. 审计范围　　　　　　　　　B. 审计时间
   C. 人员安排　　　　　　　　　D. 收费标准

三、判断题($10' \times 3$)

1. 在"2010 了解被审计单位及其环境"底稿中存在底稿加载项。　　　　（　　）
2. 在"1025 接受委托后与前任注册会计师的沟通"底稿打开后可点击增加审计程序加载项。　　　　　　　　　　　　　　　　　　　　　　　　　　　　（　　）
3. 在管理系统不能填写初步业务活动底稿。　　　　　　　　　　　　（　　）

第八章 风险评估

本章学习导航

风险评估 ⎰ 相关理论概述
　　　　 ⎨ 了解被审计单位及其环境
　　　　 ⎩ 风险评估操作 ⎰ 风险评估操作步骤
　　　　　　　　　　　 ⎨ 重要性水平
　　　　　　　　　　　 ⎩ 重要账户及相关流程

第一节 相关理论概述

在风险导向审计模式下,注册会计师以重大错报风险的识别、评估和应对为审计工作的主线,最终将审计风险控制在可接受的低水平。风险的识别和评估是审计风险控制流程的起点。风险识别和评估是指注册会计师为了解被审计单位及其环境,以识别和评估财务报表层次和认定层次的重大错报风险(无论该错报由于舞弊或错误导致)而实施的审计程序。其中,风险识别是指找出财务报表层次和认定层次的重大错报风险;风险评估是指对重大错报发生的可能性和后果严重程度进行评估。

风险评估的程序包括询问、观察和检查、分析程序。

尽管注册会计师通过询问管理层和财务负责人可获取大部分信息,但是询问被审计单位内部的其他人士能为注册会计师提供不同的信息,有助于识别重大错报风险。因此,注册会计师除了询问管理层和对财务报告负有责任的人员外,还应当考虑询问内部审计人员、采购人员、生产人员和销售人员等,并考虑询问不同级别的员工,以获取对识别重大错报风险有用的信息。在确定向被审计单位的哪些人员进行询问以及询问哪些问题时,注册会计师应当考虑何种信息有助于其识别和评估重大错报风险。

观察和检查程序可以印证对管理层和其他相关人员的询问结果,并可提供有关被审计单位及其环境的信息,注册会计师应当实施下列观察和检查程序。

(1)观察被审计单位的生产经营活动。例如,观察被审计单位人员正在从事的生产活动和内部控制活动,可以增加注册会计师对被审计单位人员如何进行生产经营活动及实施内部控制的了解。

(2) 检查文件、记录和内部控制手册。例如,检查被审计单位的章程,与其他单位签订的合同、协议,各业务流程操作指引和内部控制手册等,了解被审计单位组织结构和内部控制制度的建立健全情况。

(3) 阅读由管理层和治理层编制的报告。例如,阅读被审计单位年度和中期财务报告,股东大会、董事会会议、高级管理层会议的会议记录或纪要,管理层的讨论和分析资料,经营计划和战略,对重要经营环节和外部因素的评价,被审计单位内部管理报告以及其他特殊目的报告(如新投资项目的可行性分析报告)等,了解自上一审计结束至本期审计期间被审计单位发生的重大事项。

(4) 实地察看被审计单位的生产经营场所和设备。通过现场访问和实地察看被审计单位的生产经营场所和设备,可以帮助注册会计师了解被审计单位的性质及其经营活动。在实地察看被审计单位的厂房和办公场所的过程中,注册会计师有机会与被审计单位的管理层和担任不同职责的员工进行交流,可以增强注册会计师对被审计单位的经营活动及其重大影响因素的了解。

(5) 追踪交易在财务报告信息系统中的处理过程(穿行测试)。这是注册会计师了解被审计单位业务流程及其相关控制时经常使用的审计程序。通过追踪某笔或某几笔交易在业务流程中如何生成、记录、处理和报告,以及相关内部控制如何执行,注册会计师可以确定被审计单位的交易流程和相关控制是否与之前通过其他程序所获得的了解一致,并确定相关控制是否得到执行。

分析程序是指注册会计师通过研究不同财务数据之间以及财务数据与非财务数据之间的内在关系,对财务信息作出评价。分析程序还包括调查识别出的、与其他相关信息不一致或与预期数据严重偏离的波动和关系。

分析程序既可用作风险评估程序和实质性程序,也可用于对财务报表的总体复核。此小节主要是指了解被审计单位及其环境并评估重大错报风险时使用的分析程序,即将分析程序用作风险评估程序。

在实施分析程序时,注册会计师应当预期可能存在的合理关系,并与被审计单位记录的金额、依据记录金额计算的比率或趋势相比较;如果发现异常或未预期到的关系,注册会计师应当在识别重大错报风险时考虑这些比较结果。

第二节 了解被审计单位及其环境

根据《中国注册会计师审计准则第 1211 号——通过了解被审计单位及其环境识别和评估重大错报风险》,注册会计师应当了解被审计单位及其环境,以充分识别和评估财务报表重大错报风险,设计和实施进一步审计程序。

第八章 风险评估

了解被审计单位及其环境是风险评估的必要程序,特别是为注册会计师在下列关键环节作出职业判断提供重要基础。

(1) 确定重要性水平,并随着审计工作的进程评估对重要性水平的判断是否仍然适当。

(2) 考虑会计政策的选择和运用是否恰当,以及财务报表的列报是否适当。

(3) 识别需要特别考虑的领域,包括关联方交易、管理层运用持续经营假设的合理性,或交易是否具有合理的商业目的等。

(4) 确定在实施分析程序时所使用的期望值。

(5) 设计和实施进一步审计程序,以将审计风险降至可接受的低水平。

(6) 评价所获取审计证据的充分性和适当性。

注册会计师了解被审计单位及其环境,目的是为了识别及评估财务报表重大错报风险。注册会计师应当依据实施风险评估程序而获取的信息,评估重大错报风险。了解被审计单位及其环境是一个连续、动态的收集、更新和分析信息的过程,贯穿于整个审计过程的始终。

注册会计师应该运用职业判断确定需要了解被审计单位及其环境的程度。

了解被审计单位总体要求包括,了解行业状况、法律环境与监管环境以及其他外部环境;了解被审计单位的性质;了解被审计单位的会计政策的选择和运用;了解被审计单位的目标、战略以及相关的经营风险;了解被审计单位的业绩衡量与评价。

在 CPAS 系统中,了解企业及其环境分为两部分内容,分别为"2000 了解企业及其环境(不包括内部控制)"如图 8-1 所示,及"3000 阶段了解企业内部控制及其设计"如图 8-2 所示。

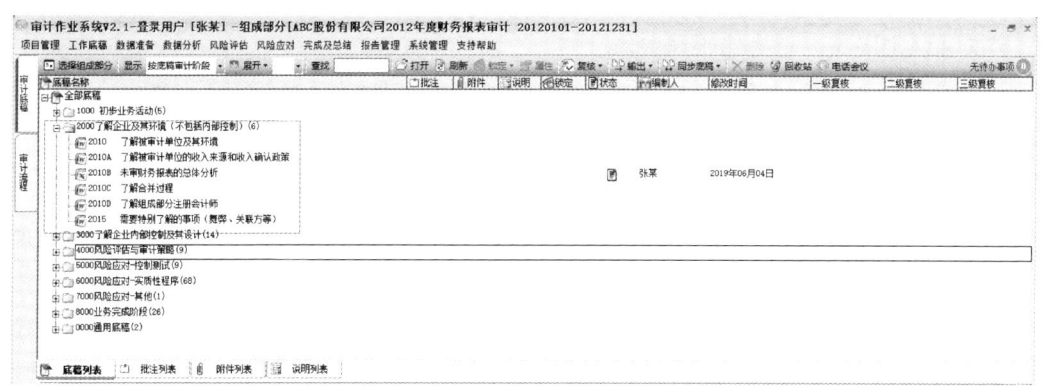

图 8-1 了解企业及其环境(不包括内部控制)工作底稿

具体来讲,2000 阶段了解企业及其环境(不包含内部控制)底稿中,2010 了解被审计单位及其环境是指了解被包括被审计单位所在行业的市场供求与竞争、与被审计单位产品相关的生产技术等行业状况,了解被包括被审计单位所有权、治理机构、组织机构、经营活动、投资活动、筹资活动等企业性质,了解被包括被审计单位企业重要项目的会计正常和

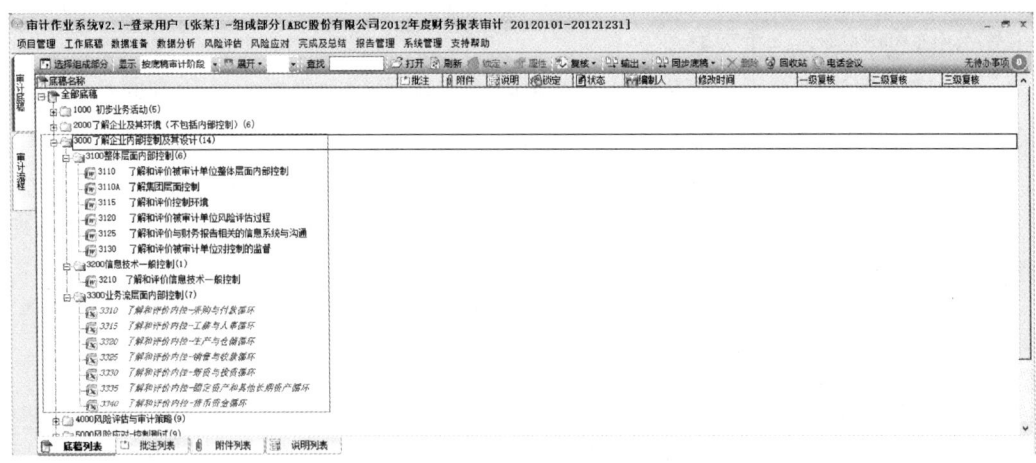

图 8-2 了解企业内部控制及其设计工作底稿

行业惯例、重大和异常交易的会计处理方法等企业的会计正常的选择和运用，了解包括被审计单位关键的业绩指标、业绩趋势、与竞争对手业绩的比较等企业的目标、战略和相关经营风险。

2010A 了解被审计单位的收入来源和收入确认政策是指了解被审计单位汇总收入来源、企业产品或服务的市场因素、销售因素、客户因素等；2010B 未审财务报表总体分析是指通过未审财务报表期初与期末、本期与上期的变动比例、各项财务指标识别重大错报风险。

2015 需要特别了解的事项是指特别了解被审计单位有关舞弊、法律法规、关联方及关联方交易、持续经营、会计估计、对应数据、诉讼与索赔、分部信息，以识别和评估财务报表层次和认定层次的重大错报风险。

3000 阶段了解企业内部控制及其设计包括 3100 整体层面内部控制、3200 信息技术一般控制、3300 业务流层面内部控制。

对企业整体层面内部控制的了解帮助我们识别由于舞弊或错报导致的重大错报风险，同时也帮助我们制定适当的审计策略。整体层面的控制要素包括控制环境、风险评估过程、信息系统与沟通、对控制的监督。因此，在 CPAS 系统中注册会计师需要实施某些必要的审计程序形成 3100 整体层面内部控制底稿下的 3110 了解和评价被审计单位整体层面内部控制、3110A 了解集团层面控制、3115 了解和评价控制环境、3120 了解和评价被审计单位风险评估过程等工作底稿。

在审计实务中，将被审计单位的整个经营活动划分为几个重要的业务循环有助于注册会计师更有效地了解和评估重要业务流程和相关控制，被审计单位经营活动的性质不同，所划分的业务循环也不同，因此注册会计师需要通过询问、检查、观察、穿行测试了解被审计单位重要的业务流程，并将获得的了解填写在工作底稿中，在 CPAS 系统中，注册会计师需填制 3300 业务流层面内部控制底稿下的 3310 了解和评价内控—采购与付款循环、3315 了解和评价内控—工薪与人事循环、3320 了解和评价内控—销售与收款循环等工作底稿。

信息技术一般控制是指为了保证信息系统的安全,对整个信息系统以及外部各种环境要素实施的对所有的应用或控制模块具有普遍影响的控制措施,信息技术一般控制通常会对实现部分或全部财务报表认定作出间接贡献。在有些情况下,信息技术一般控制也可能对实现信息处理目标和财务报表认定作出直接贡献。因此,在 CPAS 系统中注册会计师需要实施某些必要的审计程序形成 3200 信息技术一般控制下 3210 了解和评价信息技术一般控制底稿。

通过完成相应底稿,了解企业及其环境,识别报表层次风险和认定层次风险、识别内控缺陷等,并对重要性水平及重要账户的设置提供判断基础。

第三节 风险评估操作

"风险评估与审计策略"是底稿平台 4000 阶段的节点,此阶段包含 5 张工作底稿,4010 项目组讨论纪要—风险评估、4015 风险评估结果汇总表、4020A 确定重要性水平、4021 总体审计策略(此部分在第七章第三节已介绍完毕,本章节不再做详细介绍)、4025 与客户沟通审计计划。风险的识别与评估可以通过底稿中"CPAS 系统加载项"和"风险评估及应对措施"功能界面两种方式实现。下面主要介绍风险评估、重要性水平、重要账户及相关流程底稿的填制方法。

一、风险评估操作步骤

注册会计师在设计审计程序确定财务报表是否存在重大错报时,应当从财务报表和认定层次考虑重大错报风险。因此,风险评估分为报表层次风险评估和认定层次风险评估两个方面,在 CPAS 系统中,风险评估的操作方法有两种。

操作方法一步骤如下。

(1) 点击 4015 风险评估结果汇总表。

(2) 在底稿加载项点击增加"报表风险"或"认定风险"。

操作方法二步骤如下。

(1) 点击 CPAS 作业端菜单栏"风险评估"。

(2) 点击"风险评估及应对措施",如图 8-3 所示,点击增加"报表层次风险评估"或"认定层次风险评估"。

(3) 点击方框处增加"新增风险"。

(4) 填写好相关风险信息后返回到风险评估界面,可以看到所选风险添加成功,单击"执行"按钮执行该风险,确认风险信息可流转到下一阶段。

(5) 回到底稿平台查看增加的风险底稿。

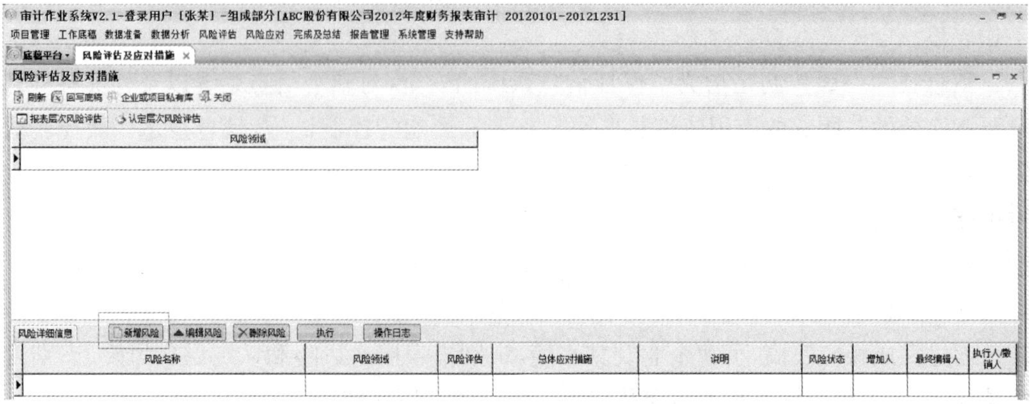

图 8-3 风险评估及应对措施界面

报表层次风险评估的风险信息，分为风险名称、风险领域、风险评估、总体应对措施、说明、风险状态、增加人、最终编辑人、执行人和应对底稿。

认定层次风险评估的风险信息根据报表项目分为风险名称、相关认定、业务流程、风险评估、舞弊风险、拟信赖控制程度、存在相关控制、风险状态、增加人、最终编辑人、执行人和应对底稿。

二、重要性水平

在计划审计工作时，注册会计师应当考虑导致财务报表发生重大错报的原因，并应当在了解被审计单位及其环境的基础上，确定一个可接受的重要性水平，即首先为财务报表层次确定重要性水平，以发现在金额上重大的错报。同时，注册会计师还应当评估各类交易、账户余额和披露认定层次的重要性，以便确定进一步审计程序的性质、时间安排和范围，将审计风险降至可接受的低水平。在确定审计意见类型时，注册会计师也需要考虑重要性水平。

在 CPAS 系统中，重要性水平设置操作如下。

（1）点击 CPAS 系统作业端菜单栏"风险评估"。

（2）点击"重要性水平"或"重要性账户及相关流程"。

（3）如属于被审计单位为非集团企业设置重要性水平还需继续点击"组成部分重要性"；如被审计单位为集团企业，设置重要性水平时应先确定集团合并报表所采用的重要性，同时将结果分配至组成部分，如果本集团合并层级为非末级合并层级，需要采用自上而下的方式逐级确定集团重要性，如图 8-4 所示。

（4）点击"执行"，右上方出现红字提示"重要性水平已执行，不允许修改信息！"；点击"回写底稿"；成功后弹出提示"回写底稿成功"，关闭功能界面并返回底稿，可以看到重要性水平结果成功写入底稿中。

（5）在分配组成部分重要性时，无须采用将集团财务报表整体重要性按比例分配的

第八章 风险评估

图 8-4 确定重要性水平界面

方式,因此,对不同的组成部分确定的重要性的汇总数,有可能高于集团财务报表整体重要性。但是在确定组成部分重要性时仍需要参考集团分配的重要性,需要采用不高于集团分配的财务报表整体重要性和实际执行的重要性,如图 8-5 所示。

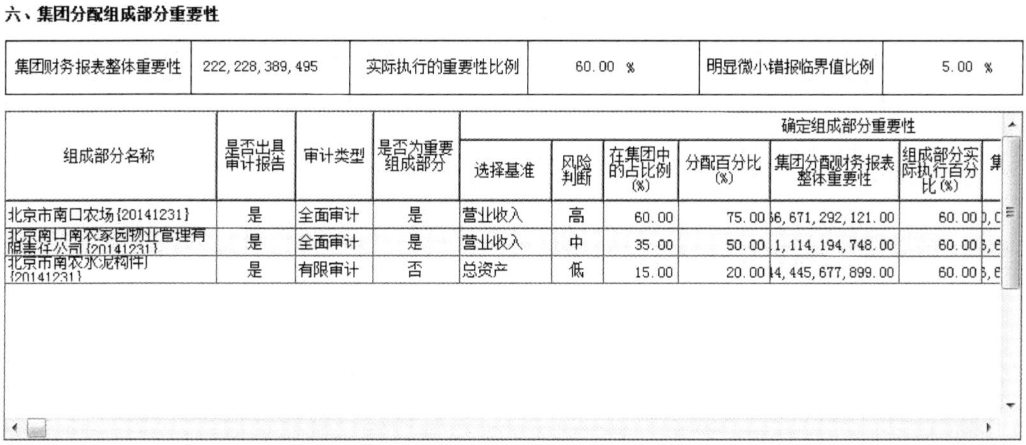

图 8-5 集团分配组成部分重要性界面

随着对被审计单位及其环境的了解,初步确定的重要性水平可能不再适用,则需要修改重要性,操作步骤如下。

(1) 在"风险评估"菜单栏底下进入"重要性水平"页签后点击"组成部分重要性"进入"重要性水平"底稿编制模式。

(2) 点击"撤销执行",随后单击"是",弹出"重要性水平已经撤销执行"的提示,确定后重要性水平界面回到可编辑状态,进行重要性水平的修改。

(3)点击"回写底稿",再次执行重要性水平后,会在8000底稿阶段自动生成"8135评估修改重要性的影响"底稿。

重要性水平的权限、复核及流程控制如表8-1所示。

表8-1 重要性水平的权限、复核及流程控制

权限	项目经理、项目合伙人
复核	(1)通过"4020A确定重要性水平"工作底稿来复核,复核流程同其他底稿平台工作底稿一样,功能界面没有复核操作
	(2)提交复核重要性水平的底稿,要建立在重要性水平功能界面执行的前提下
	(3)对于已经提交复核之后(包括提交复核、复核中、复核完成这三种状态)的重要性水平底稿,功能界面进行了撤销执行的操作,那么该底稿状态将会退回到编辑中,在再次执行之后,需要重新回写底稿再次提交复核
流程控制	(1)在重要性水平执行之前,有权限的用户都可以进行编辑修改
	(2)执行之后的重要性水平才可以流转到下一个阶段,比如,重要账户及相关流程的设置
	(3)执行之后的重要性水平为锁定状态,不可进行任何内容上的修改,仅可以回写底稿
	(4)如果执行之后需要修改重要性,先进行撤销执行的操作,使功能界面处于可编辑状态
	(5)撤销执行的重要性在没有再次执行之前,重要性之后的流程都不能操作,等同于重要性还没有初次执行的状态

操作提示

选择当期基准,系统可以自动生成基准数据;所有集团分配的重要性都不需要填写,会根据集团重要性自动生成;填写完信息要执行并回写底稿,这样数据才能流转到下一流程;回写的底稿会在底稿平台的相应底稿生成。

三、重要账户及相关流程

为了计划一个有效的审计,需要准确评估被审计信息中存在的重大错报风险可能性。在了解公司业务、公司整体层面的内部控制和确定财务报表整体重要性的基础上能够识别哪些重要账户和披露及相关认定可能存在重大错报风险。

重要账户是由于其规模(即该账户就财务报表整体而言是重大的)或者与已识别的重大错报风险相关联等原因,有可能包含重大错报的某一账户。采用金额标注或者基于特定账户、披露的额外考虑以及已识别的固有风险综合考虑确定重大账户、涉及的相关业务流程。

在重要性已执行的前提下,打开重要账户及相关业务流程,程序自动根据报表项目与实际执行的重要性定量判断并勾选重要账户,并根据实际情况确定业务流程循环。点击

"对比结果"按钮可对比分析统计高于重要性但是没有作为重要账户及低于重要性作为重要账户的情况,如图8-6所示,确定好重要账户和业务流程循环后点击"保存"按钮,将相关数据保存在3300及6000底稿下,对底稿编制起导向作用。勾选的报表项目和业务流程在底稿目录上由灰色转为实色,提示审计人员实色底稿是必须要做的。风险评估过程中的针对重大错报风险的控制程序、实质性程序都会自动展示出来。

项目经理在完成以上操作后,将项目分发给项目组成员,项目组成员根据项目经理设置的重要性水平和重要账户,开展相关审计工作。

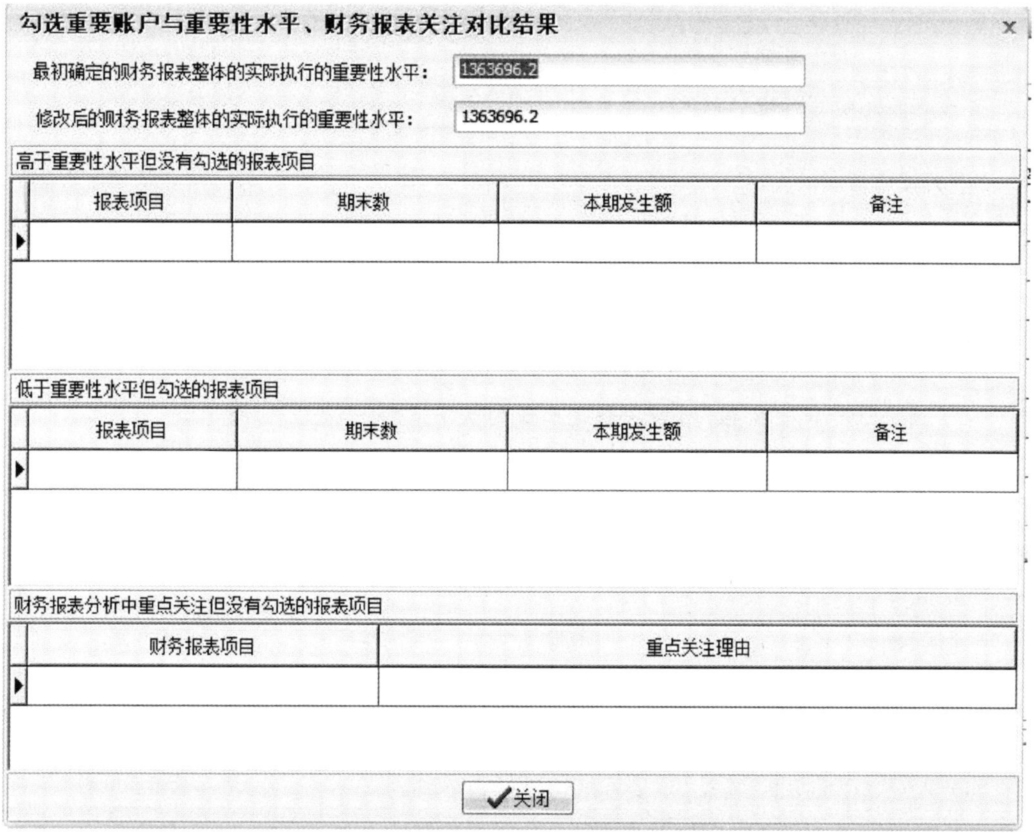

图8-6 修改重要性水平前后对比界面

操作提示

设置完重要性水平,需要设置重要账户及相关流程,默认勾选的时候余额或发生额大于等于实际执行的重要性水平的科目,根据实际情况,可以勾选金额小于实际执行的重要性水平的科目;控制测试、实质性分析程序及细节测试程序是在完成"风险评估及应对措施"后自动生成的;设置为重要账户的科目,在底稿平台显示为实色,非重要账户的科目显示为虚色。

上机操作 8-1

根据案例数据为项目"ABC 股份有限公司 20×2 年度财务报表审计"的一级组成部分"ABC 股份"增加报表层次风险如表 8-1 所示,要求如下。

(1) 通过加载项或菜单栏进入新增风险窗口。

(2) 通过选择风险按钮,增加一条风险库的舞弊风险,如表 8-2 所示。

(3) 执行所添加的报表风险。

(4) 查看底稿平台 7100 节点下是否有该风险的应对底稿。

表 8-2 报表层风险

风险名称	风险领域	风险评估
管理层凌驾于控制之上的风险	舞弊	高(特别风险)

上机操作 8-2

根据案例数据为项目"ABC 股份有限公司 20×2 年度财务报表审计"的一级组成部分"ABC 股份有限公司 20×2 年度财务报表审计"增加认定层次风险如表 8-3 所示,具体要求如下。

(1) 通过加载项或菜单栏进入新增风险窗口。

(2) 通过选择风险按钮,增加三条风险库的认定风险,如表 8-3 所示。

(3) 执行所添加的报表风险。

(4) 查看 6000 阶段底稿,对应风险是否已经添加成功。

表 8-3 认定层风险

业务流程	采购与付款——审批与处理	采购与付款——记录应付款	货币资金
风险名称	编造虚假或无效的采购订单	收到的发票不是表示有效的商品或劳务	外币收入没有使用本期汇率进行恰当折算
相关认定	存在、发生	存在、发生	计价和分摊
相关报表项目	应付账款	应付账款	货币资金
风险评估	中	中	中
舞弊风险	否	否	否
拟信赖控制程度	无	中	中
控制点		定期对应付账款明细账和总账进行对账,并由一名监督人员进行复核	企业应当指定专人定期核对银行账户(每月至少核对一次)
控制目标		收到的供应商发票为未经授权的货物开的;供应商发票表示收到有效的固定资产	银行存款以恰当的金额记录

(续表)

控制性质		人工	自动
控制频率		每日多次	每季一次
控制相关风险		低	低
控制有效性		有效	有效

上机操作 8-3

根据案例数据为项目"ABC 股份有限公司 20×2 年度财务报表审计"的一级组成部分"ABC 股份有限公司 20×2 年度财务报表审计"设置重要性水平,要求如下。

(1) 设置财务报表重要性水平,如表 8-3 至表 8-5 所示,包括:①整体重要性及实际执行的重要性;②特定类别的交易、账户余额或披露的重要性;③明显微小错报的临界值。

(2) 执行重要性水平并回写底稿。

(3) 执行之后按题目要求修改重要性水平。

表 8-4　整体重要性及实际执行的重要性

金额单位:元

基准	营业收入
百分比	5%
整体重要性	2 272 826.57
百分比	60%
实际执行重要性	1 363 696.20

表 8-5　特定类别的交易、账户余额或披露的重要性

金额单位:元

交易、账户余额或披露	账户余额	账户余额
报表项目	货币资金	应收账款
较低的重要性	1 000 000.00	800 000.00
较低的实际执行的重要性	600 000.00	480 000.00

表 8-6　明显微小错报的临界值

金额单位:元

百分比	明显微小错报的临界值
5%	110 000.00

修改重要性水平信息:货币资金较低重要性从 100 万元调到 70 万元。

上机操作 8-4

根据案例数据为项目"ABC 股份有限公司 20×2 年度财务报表审计"的一级组成部

分"ABC 股份有限公司 20×2 年度财务报表审计"设置重要账户及相关流程如表 8-7 和表 8-8 参数要求。

表 8-7 重要账户及相关流程的权限、复核控制

权限	项目经理、项目合伙人
复核	通过"4020 总体审计策略"工作底稿来复核,复核流程同其他底稿平台工作底稿一样,功能界面没有复核操作
流程控制	重要账户及相关流程的设置,要在重要性水平执行之后才可以操作

表 8-8 重要项目和相关流程

业务流程	采购与付款,工薪与人事,销售与收款
重要账户	货币资金、应收账款、存货、固定资产等

上机操作 8-5

根据案例数据为项目"ABC 股份有限公司 20×2 年度财务报表审计"的一级组成部分"ABC 股份"的风险评估结果汇总表进行回写操作。

本 章 练 习

姓名：_____ 学号：_____ 日期：_____ 分数：_____

一、填空题(5′×6)

1. 重要性水平中的集团重要性,针对的是_____。
2. 风险评估的级别分为_____、_____、_____三个级别。
3. 风险评估的增加是通过_____添加的。
4. 报表层次风险点包括_____、_____、关联方交易、其他财务报表层次风险。
5. 报表认定层次风险,风险应对—相关控制,新增控制界面,非必填项信息需要在该风险_____时补充完整。
6. 风险评估及应对措施包括_____和_____。

二、单选题(5′×6)

1. 风险评估模块中,以下(　　)不是财务报表分析中包括的。
   A. 资产负债表　　　　　　　B. 利润表
   C. 现金流量表　　　　　　　D. 所者者权益变动表
2. 重要账户及相关流程,对(　　)进行勾选,会使得相应的内控底稿变成实色。
   A. 审计程序管理　　　　　　B. 重大事项
   C. 内控缺陷　　　　　　　　D. 确定业务流程循环
3. (　　)不是报表层次风险点。
   A. 持续经营　　　　　　　　B. 舞弊
   C. 关联方交易　　　　　　　D. 认定层次报表风险
4. 报表认定层次风险,风险应对—相关控制,新增控制界面,控制性质不包括(　　)。
   A. 自动　　　　　　　　　　B. 人工化成份的自动控制
   C. 人工　　　　　　　　　　D. 自动化成份的人工控制
5. 风险评估模块中,报表预测分析回写底稿到(　　)。
   A. 2010B 未审财务报表的总体分析
   B. 2010C 了解合并过程
   C. 2010D 了解组成部分注册会计师
   D. 2010A 了解被审计单位及其环境
6. 重要性水平中,(　　)非必须要输入的。

A. 财务报表整体的重要性
B. 实际执行的重要性
C. 明显微小错报的临界值
D. 特定类别的交易、账户余额或披露的重要性

三、判断题($5'×6$)

1. 风险评估模块中,报表预测分析、财务报表分析、经济指标分析回写底稿都是2010B未审财务报表的总体分析。（ ）
2. 重要账户和相关流程必须是在重要性水平执行之后才可以进行操作。（ ）
3. 财务报表分析中回写底稿会覆盖掉已有数据。（ ）
4. 重要性水平基准数据来自于未审财务报表。（ ）
5. 财务报表分析,包括资产负债表、利润表、现金流量表、减值准备表。（ ）
6. 风险评估及应对措施,增加的风险是由项目经理执行的。（ ）

兴趣拓展阅读

国外大型会计师事务所重要性确定举例

对报表层次重要性水平的设定需要注册会计师的职业判断,是注册会计师审计实务难点之一。大型会计师事务所都积累了一定重要性水平判断方法。例如,普华永道会计师事务所(PWC)按照以下公式判断报表层次的重要性水平。即:

$$M = 1.84 \times (总资产或总收益较大者)^{2/3}$$

式中:M 为报表层的重要性水平;1.84 位根据普华永道某年样本推算求出的统计量。

毕马威会计师事务所(KPMG)按总资产或收入规模的一定百分比加上速算补加数,来确定报表层次的重要性水平,如表8-9所示。

表8-9 重要性水平判断

级次	超额累进级距	重要性比率	速算补加数
1	总资产或收入100万~300万	0.008 3	7 700
2	总资产或收入300万~1 000万	0.006	14 600
3	总资产或收入1 000万~3 000万	0.004	34 600
4	总资产或收入100万~1亿	0.002 72	73 000
5	总资产或收入1亿~3亿	0.002 72	73 000
6	总资产或收入3亿~10亿	0.002 72	73 000

美国注册会计师协会(AICPA)曾提出按以下公式确定报表层次的重要性水平,即:

$$M = 0.038\,057 \times 总收入^{0.867\,203}$$

$$M = 0.146\,924 \times 税前利润^{0.942\,554}$$

$$M = 0.038\,057 \times 净利润^{0.894\,640}$$

第九章 控 制 测 试

本章学习导航

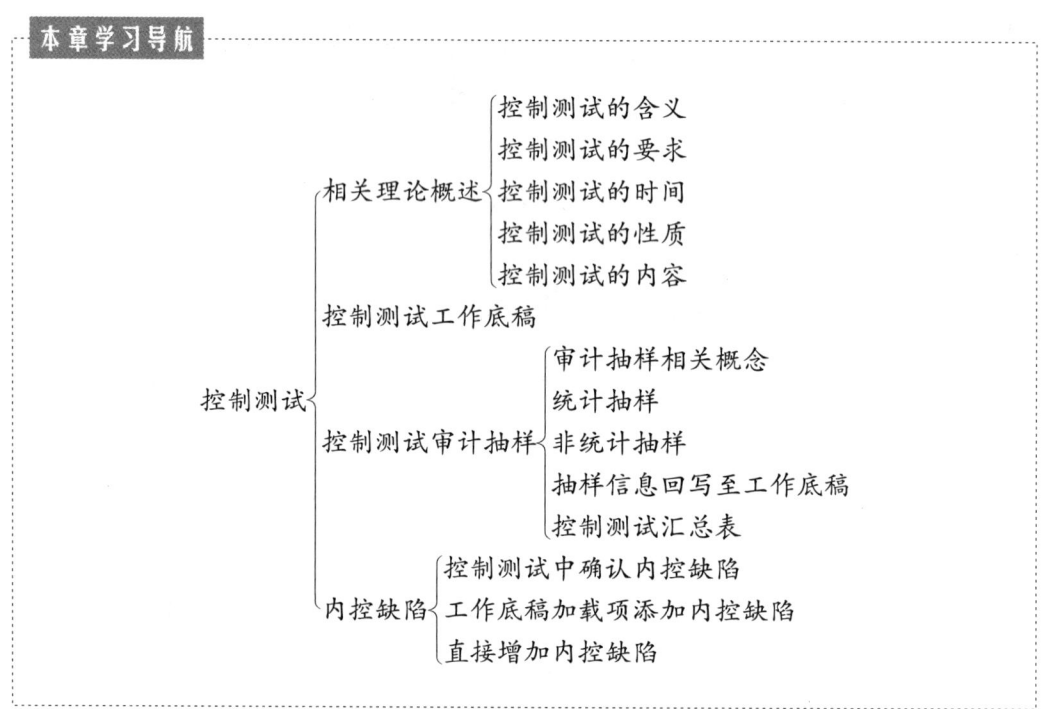

第一节 相关理论概述

控制测试是指用于评价内部控制在防止或发现并纠正认定层次重大错报方面的运行有效性的审计程序。控制测试与实质性程序同属于风险评估程序后的进一步程序,注册会计师在了解被审计单位的内部控制之后,只有对那些准备依赖的内部控制执行控制测试,并确信其得到正确的执行时,才能减少实质性测试审计程序,从而减少审计取证工作,提高审计工作的效率。

一、控制测试的含义

控制测试这一概念需要与"了解内部控制"进行区分。"了解内部控制"包含两层含义;一是评价控制的设计;二是确定控制是否得到执行。测试控制运行的有效性与确定控制是否得到执行所需获取的审计证据是不同的。

在实施风险评估程序以获取控制是否得到执行的审计证据时,注册会计师应当确定某项控制是否存在,被审计单位是否正在使用。

在测试控制运行的有效性时,注册会计师应当从下列方面获取关于控制是否有效运行的审计证据:①控制在所审计期间的不同时点是如何运行的;②控制是否得到一贯执行;③控制由谁执行;④控制以何种方式运行(如人工控制或自动化控制)。从这四个方面来看,控制运行有效性强调的是控制能够在各个不同时点按照既定设计得以一贯执行。因此,在了解控制是否得到执行时,注册会计师只需抽取少量的交易进行检查或观察某几个时点。但在测试控制运行的有效性时,注册会计师需要抽取足够数量的交易进行检查或对多个不同时点进行观察。

二、控制测试的要求

作为进一步审计程序类型之一,控制测试并非在任何情况中都需要实施。当存在下列情形之一时,注册会计师就应当实施控制测试:①在评估认定层次重大错报风险时,预期控制运行是有效的;②仅仅实施实质性程序不足以提供认定层次充分、适当的审计证据。

如果在评估认定层次重大错报风险时预期控制的运行是有效的,注册会计师应当实施控制测试,就控制在相关期间或时点的运行有效性获取充分、适当的审计证据。注册会计师通过实施风险评估程序,可能发现某项控制的设计是存在的,也是合理的,同时得到了执行。在这种情况下,出于成本效益的考虑,注册会计师可能预期,如果相关控制在不同时点都得到了一贯执行,与该项控制有关的财务报表认定发生重大错报的可能性就不会很大,也就不需要实施很多的实质性程序。为此,注册会计师可能会认为值得对相关控制在不同时点是否得到一贯执行进行测试,就是实施控制测试。这种测试主要是出于成本效益的考虑,其前提为注册会计师通过了解内部控制以后认为某项控制存在着被信赖和利用的可能。因此,只有认为控制设计是合理、能够防止或者发现和纠正认定层次的重大错报,注册会计师才有必要对控制运行有效性实施测试。

假如认为仅实施实质性程序获取的审计证据无法将认定层次重大错报风险降至可接受的低水平,注册会计师就应当实施相关控制测试,以取得控制运行有效性的审计证据。

三、控制测试的时间

如前所述,控制测试的时间包含两层含义:一是何时实施控制测试;二是测试所针对的控制适用的时点或期间。一个基本的原理是,如果测试特定时点的控制,注册会计师仅得到该时点控制运行有效性的审计证据;如果测试某一期间的控制,注册会计师可获取控制在该期间有效运行的审计证据。因此,注册会计师应当根据控制测试的目的确定控制测试的时间,并确定拟信赖的相关控制的时点或期间。

关于根据控制测试的目的确定控制测试的时间,如果仅需要测试控制在特定时点的运行有效性(如对被审计单位期末存货盘点进行控制测试),注册会计师只需要获取该时点的审计证据。如果需要获取控制在某一期间有效运行的审计证据,仅获取与时点相关的审计证据是不充分的,注册会计师应当辅以其他控制测试,包括测试被审计单位对控制的监督。换言之,关于控制在多个不同时点的运行有效性的审计证据的简单累加并不能构成控制在某期间的运行有效性的充分、适当的审计证据;而所谓的"其他控制测试"应当具备的功能是,能提供相关控制在所有相关时点都运行有效的审计证据;被审计单位对控制的监督起到的就是一种检验相关控制在所有相关时点是否都有效运行的作用,因此注册会计师测试这类活动能够强化控制在某期间运行有效性的审计证据效力。

四、控制测试的性质

控制测试的性质是指控制测试所使用的审计程序的类型及其组合。计划从控制测试中获取的保证水平是决定控制测试性质的主要因素之一。

注册会计师应当选择适当类型的审计程序以获取有关控制运行有效性的保证。计划的保证水平越高,对有关控制运行有效性的审计证据的可靠性要求越高。当拟实施的进一步审计程序主要以控制测试为主,尤其是仅实施实质性程序获取的审计证据无法将认定层次重大错报风险降至可接受的低水平时,注册会计师应当获取有关控制运行有效性的更高的保证水平。

虽然控制测试与了解内部控制的目的不同,但两者采用审计程序的类型通常相同,包括询问、观察、检查和穿行测试。此外,控制测试的程序还包括重新执行。

五、控制测试的内容

控制测试应包括两个方面的内容。

(1) 控制设计测试,即对被审计单位的内部控制政策和程序的设计是否适当所进行的审计程序。其目的是确定被审计单位的内部控制是否能够防止和发现特定财务报表认定的重大错报或漏报。

(2) 控制执行测试,即被审计单位的内部控制政策和程序是否发挥应有的作用。如果被审计单位的控制政策和程序未能发挥其应有的作用,即使设计得再完整,也不能减少财务报表中出现重大错报或漏报的风险。因此,针对被审计单位现已存在的内部控制,注册会计师应测试其是否得到有效执行。对此,注册会计师应测试其是否得到有效执行。

第二节 控制测试工作底稿

控制测试是风险应对的重要审计程序,是评价内部控制在防止或发现并纠正认定层次重大错报风险方面的运行有效性的审计程序。

同时,控制测试也是为了获取关于控制峰值或发现并纠正认定层次重大错报的有效性而实施的测试。CPAS系统对控制测试单独设置功能模块以及底稿树阶段,根据审计准则的要求,将控制测试审计程序以及工作底稿有机结合,并根据注册会计师审计实务,设计开发适用于实际审计工作需要的操作功能。

操作步骤:单击底稿树下"5210 采购与付款循环"工作底稿,界面如图9-1所示(本章将以控制测试工作底稿中"采购与付款循环"为一条主线,对控制测试内容进行具体的案例操作分析)。

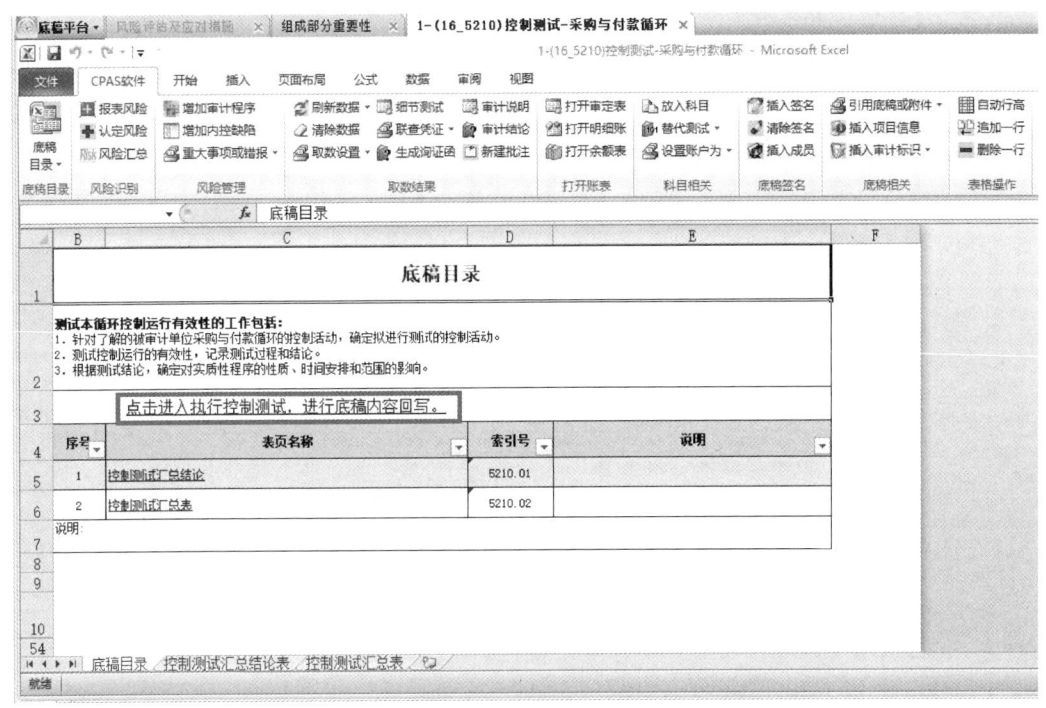

图 9-1 控制测试—采购与付款循环底稿界面

在底稿目录页签上,所有表页名称字均为蓝色(超链接),根据实际情况直接维护上期控制测试结果,然后单击图9-1方框处点击进入执行控制测试,进行底稿回写,弹出控制测试汇总表界面,如图9-2所示,控制测试汇总表界面下会显示之前在做风险评估阶段,已被识别出的风险中所涉及的控制,本章不对风险控制的具体内容做过多说明,仅以此为样例,阐述系统的操作方法。在该界面,可根据此项控制的具体情况,如果上年已经对此项控制进行了测试,可单击界面上方的"上期结果汇总"查看上一个会计年度对此项控制进行测试的结果(多年连续建立项目适用),可根据上年的测试结果代替本年的测试结果。

如图9-2所示单击方框处"执行测试"或"控制测试程序和过程工作底稿"索引下方按钮,进入此项控制测试,出现"控制测试程序和过程记录"底稿,如图9-3所示。

该页面从上至下依次会显示该项控制的基本信息、与该项控制相关的风险,上述两项信息全部来自风险评估阶段已有的信息。除了上述信息以及抽样外,该界面的其他项目需要手动填列,如控制测试的时间安排等。

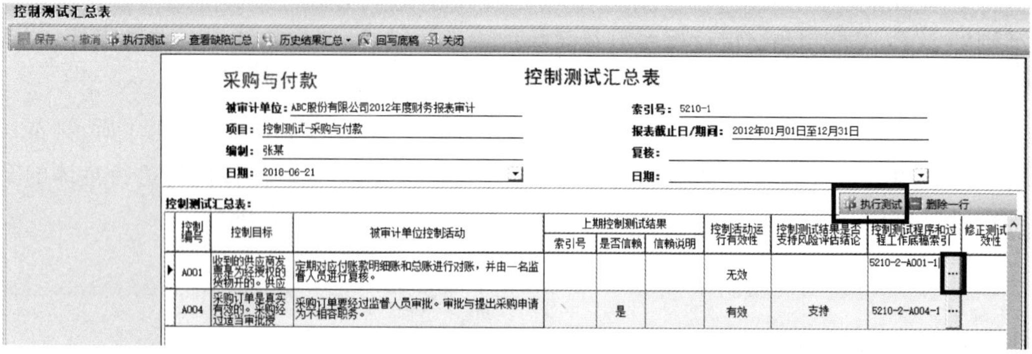

图 9-2 控制测试审计抽样

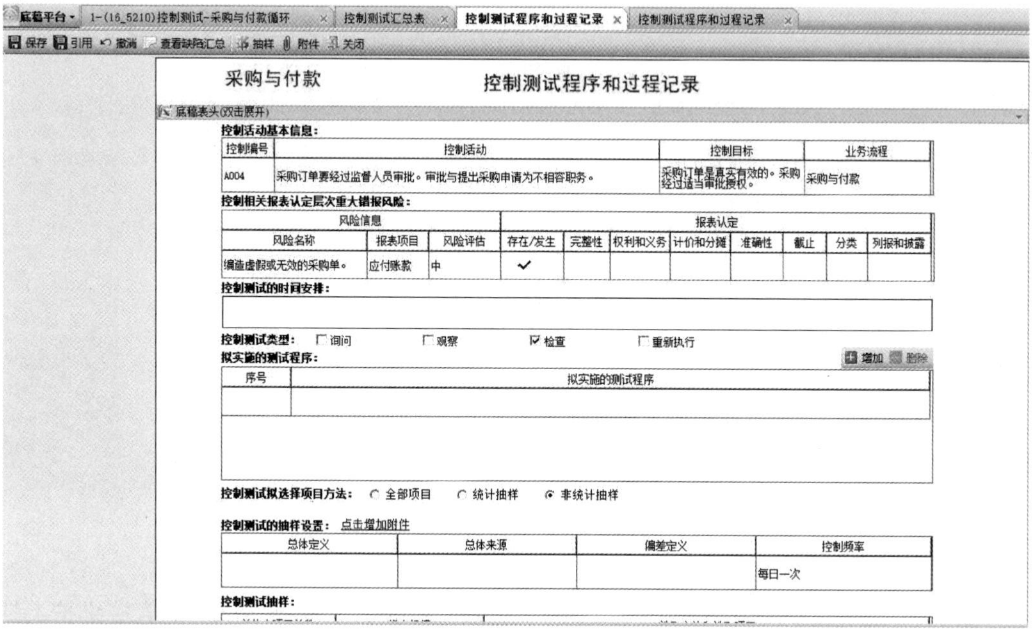

图 9-3 控制测试程序和过程记录底稿界面

第三节 控制测试审计抽样

现代审计与传统审计的重要区别之一就是抽样技术的广泛运用,在审计测试中运用抽样技术是审计理论和实践的重大突破,是审计技术发展史上的一次飞跃,也是审计职业追求审计效率与审计效果统一的结果。我国审计准则规范了注册会计师在设计和选择审计样本以实施控制测试和细节测试,以及评价样本结果时对统计抽样和非统计抽样的使用。

一、审计抽样相关概念

审计抽样是指注册会计师对具有审计相关性的总体中低于百分之百的项目实施审计程序,使所有抽样单元都有被选取的机会,为注册会计师针对审计事项得出结论提供合理基础。审计抽样应具备的三个特征:①对具有审计相关性的总体中低于百分之百的项目实施审计程序;②所有抽样单元都有被选取的机会(但不定机会均等);③可以根据样本项目的测试结果推断出有关抽样总体的结论。审计抽样的操作步骤为:①样本设计;②选取样本;③评价样本结果。

审计抽样分为统计抽样和非统计抽样。统计抽样是指同时具备以下两个特征的抽样方法:①随机选取样本项目;②运用概率论评价样本结果,包括计量抽样风险,不同时具备上述两个特征的抽样方法属于非统计抽样。

统计抽样与非统计抽样的相同点为:①均需要合理运用职业判断;②都可以提供审计所要求的充分、适当的证据;③都存在某种程度的抽样风险和非抽样风险。而它们的根据区别为:统计抽样是利用概率法则来量化控制抽样风险;非统计抽样中,注册会计师全凭主观标准和个人经验确定样本规模和评价样本结果。只要设计得当,非统计抽样也可达到统计抽样一样的效果,因此,统计抽样的产生并不意味着非统计抽样的消亡。

控制测试和细节测试同属于进一步程序,当控制的运行留下轨迹时,注册会计师可以考虑使用审计抽样实施控制测试。因此,控制测试审计抽样是实务中经常使用的测试方法,在控制测试程序和过程记录页面可选择对控制全部项目进行测试。下面我们将介绍CPAS系统中控制测试审计抽样中统计抽样和非统计抽样的操作方法。

二、统计抽样

进入统计抽样页面操作步骤如下。

(1) 在"控制测试程序和过程记录"页面中部"控制程序拟选择项目方法"处点击"统计抽样"。

(2) 点击该页面顶部页签"抽样"按钮,进入"控制测试统计抽样"界面;如图 9-4 所示,注意:此步骤前先设置好认定层风险的确定。

统计抽样具体操作步骤如下。

(1) 参数设置。根据此项控制的实际情况,我们拟定该项控制可接受的风险为10%,可容忍的偏差率为7%。预计总体偏差率可手动录入,也可通过小样本预估,单击"通过小样本预估"按钮,进入预估总体偏差率界面,如图 9-5 方框①所示。

在图 9-6 界面,第一步录入总体项目"1000"单击生成按钮在界面第一步录入总体项目"1000"单击生成按钮,系统对总体样本自动编号,在第二步,"抽取初始样本"录入"100"单击"抽取"并在第三步"抽取检查样本量"录入"30"单击"抽取",在所抽取的样本下,假设编号 0014 的样本选择"无效",单击"计算"按钮,计算的结果是"7.33%",然后单击"保存并返回"。

图 9-4 进入控制测试统计抽样界面

图 9-5 预估总体偏差率界面

（2）查表确定样本规模。如图 9-6 方框②，假设"总体项目"为 1 000 个，点击"查表获取"样本规模为 113 个，单击"查看样本规模表"可以查看样本的计算过程，计算出可接受的偏差数为 4 个。

（3）选择选样方法及选样。系统提供三种选样方法：系统选样法、随机数选样法和其他选样方法，假设选择"系统选样法"单击"执行选样"按钮，如图 9-5 方框③所示。

第九章 控制测试

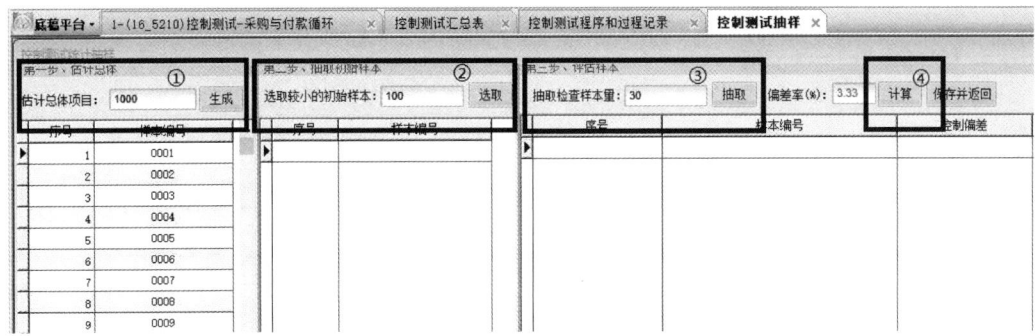

图 9-6 录入控制测试统计抽样数据界面

(4) 实施审计程序(检查样本)。系统根据第一、第二、第三步设置的条件,抽取出113笔样本,蓝色字体显示的是在"预计总体偏差率"阶段已经检查过的样本,根据审计的情况可对其余样本进行测试,假设认为其余样本均是有效的,只有0020号样本无效,如图9-5方框④所示,点击"控制有效性"按钮选择"无效",在偏差类型选上"误解规定"。

(5) 评价样本结果。如图9-5方框⑤所示,单击"样本偏差数量""计算并评估"按钮,分别计算出"样本偏差数量"为1,"总体偏差率"为0.88%,"总体偏差率上限"为3.45%。评估结果如下。

总体项目为1 000,样本量为113且有1个偏差,总体实际偏差率超过0.88%的风险为10%,即有90%的把握保证总体实际偏差率不超过3.45%,由于注册会计师确定的可容忍偏差率为7%,因此可以得出结论,总体的实际偏差率超过可容忍偏差率的风险很小,总体可以接受!

(6) 如图9-5方框⑥所示,单击"保存并关闭"按钮,提交保存。抽样信息回写至"控制测试程序和过程记录"页面,如图9-7所示。

三、非统计抽样

进入非统计抽样页面操作步骤如下。

(1) 在"控制测试程序和过程记录"页面中部"控制程序拟选择项目方法"处点击"非统计抽样"按钮。

(2) 点击该页面顶部页签"抽样"按钮,进入"控制测试非统计抽样"界面,如图9-8所示。

非统计抽样具体操作步骤如下。

(1) 假设选择总体范围为"整个被审计期间交易",总体项目、期中项目均为"1 000"个,预估剩余期间项目为"0"个,控制频率为"每日多次"(此项指标从设定认定层风险后系统自动流转过来),最低样本量点击"查表获取"后自动显示为"25",如图9-8方框①所示。

(2) 假设"选择选样方法及选样"中选择"系统选样法",单击"执行选样"按钮,系统自动按相应方法选出25个样本,如图9-8方框②所示。

图 9-7 保存控制测试统计抽样结果界面

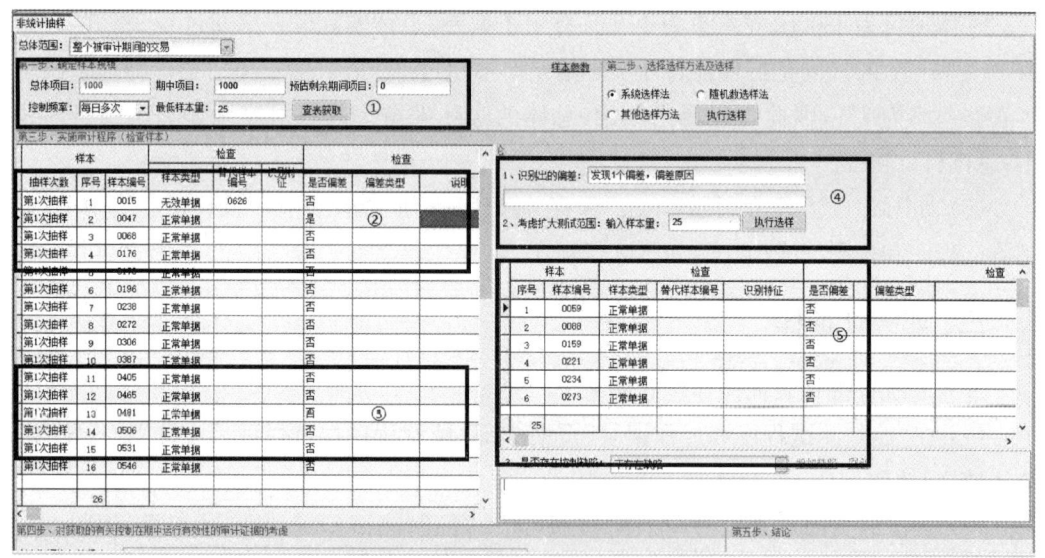

图 9-8 控制测试非统计抽样步骤界面

(3) 实施审计程序(检查样本),假设情形一,在检查单据过程中发现样本"0015"为"无效单据",在样本编号"0015"号"样本类型"处选择"无效单据"系统会自动按适当的抽样方法再选取一个替代样本编号为"0626",如图 9-8 方框③所示,然后第一步中的"最低样本量"会自动变成"26",同时,测试结论为"未发现偏差,期中测试有效",考虑扩大测试范围:输入样本量"0","不存在缺陷";假设情形二,在检查过程中除了发现一个无效单据外,还发现一个偏差,在样本编号"0047""是否偏差"处选择"是",则测试结论变为"发现一个偏差,偏差原因"根据实际情况填写,考虑扩大测试范围:输入样本量为"25",再点击"执行选样",系统自动二次抽取 25 个样本,根据实际情况判断控制是否存在缺陷,如图 9-8 方框④⑤所示。

(4)"提交保存"中,我们按照假设情形一来操作,根据第三步得出结论,选择"控制有效",单击"保存并关闭"按钮,如图 9-9 方框所示。

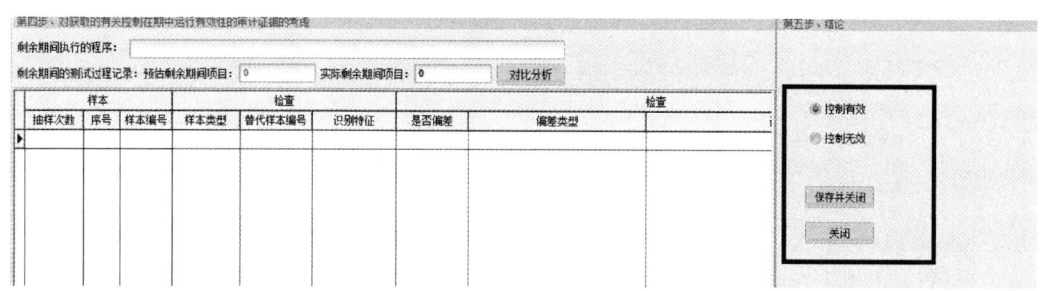

图 9-9 得出控制测试结论界面

非统计抽样完成后,回到"控制测试程序和过程记录"界面,抽样信息已经回写至该界面,如图 9-10 所示。

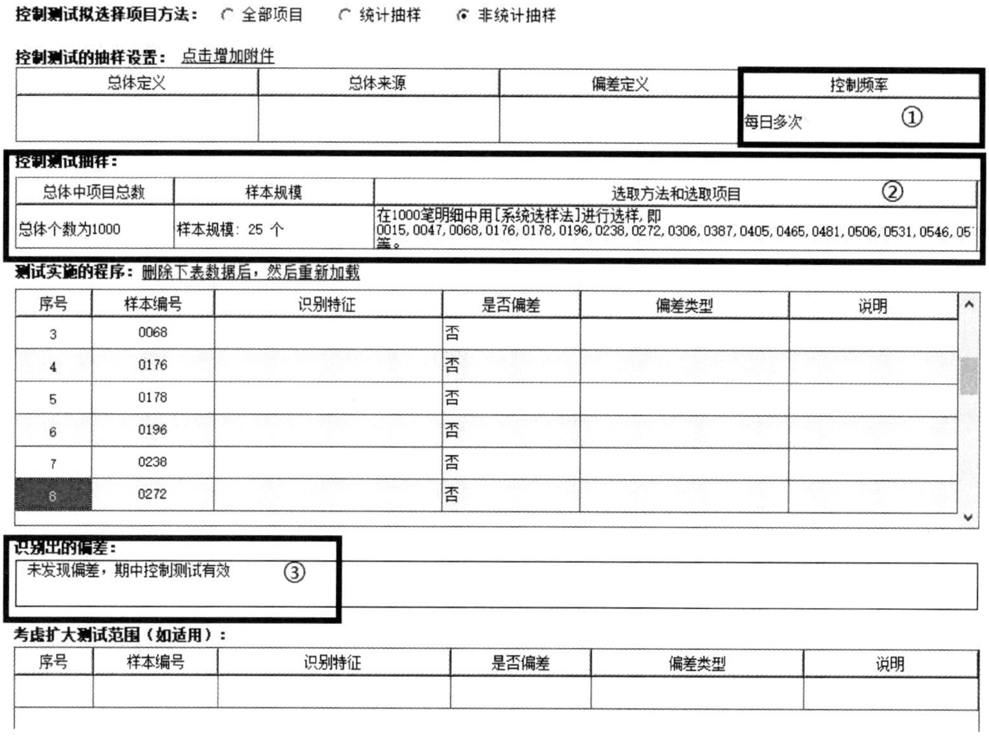

图 9-10 保存控制测试非统计抽样结果界面

四、抽样信息回写至工作底稿

回写操作步骤为:在完成抽样后,在"控制测试程序和过程记录"界面单击左上方"保存""引用"按钮,将抽样信息进行保存,系统自动关闭该界面,并在"控制测试汇总表"中写入本次控制测试的结果(控制有效),单击"回写底稿"按钮,将该控制测试过程回写至工作底稿当中,如图 9-11 所示。

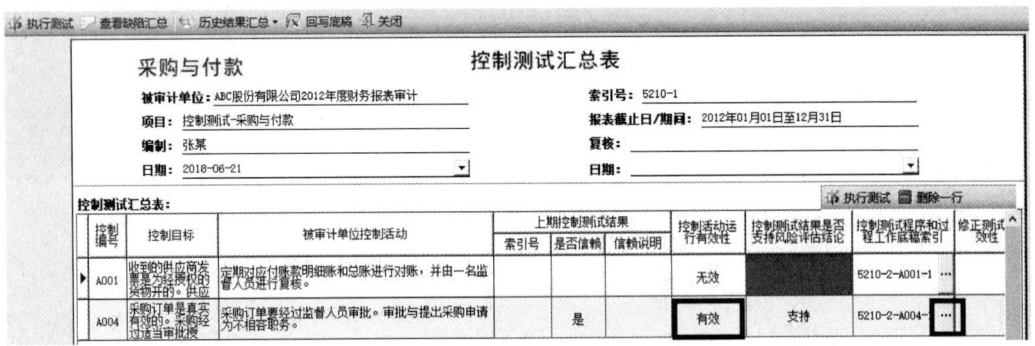

图 9-11　控制测试汇总表

回写完成后,关闭该界面,回到 5210 审计工作底稿当中,系统在最后的一个 SHEET 页追加一张工作底稿"控制测试程序和过程记录- 5210-2-01",单击查看"控制测试程序和过程记录"工作底稿,抽样信息已经全部回写。

五、控制测试汇总表

控制测试汇总表是对整个项目内,所有的控制测试进行汇总和归集的平台,可供注册会计师整体了解项目中所进行的控制测试的情况,在作业系统"风险应对"菜单下单击"控制测试汇总表",进入控制测试汇总表界面,如图 9-12 所示。

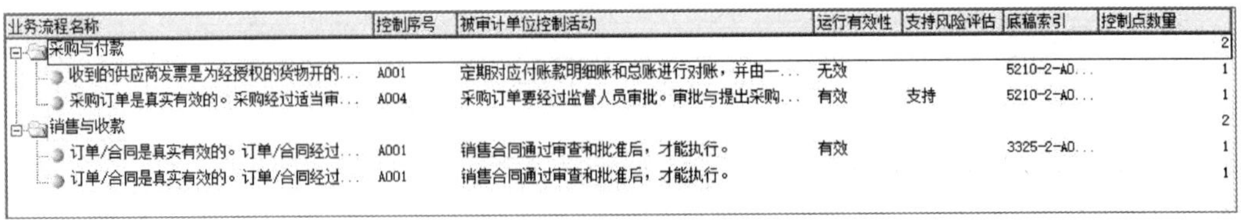

图 9-12　控制测试结果汇总表

在该界面,可以看到一条之前我们所做的控制测试,选择该条控制测试单击"过程记录"或是双击该条控制可穿透至该条控制的"控制测试程序和过程记录"界面,可以查看详细的控制测试记录。

第四节 内控缺陷

内部控制缺陷是指公司内部控制的设计或运行无法合理保证内部控制目标的实现。内部控制缺陷按其成因分为设计缺陷和运行缺陷,按其影响程度分为重大缺陷、重要缺陷和一般缺陷。

在风险评估阶段或是控制测试结束后,审计人员会发现被审计单位在某些内部控制中存在的控制缺陷,CPAS 系统将这类的缺陷统称为内控缺陷。

在本小节,我们将介绍三种增加内控缺陷的方法,分别为:①在控制测试时确认的内控缺陷;②在工作底稿加载项添加内控缺陷;③直接增加内控缺陷。

一、控制测试中确认内控缺陷

以本章"非统计抽样"内容为例,进入"控制测试非统计抽样"界面,在操作步骤第四步,假设在非统计抽样过程当中发现有内部缺陷,点击"增加缺陷"按钮,如图 9-13 方框所示,然后按照实际发现的缺陷填写,下面我们来录入缺陷。

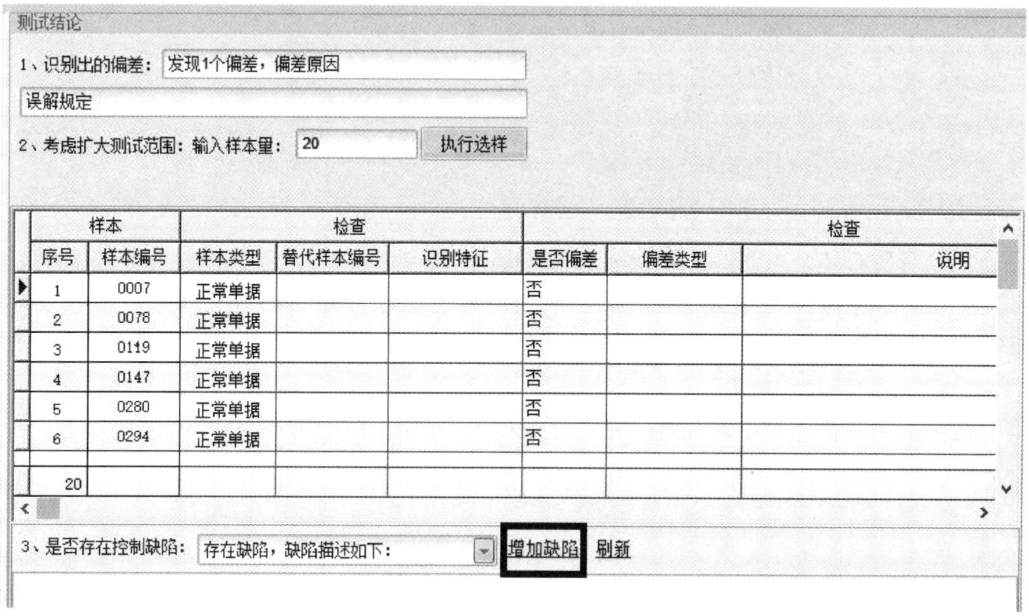

图 9-13 增加内控缺陷界面

缺陷序号:1
业务流程选择:审批与处理
缺陷描述选择:控制设计不合理

审计影响：采购订单的授权审批规则审计不合理，产生审计风险
缺陷类别选择：当期缺陷
报表认定选择：存在/发生、完整性
内控要素选择：控制活动
录入完毕，如图9-14所示。

填写完毕退出增加缺陷窗口，判断控制是否有效并保存引用，添加缺陷完成后可在"控制测试程序和过程记录"界面查看与该控制相关的控制缺陷，同时在该页面能显示缺陷来源。

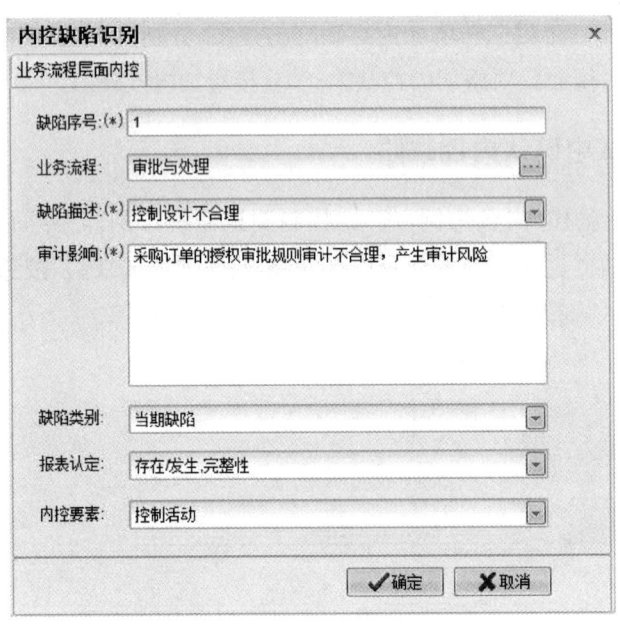

图9-14 内控缺陷增加完毕界面

二、工作底稿加载项添加内控缺陷

在全部的底稿体系中的任意一张工作底稿内，底稿上方的加载项中均含有"增加内控缺陷"功能，如图9-15方框所示。

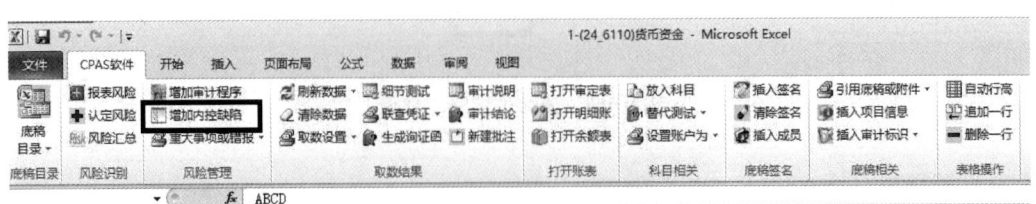

图9-15 增加内控缺陷界面

录入缺陷方法与"控制测试中确认内控缺陷"的方法一样,可在内控缺陷识别界面录入如下信息:

缺陷序号:2

业务流程选择:审批与处理

缺陷描述选择:缺乏相关控制

审计影响:采购订单未经授权,商品采购金额混乱,企业面临经营风险

缺陷类别选择:当期缺陷

报表认定选择:存在/发生、完整性

内控要素选择:控制活动

添加完成后,如图9-16所示,然后单击确定按钮。

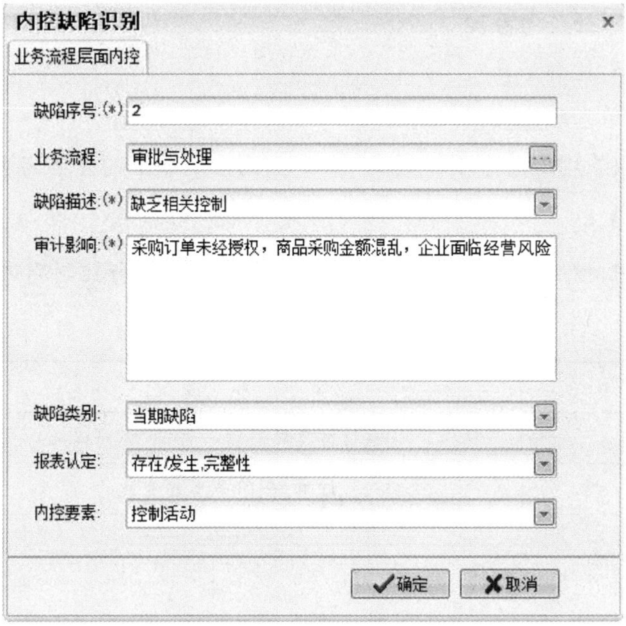

图 9-16 内控缺陷增加完毕界面

三、直接增加内控缺陷

直接增加内控缺陷的操作方法如下。

(1) 点击CPAS系统作业端"完成及总结"页签底下的"内控缺陷汇总表"。

(2) 在此汇总表页面能看到之前所添加的所有内控缺陷汇总,只有在"控制测试非统计抽样"增加的缺陷能显示缺陷来源,点击"增加"按钮,如图9-17所示,录入缺陷方法与前面介绍的方法一样,可在内控缺陷识别界面录入如下信息。

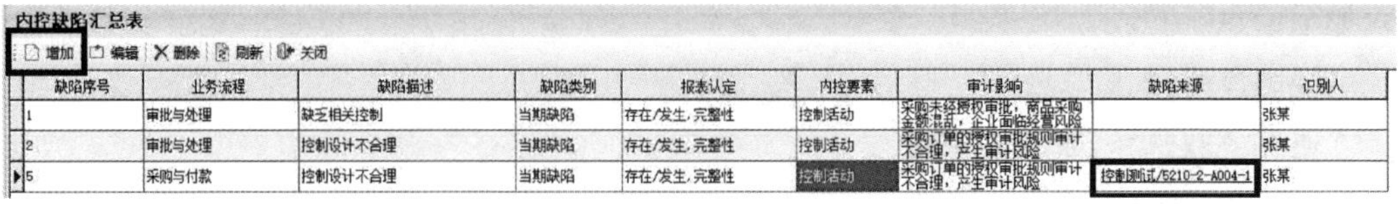

图 9-17 增加内控缺陷界面(3)

缺陷序号:3

业务流程选择:采购与付款

缺陷描述:控制缺陷不合理

审计影响录入:存储常年积压,导致企业存货成本高昂

缺陷类别选择:当期缺陷

报表认定选择:计价与分摊

内控要素选择:控制活动

添加完成后,单击确定按钮。

所有的内控缺陷均汇总至工作底稿"8140 内部控制缺陷的评估与沟通"中。

上机操作 9-1

参照本章介绍,按照表 9-1 参数对"销售与收款流程"进行控制测试程序。

表 9-1 风险评估及应对措施相关参数

参数设置		参数值
流程		销售与收款流程——订单/合同审批
控制目标		订单/合同是真实有效的
风险评估级别		中
舞弊风险		否
拟信赖程度		中
风险情况描述		接受重复销售订单
风险应对——相关控制	控制序号	A001
	控制目标	订单/合同是真实有效,订单/合同经过适当审批授权
	控制点	销售合同通过审查和批准后,才能执行
	控制性质	自动
	控制频率	每月一次
	控制相关风险	低
	设计有效性	有

(续表)

参数设置	参数值	
风险应对—相关控制	控制序号	A001
	是否得到执行	是
	是否测试	是
	是否测试的理由	在评估认定层次重大错报风险时,预期控制的运行时有效的
	相关工作底稿	6113,应收账款;5225 控制测试—销售与收款循环

操作要求如下。

(1) 根据已经添加的风险进行控制测试,并且控制测试是有效的,将有效的控制测试结果回写控制测试汇总表。

(2) 根据第八章上机操作 8-2 第二条采购与付款环节控制按照表 9-3 参数进行非统计抽样,对上述要求(1)销售与收款控制测试进行统计抽样,参数如表 9-2 所示。

表 9-2 统计抽样参数

参数设置	参数值	参数设置	参数值
可接受风险	10%	样本偏差率	3.33
可容忍的偏差率	7%	样本规模	113
预计总体偏差率		可接受的偏差数	4
总体项目	1 000	样本偏差数	1
初始样本	100	总体偏差数	0.88
抽取检查样本量	30	总体偏差数上限	3.45
无效样本	第一条样本无效	结论	总体可接受

表 9-3 非统计抽样参数

参数设置	参数值	参数设置	参数值
总体项目	100	无效样本	第二条样本无效
控制频率	每日多次	样本偏差数量	1
最低样本规模	25	结论	控制无效

上机操作 9-2

打开内控缺陷汇总表,增加一个内控缺陷,具体信息如下。

缺陷序号:4

业务流程选择:*存货管理*

缺陷描述选择:*控制设计不合理*

审计影响录入：仓库员工流动性大
缺陷类别选择：当期缺陷
报表认定选择：计价与分摊、存在、完整性
内控要素选择：控制环境

本 章 练 习

姓名：_____ 学号：_____ 日期：_____ 分数：_____

一、填空题($8'\times 4$)

1. "完成与总结—内控缺陷汇总表"既可点击_____按钮打开编辑界面，也可以_____打开编辑界面。

2. "完成与总结—内控缺陷汇总表"里增加内控缺陷时，内控要素有_____。

3. 控制测试程序和过程记录里拟选择项目的方法有_____、_____、_____。

4. 在内控缺陷汇总表中缺陷类别有_____和_____两种。

二、单选题($8'\times 4$)

1. 控制测试汇总表来自于风险评估中的(　　)。
   A. 重要账户及相关流程　　B. 重要性水平
   C. 风险评估及应对措施　　D. 调整分录汇总表

2. "完成与总结"—"内控缺陷汇总表"中，(　　)不是必填项。
   A. 业务流程　　B. 缺陷序号
   C. 缺陷描述　　D. 审计流程

3. CPAS加载项功能可以实现实质性程序的是(　　)。
   A. 统计抽样　　B. 非统计抽样
   C. 细节测试　　D. 实质性分析程序

4. 不属于《8140 内部控制缺陷的评估与沟通》底稿的信息来源的是(　　)。
   A. 加载项"增加错报"添加错报
   B. 加载项"增加内控缺陷"添加内控缺陷
   C. 控制测试底稿中"增加缺陷"按钮
   D. 菜单"完成及总结"—"内控缺陷汇总表"添加的控制缺陷

三、判断题($7'\times 4$)

1. "完成与总结"—"内控缺陷汇总表"里可以随意编辑删除已有的内控缺陷。(　　)

2. 系统中没有上年账套数据时，"完成与总结"—"内控缺陷汇总表"也可以增加上期

的缺陷。（　　）

3. "完成与总结"—"内控缺陷汇总表"的数据来源有两种方式。（　　）

4. 在5200阶段业务流层面控制测试底稿，单击底稿目录页的"执行控制测试"，可以进入控制测试功能界面。（　　）

兴趣拓展阅读

内控失效,员工违规放贷,银行爆雷被央行接管

一、案例回顾

(一)员工漠视内控,收受贿赂

2013年11月,包商银行北京分行金融事业部业务经理刘京鹏在办理包商银行北京分行与河曲县新胜民用煤储销售煤场通道贷款业务时,与包商银行北京分行金融事业部经理牛敏商议,在办理此贷款业务时通过新时代信托股份公司收取咨询费53.2万元,刘京鹏将其中8万元分给牛敏,余款据为己有,刘京鹏与牛敏被认定为非国家工作人员受贿。

(二)业务经理尽调敷衍,违规放款

2015年1月,包商银行北京分行向山西省河曲县新胜民用煤储售煤场发放贷款2亿元。刘京鹏作为该笔贷款业务的业务经办人,在发放贷款前,未对用款企业的信用等级及提交的虚假资料认真审核,未实地到用款单位河曲县新胜民用煤储售煤场进行尽职调查,在流动资金借款合同面签过程中未对李某(衡水银行副董事长,衡水银行为新胜民用煤储售煤场提供借款担保,经法院认定《借款保函》与衡水银行印章为伪造)的身份及权限进行核实的情况下,直接将贷款申报到包商银行北京分行相关部门进行审批并发放2亿贷款。贷款发放后,新胜民用煤储售煤场仅归还包商银行部分利息,本金2亿元至今未还,刘京鹏被认定为违法发放贷款。

(三)出现信用风险,被央行接管

鉴于以上违法事实,2019年5月24日,中国人民银行、中国银行保险监督管理委员会联合发布公告,鉴于包商银行股份有限公司出现严重信用风险,为保护存款人和其他客户合法权益,依照《中华人民共和国中国人民银行法》《中华人民共和国银行业监督管理法》和《中华人民共和国商业银行法》有关规定,中国银行保险监督管理委员会决定自2019年5月24日起对包商银行实行接管,接管期限1年。

截至2019年7月中,包商银行官网尚未披露2017年和2018年年报,无法从公开渠道得知2017年及2018年包商银行经营管理状况。但从包商银行官网上以前年度已披露年报信息来看,包商银行信用风险是逐年增大的。具体可通过反映信用贷款业务中的不良贷款比例、关注类贷款比例、一级资本充足率等几个反映银行抵御风险能力的财务指标来说明,具体如表9-2所示,以上几个比率从2011年到2016年都不同程度地呈上升趋势。

结合包商银行接管公告内容,说明包商银行确实存在信用问题,须正视问题。

表 9-2 包商银行 2011—2016 年相关指标

项目	2016 年度	2015 年度	2014 年度	2013 年度	2012 年度	2011 年度
不良贷款比例	1.68%	1.41%	1.37%	1.00%	0.87%	0.45%
资本充足率	11.69%	12.22%	11.19%	12.05%	16.84%	14.65%
关注类贷款比例	2.91%	2.43%	2.94%	1.71%	2.75%	0.66%

注：根据包商银行官网年度报告数据整理所得。

二、案例分析

对于案例中被接管的包商银行，信用风险是其面临的主要核心风险之一，也是银行金融机构在开展信贷业务过程中需要严格管控的风险。上述案例充分暴露出包商银行信贷业务的内部控制存在重大漏洞或流于形式。

（一）银行内控环境薄弱，出现员工受贿

内控环境是指企业治理结构和议事规则、审计委员会、内部机构设置、岗位职责、业务流程、内部审计等，内控环境是内部控制的重要因素。内控制度固有重要，但是营造一个良好的控制环境更为重要，案例中出现的业务经理之间相互勾搭收受客户的大额钱财，直接导致尽调不充分、发放巨额贷款不能回收的严重后果，表明包商银行在内控环境建设上是存在问题的，缺乏良好的内部控制文化。

（二）信贷前期流于形式，尽调不充分

一般而言，银行会对信贷业务前期尽调设定严格的风控要求、工作标准，对尽调开展的主体（是否 AB 角或独立审查）、尽调开展形式（现场或非现场）、尽调材料获取形式等进行明确的规定。比如实施现场走访实体企业经营运营情况，其目的就是对借款人的资信有充分、真实及完整的掌握；实施 AB 角制（又称双人制），是为了防止业务员出现错误或舞弊风险而强制要求每笔信贷也至少由主办（A 角）、协力（B 角）两位信贷人员调查并在调查报告中签署意见等。案例中包商银行北京分行业务经理刘京鹏却没有履行项目尽调 AB 角工作制，且未进行现场实地走访调查获取一手真实完整信息，充分表明其在项目尽调环节存在重大内部控制缺陷。

（三）风控部门未及时补位、合规与风险审查环节不充分

业务人员作为信贷风险控制第一道防线，在未充分履行职责情形下，作为中台的合规风控部门应通过合规与风险审查，及时发现借款人资信问题，以弥补业务部门在项目尽调环节的失误、不到位或不履职造成的风险。对于案例中如此金额巨大的项目，合规风控相关部门原本应履行独立的现场尽调与审查职能，但包商银行北京分行却没有相应的风险审慎应对机制。

（四）缺乏核实程序，信贷业务增信风控措施失效

增信是指增加信用等级,增信措施是指通过对特定金融产品机构进行设计和协议安排,确保债务人按时支付债务本息,以提高金融产品的质量和安全性的一些措施。本案例中包商银行业务经理刘京鹏针对放贷的2亿元已与衡水银行签订《借款保函》,保函明确提出衡水银行为新胜煤场的2亿贷款的债务偿还提供不可撤销的连带保证责任,衡水银行也同意要协商解决与本行有关的一起争议、纠纷,对于包商银行而言已实施了增信风险措施,但未对合同面签人员的身份及其权限核实,并未能识别保函及其使用伪造衡水银行公章事实,导致包商银行的增信风控措施失效,此处表明包商银行在实施增信风控措施时缺乏必要专门的审核核实部门,使得内部控制失效。

(五) 项目贷后管理不足,缺乏预警机制

本项目案例,2015年1月发放2亿元1年期贷款,按季结息,到期一次性归还借款本金,由于拖欠利息、罚息,2015年7月包商银行才向新胜煤场发放《贷款提前到期通知》,笔者认为贷后管理措施存在不足,1年期的大额资金项目7个月后才采取追讨措施,也未建立大额贷款项目的动态预警机制,如针对大额资金项目,是否由独立的风控部门与信贷业务部门定期至借款人现场实施贷后检查,也可以及时发现贷款问题,并提出相应的预警措施。

综上所述,包商银行违规放贷案例是因为内部员工未有效履职直接造成,但也反映出该银行内部管理上的缺失,信贷内控制度流于形式。违规放贷或信贷资金监督不力极易导致借款人违约风险和骗贷案的发生,给银行信贷资金安全埋下风险隐患。因此,包商银行需要加强和规范信贷业务的审慎性管理,包括建立项目尽调的独立审查核实机制、加强信用贷款的增信措施管理、完善贷后检查控制管理及健全风控审计配套制度等。

注:资料根据包商银行官网披露2011—2016年年度报告;中国判决书文网,刘京鹏、牛敏非国家工作人员受贿、违法发放非法贷款二审形式判决书(2018)冀11刑终494号整理所得。

第十章　实质性程序

本章学习导航

- 实质性程序
  - 相关理论概述
    - 实质性程序的含义
    - 实质性程序的时间
    - 实质性程序的性质
  - 底稿加载项
    - 底稿目录
    - 加载项——风险识别
    - 加载项——风险管理
      - 增加审计程序
      - 增加内控缺陷
      - 增加重大事项
      - 增加错报
    - 加载项——取数结果
    - 加载项——打开账表
    - 加载项——科目相关
    - 加载项——底稿签名
    - 加载项——底稿相关
    - 加载项——表格操作
  - 底稿工作表的编制
    - 编制审定表
    - 编制明细表
    - 编制披露表
  - 风险应对工具
    - 询证函汇总表
    - 账龄分析工具
    - 关联方及关联方交易
      - 关联方清单
      - 关联方交易
    - 利息测算工具
    - 银行对账检查
    - 凭证高级查询
    - 综合查询工具

第一节 相关理论概述

实质性程序是指用于发现认定层次重大错报的审计程序,包括对各类交易、账户余额和披露的细节测试以及实质性分析程序。因此,注册会计师应当针对评估的重大错报风险设计和实施实质性程序,以发现认定层次的重大错报。

一、实质性程序的含义

注册会计师实施的实质性程序应当包括下列与财务报表编制完成阶段相关的审计程序:①将财务报表与其所依据的会计记录相核对;②检查财务报表编制过程中做出的重大会计分录和其他会计调整。注册会计师对会计分录和其他会计调整检查的性质和范围,取决于被审计单位财务报告过程的性质和复杂程度以及由此产生的重大错报风险。

由于注册会计师对重大错报风险的评估是一种判断,可能无法充分识别所有的重大错报风险,并且由于内部控制存在固有局限性,无论评估的重大错报风险结果如何,注册会计师都应当针对所有重大的各类交易、账户余额、列报实施实质性程序。

二、实质性程序的时间

实质性程序的时间选择与控制测试的时间选择有共同点,也有很大差异。共同点在于,两类程序都面临着对期中审计证据和对以前审计获取的审计证据的考虑。两者的差异如下。

(1) 在控制测试中,期中实施控制测试并获取期中关于控制运行有效性审计证据的做法更具有一种"常态";而由于实质性程序的目的在于更直接地发现重大错报,在期中实施实质性程序时更需要考虑其成本效益的权衡。

(2) 在本期控制测试中拟信赖以前审计获取的有关控制运行有效性的审计证据,已经受到了很大的限制;而对于以前审计中通过实质性程序获取的审计证据,则采取了更加慎重的态度和更严格的限制。

如果在期中实施了实质性程序,注册会计师应当针对剩余期间实施进一步的实质性程序,或将实质性程序和控制测试结合使用,以将期中测试得出的结论合理延伸至期末。在将期中实施的实质性程序得出的结论合理延伸至期末时,注册会计师有两种选择:其一是针对剩余期间实施进一步的实质性程序;其二是将实质性程序和控制测试结合使用。

如果在以前审计中实施实质性程序获取的审计证据,通常对本期只有很弱的证据效力或没有证据效力,不足以应对本期的重大错报风险。只有当以前获取的审计证据及其相关事项未发生重大变动时(如以前审计通过实质性程序测试过的某项诉讼在本期没有任何实质性进展),以前获取的审计证据才可能用作本期的有效审计证据。但即便如此,如果拟利用以前审计中实施实质性程序获取的审计证据,注册会计师应当在本期实施审计程序,以确定这些审计证据是否具有持续相关性。

三、实质性程序的性质

实质性程序的性质,是指实质性程序的类型及其组合。实质性程序的两种基本类型包括细节测试和实质性分析程序。

细节测试是对各类交易、账户余额、列报的具体细节进行测试,目的在于直接识别财务报表认定是否存在错报。

实质性分析程序从技术特征上仍然是分析程序,主要是通过研究数据间关系评价信息,只是将该技术方法用作实质性程序,即用以识别各类交易、账户余额、列报及相关认定是否存在错报。

由于细节测试和实质性分析程序的目的、技术手段存在一定差异,因此各自有不同的适用领域。注册会计师应当根据各类交易、账户余额、列报的性质选择实质性程序的类型。细节测试适用于对各类交易、账户余额、列报认定的测试,尤其是对存在或发生、计价认定的测试;对在一段时期内存在可预期关系的大量交易,注册会计师可以考虑实施实质性分析程序。

下面我们来介绍 CPAS 系统中实质性程序的相关功能及运用,实质性底稿 6000 风险应对—实质性程序的编写方法,审计抽样在细节测试中的运用、账龄分析法、利息测算、银行对账等审计工具的运用。

第二节 底稿加载项

实质性底稿主要包括底稿目录、审计程序、审定表、明细表、披露表等表页。本节以货币资金底稿为例,介绍这些表页的填写方法及相关加载项的操作方法。

一、底稿目录

"底稿目录"页:列示该底稿的所有表页名称及其链接,单击链接可进入相关表页。刷新目录:当底稿目录不全时,点击"刷新目录",可以刷新出一份全的底稿目录,如图 10-1 方框①所示。

"增加底稿":用于增加上年度或下年度底稿及表页。

"隐藏底稿":用于隐藏一个或多个底稿表页。操作方法:点中一个或多个底稿表页,点击隐藏底稿可对其隐藏。

"取消隐藏":用于取消隐藏一个或多个底稿表页。操作方法:点击"取消隐藏",在弹出框中勾选要取消隐藏的底稿表页即可。

"生成底稿目录":当底稿表页有增加或减少时,点击此按钮,可生成一份正确的底稿

第十章 实质性程序

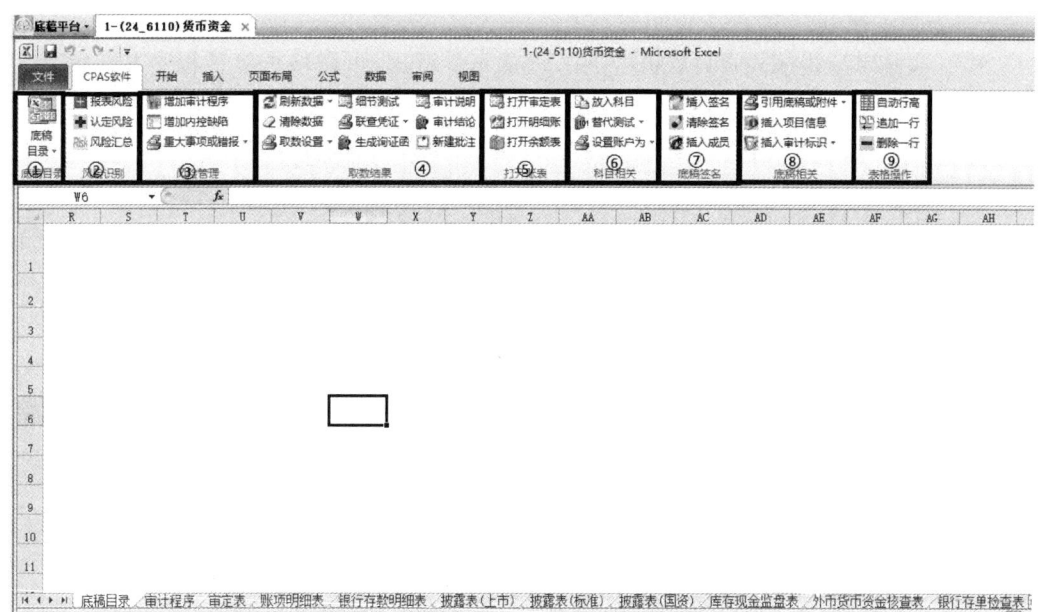

图 10-1 6110 货币资金底稿加载项界面

目录。

"打开文件位置":打开当前底稿存放的位置。

二、加载项—风险识别

如图 10-1 方框②所示,风险识别包括增加报表风险、认定风险和风险汇总三项操作。

"报表风险":在了解被审计单位及其环境过程中识别的风险可以通过底稿加载项的增加报表风险,报表层次风险评估的风险信息根据风险领域,分为风险名称、风险领域、风险评估、总体应对措施、说明、风险状态、增加人、最终编辑人、执行人和应对底稿。

"认定风险":在了解被审计单位及其环境过程中识别的风险可以通过底稿加载项的增加认定风险认定层次风险评估的风险信息根据报表项目分为风险名称、相关认定、业务流程、风险评估、舞弊风险、拟信赖控制程度、存在相关控制、风险状态、增加人、最终编辑人、执行人和应对底稿。

"风险汇总":从加载项中,添加的报表层次风险和认定层次风险,最终会在风险评估及应对措施中汇总显示,通过回写底稿按钮,流转到 3300 底稿、6000 实质性底稿审计程序表页、7000 底稿中。

三、加载项—风险管理

如图 10-1 方框③所示,风险管理包括增加审计程序、增加内控缺陷、增加重大事项、增加错报四项操作。

(一）增加审计程序

打开底稿审计程序表页，从加载项中，增加审计程序，可以增加审计程序并在审计程序表页显示出来。下面以货币资金为例介绍增加审计程序的操作步骤。

（1）打开6000下底稿，单击"刷新数据"，自动读取表页信息。

（2）单击加载项"增加审计程序"或者手动输入内容，添加适用的审计程序。

选中"五、计划实施的实质性程序"下的单元格，单击加载项"增加审计程序"，在弹出的"选择审计程序"界面选择"实质性程序""货币资金"勾选适用的审计程序。

审计程序库在管理端菜单"知识库""审计程序库"中维护。

（3）根据实际情况，完成表页中其他内容的填写。

(二）增加内控缺陷

第九章第四节已作介绍，从加载项中，增加内控缺陷，汇总到内控缺陷汇总表并回写8000阶段底稿，控制信息流转到3300底稿。

(三）增加重大事项

重大事项不同于一般事项，重大事项对这个审计工作、审计结论都会产生重要的影响，在编制审计工作底稿过程中要引起重视。首先要明确，重要事项包括如下。

（1）引起特别风险的事项。

（2）实施审计程序的结果，该结果表明财务信息可能存在重大错报，或需要修正以前对重大错报风险的评估和针对这些风险拟采取的应对措施。

（3）导致注册会计师难以实施必要审计程序的情形。

（4）导致出具非标准审计报告的事项。

注册会计师应当及时记录与管理层、治理层和其他人员对重大事项的讨论，包括讨论的内容、时间、地点和参加人员。从加载项中，增加重大事项，汇总到重大事项汇总表并回写8000阶段底稿，控制信息流转到3300底稿。

(四）增加错报

错报是指某一财务报表项目的金额、分类、列报或披露，与按照适用的财务报告编制基础应当列示的金额、分类、列报或披露之间存在的差异；或根据注册会计师的判断，为使财务报表在所有重大方面实现公允反映，需要对金额、分类、列报或披露作出的必要调整。从加载项中增加错报，信息流转至调整分录—错报汇总。

操作步骤如下。

（1）单击加载项"重大事项或错报"—"增加错报"，弹出图10-2。

（2）打开"调整分录汇总表"—制作调整分录—"选择错报"，录入相关信息，如图10-3所示。

（3）回到调整分录主界面，点击"重算调整数"—"刷新试算平衡表"，如图10-4方框所示，结果分别过入相应工作底稿—审定表表页和试算平衡表—审后表页，如图10-5方框所示。

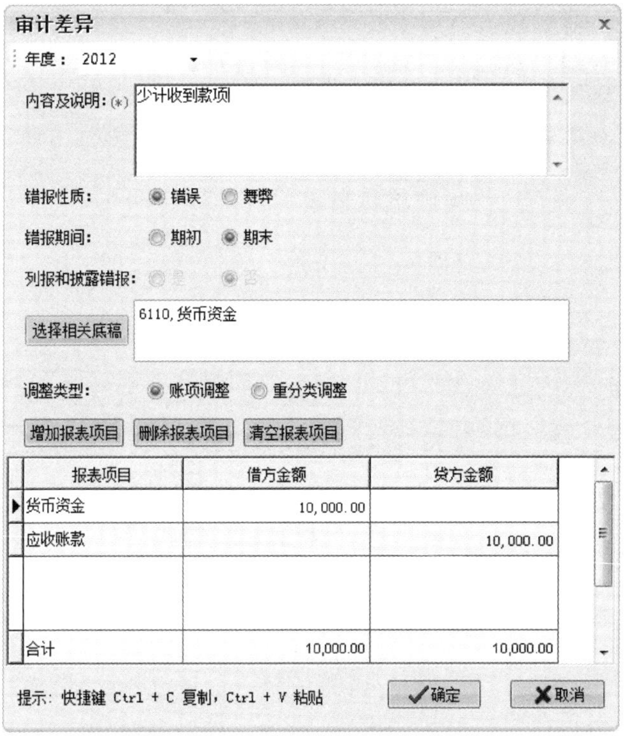

图 10-2　增加错报

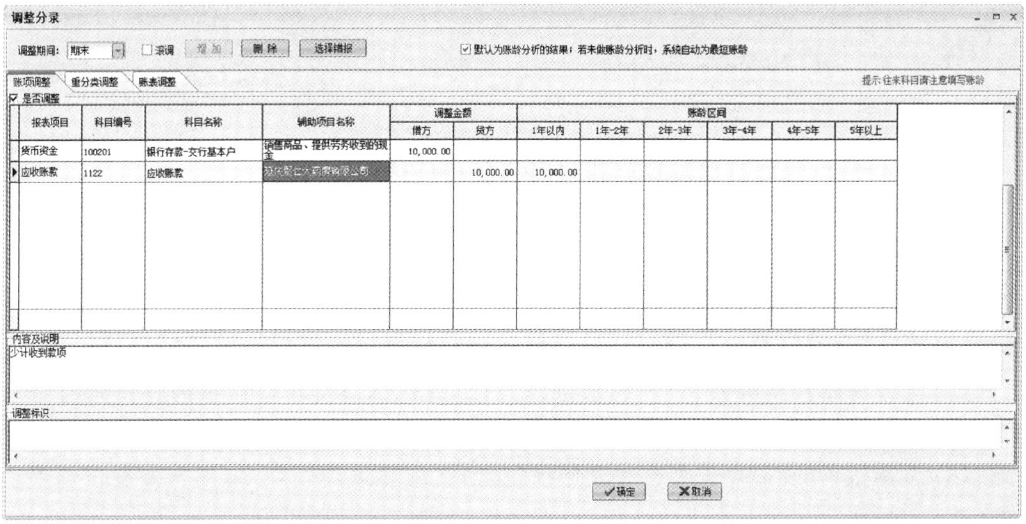

图 10-3　制作调整分录

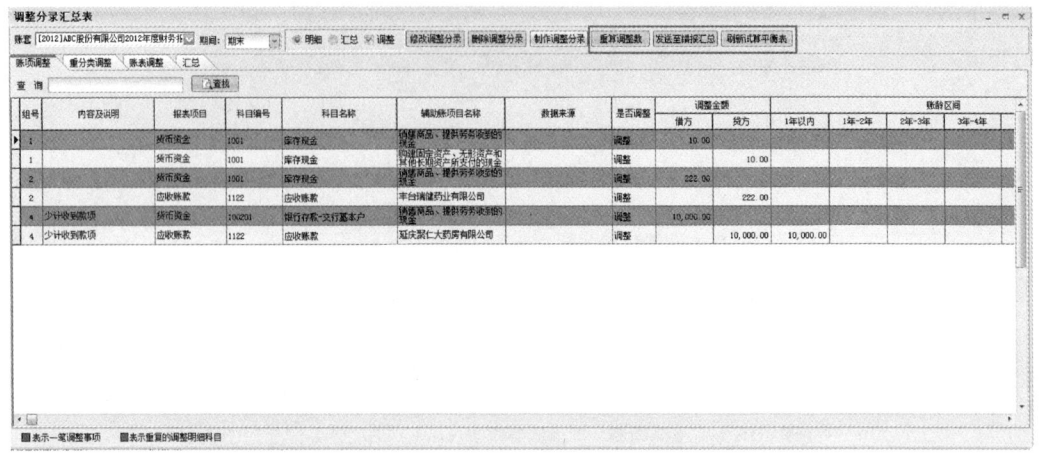

图 10-4　调整分录汇总表

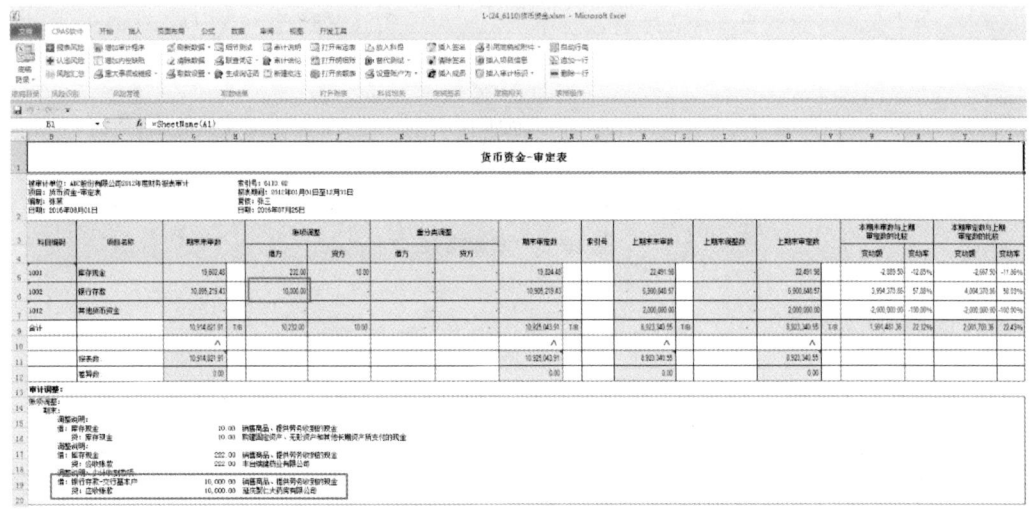

图 10-5　货币资金—审定表页

操作提示

（1）重分类调整提供了"负值重分类"功能，可以选中账套中是负值的科目或者辅助账，直接进行重分类调整。

（2）制作调整分录的时候，可以增加科目，也可以从错报汇总表中选择错报进行调整，还可以选择多方挂账科目对冲调整。

（3）如需滚调，可以勾选页面的滚调按钮，期初调整滚调到期末，期末调整滚调到下年年初。

四、加载项—取数结果

如图 10-1 方框④所示，取数结果包括刷新数据、清除数据、取数设置、细节测试、联查凭证、生成询证函、审计说明、审计结论八项操作,具体操作如下。

1. 刷新数据

从加载项中,点击"刷新底稿",系统会自动根据底稿内设置好的公式从系统内提取数据,并刷新到底稿内,此按钮可以刷新当前页和所有页。

2. 清除数据

从加载项中,点击"清除数据",系统会清除掉当前页面已有数据。

3. 取数设置

选中某一单元格,从加载项中,点击"取数设置",可以设置底稿自动取数。支持列取数设置、列刷新设置、单格取数设置、报表取数设置、跨表取数。

4. 细节测试

在底稿加载项中选中"细节测试",则自动进入细节测试审计抽样。

下面以应收账款底稿为例,介绍细节测试审计抽样的操作方法、添加错报及制作调整分录的功能使用。

细节测试审计抽样,即注册会计师使用审计抽样以获取审计证据,以验证有关财务报表金额的一项或多项认定,或对某些金额做出独立估计。

CPAS 系统可以实现有数据抽样和无数据抽样,无数据抽样是用于完成无法取得数据的情况下的审计抽样工作。

"细节测试审计抽样"界面分为三个页签分别为样本设计阶段、选取样本阶段、评价样本阶段,用户按照前后顺序进行操作。

(1) 登录作业端并打开"细节测试审计抽样"的窗口。除单击目录页的"细节测试审计抽样"链接外,还可以单击加载项"细节抽样"进入审计抽样界面。

(2) 完成样本设计阶段工作,包括明确测试目标、定义总体和抽样单元、界定错报等。根据审计的实际情况,手动填写内容。

(3) 完成选取样本阶段工作,包括确定样本规模、对选取的样本实施审计程序。

第一,确定极不重要的项目,即这些项目加总起来是不重要的或者代表较低的固有风险,可以从抽样计划中剔除的项目。

单击"8.1 总体账面金额"后面的方框,在弹出的界面选择科目、借贷方向及金额。

假设在演示案例中我们认为,应收账款借方发生额在 1 000 以下的为极不重要的项目,不需要进行测试。

第二,在剔除极不重要的项目之后,识别单个重大项目(需要百分之百测试的项目)。

根据"8.3 重要性水平"(来源于菜单"风险评估""重要性水平"中确定的值)、"8.4 可容忍错报"(可以设置为重要性水平或者更高)和"8.6 修正因素"(可以设置为 5~6 或者其他值),确定单个重大项目的截止金额(截止金额=8.4/8.6),假设可容忍错报为 350 000,修正系数为 1,截止金额为 350 000,超过 350 000 的应收账款则需要百分之百测试的笔数有 26。

除了之前已识别的单个重大项目,在8.8中选择添加其他的(注册会计师认为重要的或重大)单个重大项目。

勾选的该笔项目从性质上来说,需要进行百分之百测试。因此,需要进行抽样的样本数量即为8.9单个重要项目和8.8其他认为重大的单个重大事项的数量总和。

第三,对识别的单个重大项目进行百分之百测试并记录测试结果。

单击"8.12个别重大项目凭证抽凭表"的"抽凭"按钮,然后在弹出的抽凭界面,单击"保存"按钮,所有的未抽凭证则进入"已抽凭证"页签。

在个别重大项目凭证抽凭表中的"凭证结果"列记录错报金额。单击"凭证结果"列,在弹出的界面输入实际的错报金额。

第四,确定是否需要进行审计抽样。

一般情况下,如果8.11中的个别重大项目金额总和所占总体账面金额的比例低于67%,有必要进行审计抽样。不过,注册会计师还是需要根据职业判断,决定是否进行下面的操作。假设所占比例为64.59%,低于67%,需要进行抽样,在"9"后面方框里面选择"否"。

第五,确定样本规模。

根据可容忍错报(8.4)、预计总体错报(12.2)、评估的重大错报风险(12.2)、评估其他实质性程序未能发现重大错报的风险(12.3)、样本分层(12.6)等确定最终的样本规模(12.7)。

预计总体错报(12.2):如果注册会计师预计样本存在错报,单击12.2后面的方框,弹出小样本抽样界面,通过小样本抽样推断错报金额。

评估的重大错报风险(12.2):结果来源于"风险评估及应对措施"界面对该报表项目的风险评估结果。

假设风险评估结果为"中"。评估其他实质性程序未能发现重大错报的风险(12.3):注册会计师根据审计实际情况,进行职业判断。

假设风险评估结果为"低"。样本分层:如在10.2中进行分层,则在12.6中选择"不适用",否则选择相应的系数。假设分成两层,每层的样本数大约相等可以不再细分层。根据公式计算,最终确定的样本规模数量。

第六,执行审计抽样。

单击"凭证表抽凭"表格上方的"抽凭"按钮,弹出抽凭界面,如果分层了,则分层选择抽样数量,总数量等于样本规模;然后,单击"试抽取",系统自动在"未抽凭证"页签中选择凭证,注册会计师也可以手动勾选凭证;接着,单击"保存"按钮,勾选的凭证进入"已抽凭证"页签;最后单击"关闭",回到原界面,记录测试结果。

(4)完成评价样本阶段工作,包括推断总体错报、考虑错报的性质、考虑抽样风险并得出结论。

第一,汇总审计抽样的测试结果(12.2),并根据样本结果推断总体错报(12.2)。

第十章　实质性程序

12.2 系统自动按层分别推断错报,然后根据选择的推断方法,将各层错报的金额加总,计算总体错报。

第二,计算错报总额,错报总额＝百分之百检查的个别重大项目中发现的错报(8.12下的"个别重大项目凭证抽凭表"中识别的错报金额)＋推断的错报金额(12.2 的汇总金额)。

第三,考虑抽样风险并得出结论。

比较错报总额与可容忍错报的大小并且考虑错报的性质,最后得出结论。

补充:对于无数据抽样,需要手动填写相关的数据并导入附件,以完成审计抽样工作。

(5) 完成细节测试审计抽样的所有工作后,单击界面上方的"保存",即可将界面上的内容回写到底稿("细节测试审计抽样"表页),供打印输出。

5. 联查凭证

打开抽凭检查表,从加载项中点击"联查凭证",可以联查相关凭证信息。

6. 生成询证函

从加载项中,点击"生成询证函",进入函证汇总表界面制作询证函,信息过入询证函汇总表,自动生成 7000 阶段询证函。

7. 审计说明

光标定位到底稿审计说明单元格,点击加载项中"审计说明",选择相应审计说明,确定添加审计说明,并且能对已有审计说明作编辑、删除或直接增加新的审计说明。

"八、审计结论":光标定位到底稿"审计结论"单元格,点击加载项中"审计说明",选择相应审计结论,确定添加审计结论,并且能对已有的审计结论编辑、删除或直接增加新的审计结论。

8. 新建批注

从加载项中,添加该底稿批注,批注内容包括填写收件人、类型、作者、发件时间、标题、内容。

上机操作 10-1

以货币资金底稿为例,完成审计程序表页的填写。

练习的前提条件:在风险评估阶段识别添加了与货币资金相关的认定层次风险并且得出了相关的风险评估和控制测试结论。

请根据风险评估和控制测试结论,添加审计程序:检查银行对账单,编制银行存单检查表,检查是否与账面记录一致。

上机操作 10-2

以货币资金底稿为例,在审计过程中,因为被审计单位漏记实际入账款项,所以应增加错报,请按照表 10-1 参数增加错报,具体要求如下。

(1) 增加错报。

(2) 将错报相关分录、金额过入货币资金底稿—审定表表页。

(3) 将错报相关金额过试算平衡表—审后页。

表 10-1　参数表

参数名称	参数值
错报名称	被审计单位漏记实际入账款项
报表项目	货币资金、应收账款
科目名称	100201—银行存款—交行基本户/销售商品、提供劳务收到的现金；1122—应收账款/客户辅助账—氨氯地平—曾艳融—延庆聚仁大药房有限公司
金额	10 000.00

上机操作 10-3

以有数据抽样为例，对应收账款进行细节测试审计抽样，具体参数如表 10-2 所示。

表 10-2　应收账款细节测试审计抽样参数表

金额单位：元

参数名称	参数值
8.1	借方金额≥11 000.00
8.4	480 000.00
8.6	3
8.8	勾选 201201 中 62624 元作为其他重要项目
个别重大项目凭证抽凭表	没有错报
10.2	分层区间 26 500.00 元
11.1 预计总体错报	36 750.16（选择较小初始样本为 20 个，抽取数量为 10 个，其中 7 月收入有错报，错报金额为 20 000，用金额推断错报为 36 750.16 元）
11.2	中
11.3	低
11.4	63
11.7 凭证表抽凭	第一层 31，第二层 32
11.7 凭证表抽凭结果	20120131 借方金额 24 000，错报 24 000
12.4	223 312.78
结论	错报总额比可容忍错报小，抽样风险可接受

上机操作 10-4

以应收账款为例，按照表 10-3 参数增加账项调整错报、重分类调整错报、列报和披露错报。

表 10-3 错报参数表

参数名称	账项调整错报	重分类调整错报	列报和披露错报
内容及说明	应收账款错记为其他应收款 10 000	应账款贷方余额	报表附注上虚构挂账 3 年以上的应收账款 200 000
错报性质	错误	错误	舞弊
错报期间	期末	期末	期末
列报和披露错报	否	否	是
相关底稿	应收账款；其他应收款	应收账款，预收账款	应收账款
金额	30 299.04	10 000.00	200 000.00

上机操作 10-5

对上机操作 10-4 中增加的账项调整错报和重分类调整错报，编制调整分录。

五、加载项—打开账表

如图 10-1 方框⑤所示，打开账表包括打开审定表、打开明细表、打开余额表三个操作。

"打开审定表"：从加载项中，点击"打开审定表"，无需点击底稿工作表直接打开审定表界面，查看和计算所有科目的审前和审定数。

"打开明细表"：从加载项中，点击"打开明细账"，直接打开相关账户的明细账界面，实现穿透查询。

"打开余额表"：从加载项中，点击"打开余额表"，直接打开相关账户的余额表界面，实现余额查询。

六、加载项—科目相关

如图 10-1 方框⑥所示，科目相关包括放入科目、替代测试、设置账户为三项操作。

"放入科目"：此操作主要针对损益类科目，假设打开营业收入 6410 底稿，选择"业务产品销售分析表"工作表内，选中底稿内粉红色单元格，从加载项中点击放入科目，底稿自动取当前选择科目相关数据。

"替代测试"：从加载项中，点击"替代测试"，进入替代测试界面，进行替代测试审计作业，生成替代测试底稿表页。此功能还可以隐藏或显示替代测试表页。

"设置账户为"：选中某一底稿数据后，从加载项中点击"设置账户为"，系统自动将相关数据写入相关表页。

操作提示

系统中的 Excel 底稿,所有标粉色的单元格都是放入科目单元格,不需要手动输入数据,点击放入科目,自动生成数据。

七、加载项—底稿签名

如图 10-1 方框⑦所示,底稿签名包括插入签名、清除签名、插入成员三项操作。

"插入签名":鼠标定位到底稿需要签名处,从加载项中插入签名,系统自动插入当前登录用户及日期。

"清除签名":鼠标定位到已插入签名处,从加载项中清除签名,系统自动清除已插入的签名及日期。

"插入成员":鼠标定位到底稿需要签名处,从加载项中插入成员,选择成员后,系统自动插入用户名及日期。

八、加载项—底稿相关

如图 10-1 方框⑧所示,底稿相关包括引用底稿或附件、插入项目信息、插入审计标识三项操作。

"引用底稿或附件":从加载项中,引用底稿或附件,可以引用已编制的底稿,导入并引用图片、Word 文件等附件。

"插入项目信息":从加载项中,插入项目信息,可以在底稿内插入表头、项目名称、审计年度、所属部门、审计类别等相关项目信息。

"插入审计标识":从加载项中,插入审计标识,可以在底稿单元格内插入"√""×""N/A""B""G"等专业审计标识。

九、加载项—表格操作

如图 10-1 方框⑨所示,表格操作包括自动行高、追加一行、删除一行等三项操作。

"自动行高":选中底稿内某一行,从加载项中,点击"自动行高",系统根据选中行字体,自动调节行高。

"追加一行":从加载项中,选择追加一行,系统自动复制当前选中行。

"删除一行":加载项中,选择删除一行,删除当前选中行。

第三节 底稿工作表的编制

本节以货币资金底稿为例,学习审定表、明细表、披露表等表页的操作方法及相关加载项的使用方法。

一、编制审定表

底稿中"审定表"表页的取数来源是系统中"完成与总结"下的"审定表"界面。因此在最初做了数据初始化功能后,直接点击加载项"刷新数据""审定表"表页会自动取数,相应的,如果做了账项调整、重分类等调整分录,表页也会自动显示相应的数据,如图10-6所示。

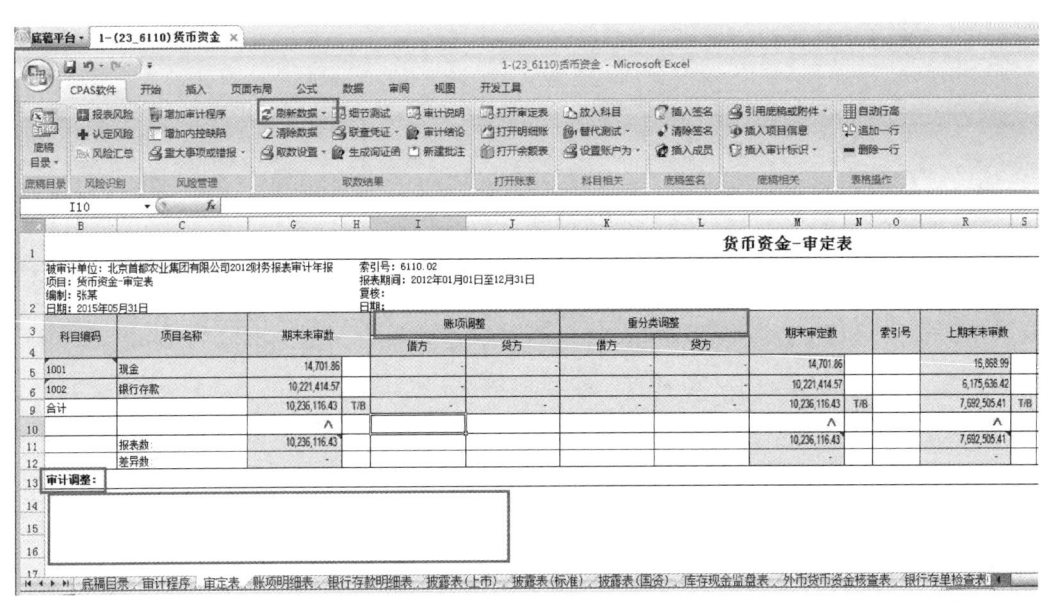

图10-6 货币资金审定表界面

二、编制明细表

底稿中"明细表"表页的取数来源是系统的账表。"货币资金"底稿中包含"账项明细表"和"银行存款明细表"。在最初做了数据初始化功能后,直接点击加载项"刷新数据",底稿就会自动取数。其中"账项明细表"中的"币种"需要自行选择下拉项补充,如图10-7所示。

"审定表"和"明细表"页在表页中都嵌入了列取数和单元格取数公式,打开表页即可自动读出数据。对于部分未设置公式的单元格,需要手动填写内容。

三、编制披露表

底稿中"披露表"表页中紫色区域嵌入了函数公式,数据来源是明细表页而不是系统的账表。披露表用于自动生成附注,用户不能随意修改该表页。如修改此表页需要同时更新附注模板,以免影响合并附注、合并报告的正确生成。以货币资金为例,只有在"账项明细表"表页选择相应的币种以后,披露表才会自动取得相应的数据,如图10-8至图10-10所示。其他表页类似。

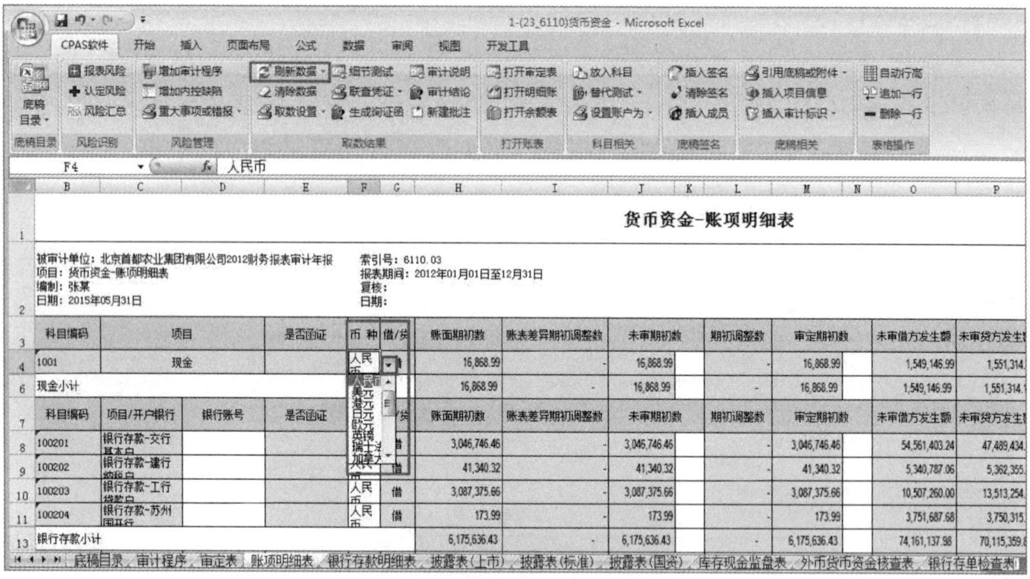

货币资金-账项明细表

被审计单位：北京首都农业集团有限公司2012财务报表审计年报　　索引号：6110.03
项目：货币资金-账项明细表　　报表期间：2012年01月01日至12月31日
编制：张某　　复核：
日期：2015年05月31日　　日期：

科目编码	项目		是否函证	币种	借/贷	账面期初数	账表差异期初调整数	未审期初数	期初调整数	审定期初数	未审借方发生额	未审贷方发生额
1001	现金			人民币	借	16,868.99	-	16,868.99	-	16,868.99	1,549,146.99	1,551,314.
现金小计						16,868.99	-	16,868.99	-	16,868.99	1,549,146.99	1,551,314.
科目编码	项目/开户银行	银行账号	是否函证	币种	借/贷	账面期初数	账表差异期初调整数	未审期初数	期初调整数	审定期初数	未审借方发生额	未审贷方发生额
100201	银行存款-交行基本户				借	3,046,746.46	-	3,046,746.46	-	3,046,746.46	54,561,403.24	47,489,434.
100202	银行存款-建行纳税户				借	41,340.32	-	41,340.32	-	41,340.32	5,340,787.06	5,362,355.
100203	银行存款-工行贷款户			人民币	借	3,087,375.66	-	3,087,375.66	-	3,087,375.66	10,507,260.00	13,513,254.
100204	银行存款-苏州国开行			人民币	借	173.99	-	173.99	-	173.99	3,751,687.68	3,750,315.
银行存款小计						6,175,636.43	-	6,175,636.43	-	6,175,636.43	74,161,137.98	70,115,359.

图 10-7　货币资金账项明细表界面

科目编码	项目		是否函证	币种	借/贷	账面期初数	账表差异期初调整数	未审期初数	期初调整数	审定期初数	未审期末数	期末调整数	审定期末数
1001	现金			人民币	借	16,868.99	-	16,868.99	-	16,868.99	14,701.86	-	14,701.86
现金小计						16,868.99	-	16,868.99	-	16,868.99	14,701.86	-	14,701.86
科目编码	项目/开户银行	银行账号	是否函证	币种	借/贷	账面期初数	账表差异期初调整数	未审期初数	期初调整数	审定期初数	未审期末数	期末调整数	审定期末数
100201	银行存款-交行基本户			人民币	借	3,046,746.46	-	3,046,746.46	-	3,046,746.46	10,118,715.61	-	10,118,715.61
100202	银行存款-建行纳税户			人民币	借	41,340.32	-	41,340.32	-	41,340.32	19,771.63	-	19,771.63
100203	银行存款-工行贷款户			人民币	借	3,087,375.66	-	3,087,375.66	-	3,087,375.66	81,381.41	-	81,381.41
100204	银行存款-苏州国开行			人民币	借	173.99	-	173.99	-	173.99	1,545.91	-	1,545.91
银行存款小计						6,175,636.43	-	6,175,636.43	-	6,175,636.43	10,221,414.56	-	10,221,414.56

图 10-8　货币资金—披露表界面

货币资金-披露表(上市)

被审计单位：北京首都农业集团有限公司2012财务报表审计年报　　索引号：6110.05
项目：货币资金-披露表(上市)　　报表期间：2012年01月01日至12月31日
编制：张某　　复核：
日期：2015年05月31日　　日期：

项　目	期末数			期初数		
	外币金额	折算率	人民币金额	外币金额	折算率	人民币金额
现金	-	-	14,701.86	-	-	16,868.99
其中：人民币	-	-	14,701.86	-	-	16,868.99
银行存款	-	-	10,219,868.65	-	-	6,175,462.44
其中：人民币	-	-	10,219,868.65	-	-	6,175,462.44

图 10-9　货币资金—披露表(上市)界面

第十章 实质性程序

| 货币资金-披露表(国资)		
被审计单位：北京首都农业集团有限公司2012财务报表审计年报		索引号：6110.07
项目：货币资金-披露表(国资)		报表期间：2012年01月01日至12月31日
编制：张某		复核：
日期：2015年05月31日		日期：
项目	期末数	期初数
现金：	14,701.86	16,868.99
其中：人民币	14,701.86	16,868.99
银行存款：	10,219,868.65	6,175,462.44
其中：人民币	10,219,868.65	6,175,462.44

图 10-10　货币资金—披露表(国资)界面

第四节　风险应对工具

风险应对包括控制测试、实质性测试、调整分录、询证函，以及账龄分析、银行对账、高级查询、综合查询等审计分析工具。

一、询证函汇总表

询证作为审计中一种常用的程序和方法，它包括查询和函证。查询是审计人员对有关人员进行书面或口头询问以获取审计证据的方法。函证是指审计人员为印证被审计单位会计记录所载事项而向第三者发函询证的一种方法。

根据被询证人的不同，询证函可以分为以下几种。

(1) 银行询证函。向被审计者的存款银行及借款银行发出的询证函，用以检查被审计者在特定日期(一般为资产负债表日，下同)银行存款的余额、存在性和所有权，以及借款的余额、完整性和估价。完整的银行询证函一般包括：存款、借款、销户情况、委托存款、委托贷款、担保、承兑汇票、贴现票据、托收票据、信用证、外汇合约、存托证券及其他重大事项。

(2) 企业询证函。向被审计者的债权人和债务人发出的询证函，用以检查被审计者特定日期债权或债务的存在和权利或义务。企业询证函通常包括双方在截止于特定日期的往来款项余额。

(3) 律师询证函。向为被审计者提供法律服务的律师及其所在的律师事务所发出的询证函，用以检查被审计者在特定日期是否存在任何未决诉讼及其可能产生的影响以及律师费的结算。

(4) 其他询证函。向其他机构如保险公司、证券交易所或政府部门发出的询证函，用以检查被审计者的保险合同条款、所持有的可流通证券或注册资本情况等信息。

在 CPAS 系统中,询证函分为银行询证函、往来询证函、存货询证函、有价证券询证函、其他询证函等,询证函汇总表功能有助于审计人员对往来单位批量发出询证函并查看回函情况。汇总表窗口左侧显示往来账的末级科目列表(具体到单位),右侧是已选定的准备出询证函的往来单位,如图 10-11 所示。

填制询证函操作步骤如下。

(1) 登录 CPAS 系统作业端,点击菜单"风险应对"—"询证函汇总表"。

(2) 选择取数来源。对于往来账的数据信息,有些单位在总账系统中核算,有些单位在辅助账中核算,因此在函证前需要先确定取数来源,打开"询证函汇总表"窗口,然后点击图 10-11 方框①"询证数据来源"按钮分别能根据实际情况在总账或辅助账中取数。

(3) 在左侧窗口单击选中需要发送询证函的单位,再点击图 10-11 方框方框②按钮把拟发函单位增加到已选单位。

(4) 点击图 10-11 方框③的"函证控制表",根据实际情况在已选单位填写询证函信息,对已选单位发出询证函。在对窗口右侧的询证函输出列勾选后,单击"出询证函"按钮,即可对右侧的往来单位形成固定格式的询证函文书(询证函模板基础上自动生成往来单位、金额等)。输出的询证函被发送到底稿编制平台,审计人员可以进一步编辑及打印。

(5) 填写回函情况。单击窗口右侧的"回函情况",根据往来单位的回函情况,选择"是否已回复"并在"备注"列填写回函情况。双击某条记录,可以打开相应的询证函文本,实现穿透式查阅。

(6) 在底稿 8400 查看生成的询证函。

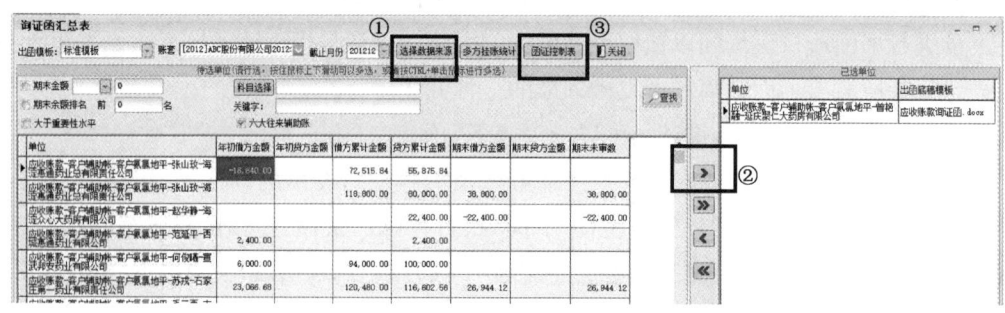

图 10-11　询证函汇总表界面

操作提示

(1) "函证结果汇总表"既可以从"CPAS 系统加载项"中打开,也可以从"风险应对"功能菜单下打开。

(2) 存在多方挂账的单位支持合并发函。

(3) 在函证控制表中的询证金额允许修改。

(4) 生成的询证函在 8400 底稿下,结果在实质性底稿的"函证结果汇总表"汇总。

(5) 回函之后,将回函结果填写在函证控制表界面并会过到实质性底稿中。

二、账龄分析工具

账龄是指负债人所欠账款的时间。账龄越长,发生坏账损失的可能性就越大。账龄分析法是指根据应收账款的时间长短来估计坏账损失的一种方法,又称"应收账款账龄分析法"。采用账龄分析法时,将不同账龄的应收账款进行分组,并根据前期坏账实际发生的有关资料,确定各账龄组的估计坏账损失百分比,再将各账龄组的应收账款金额乘以对应的估计坏账损失百分比数,计算出各组的估计坏账损失额之和,即为当期的坏账损失预计金额。

在 CPAS 系统中有专门的账龄分析工具来帮助审计人员对被审计单位的往来账进行账龄分析,以此来判断往来账数据信息的真实性、合法性。

账龄分析工具操作步骤如下。

(1) 登录 CPAS 系统作业端,单击菜单"风险应对"—"账龄分析工具"。

(2) 选择取数来源。对于往来账的数据信息,有些单位在总账系统中核算,有些单位在辅助账中核算,因此在账龄分析前需要先确定取数来源。打开"账龄分析工具"窗口可选择从辅助账取数的"账龄分析工具",也可从总账取数的"账龄分析工具"。

(3) 进行账龄分析,在账龄分析工具窗口左侧的科目列表中,单击某一个最末节点科目,在右侧上部显示该节点科目的账龄,在右侧下部显示其明细账。如图 10-12 方框①所示,单击"选择账龄数据来源"按钮,确定账龄分析前的取数来源;如图 10-12 方框②所示,单击"设置坏账比例及账龄时段"按钮,可以自由定义坏账比例和账龄时段;点击方框③所示的"选择科目"按钮选择进行账龄分析的具体科目;单击"截止日期"下拉列表,可以重新设置截止日;点击方框④对选中的科目或所有科目进行账龄分析;单击"刷新",界面右上方的"账龄""坏账"页签和下方的"明细"页签则显示查询结果;双击界面上方页签中的单元格,下方的"动态"和"核销"则显示相关明细信息,如方框⑤所示。

图 10-12 账龄分析工具界面

操作提示

(1) 需要注意的一点,设置坏账比例及账龄时段的前提条件有两个,一是在管理系统新建项目的时候选择的是首次承接,二是作业系统未进行任何账表账项调整,否则无法设置坏账比例和账龄时段,所以建议在作业系统新建完项目首先设置这里。

(2) 系统的账龄是根据以前年度发生的业务计算出来的,如果需要精确的账龄结果,需要导入多年度财务数据。

三、关联方及关联方交易

关联方是一方控制、共同控制另一方或对另一方施加重大影响,以及两方或两方以上受同一控制、共同控制的,构成关联方。按照审计准则规定,一般认为下列各方构成企业的关联方:该企业的母公司;该企业的子公司;与该企业施加重大影响的投资方;该企业的合营企业;该企业的联营企业;该企业的主要投资者个人与其关系密切的家庭成员;该企业或其母公司的关键管理人员及其关系密切的家庭成员;该企业主要投资者个人、关键管理人员或与其关系密切的家庭成员控制、共同控制或施加重大影响的其他企业。

关联方交易,关联方之间发生转移资源或义务的事项,而不论是否收取价款。按照会计准则的规定,关联方交易的类型通常包括下列各项:购买或销售商品、购买或销售商品以外的其他资产、提供或接受劳务、担保、提供资金(贷款或股权投资)、租赁、代理、研究与开发项目的转移、许可协议;代表企业或由企业代表另一方进行债务结算、关键管理人员薪酬。

从法律角度看,关联方交易的双方尽管在法律上是平等的,但在事实上却不平等,关联人在利己动机的诱导下,往往滥用对公司的控制权,使关联方交易违背了等价有偿的商业条款,导致不公平、不公正的关联方交易的发生,进而损害了公司及其他利益相关者的合法权益。因此审计准则规定,在财务报表审计中,注册会计师应对关联方及关联方交易进行审计。在 CAPS 系统中,有专门的关联方及关联方交易功能,主要用于设置关联方并与企业账面的客商建立对应关系,形成关联方关系和统计关联方交易。

(一) 关联方清单

在 CPAS 作业端系统,依次单击菜单"风险应对"—"关联方及关联方交易",打开"关联方清单"子窗口。关联方清单左侧列示关联方名称,右侧展示关联方的详细信息。管理系统的项目管理中项目档案建立关联方信息,作业系统同步新建项目,每个组成部分都包含了管理系统的关联方,由于关联方关系的相对性需要重新对关联方关系和股权关系进行编辑。此界面可以增加关联方,界面如图 10-13 所示。

如果增加的关联方比较多或者对管理系统同步的关联方批量编辑时,可以在 Excel 编辑完整,采用导入的方式增加或编辑关联方。如果系统已经存在的关联方在导入时关联方编号、关联方名称和关联方上级名称不会被改变。系统提供了关联方清单模板,审计人员可以按模板整理关联方信息,执行导入即可。

"关联方名称标准化"使关联方名称与账簿中的客商建立对应关系,从而确定往来底稿明细表是否为关联方及统计关联方交易。名称相同可以自动对应,名称不相同需要手工对应,一个关联方可以对应多个客商,已对应的关联方写入后台数据库,如图 10-14 所示。

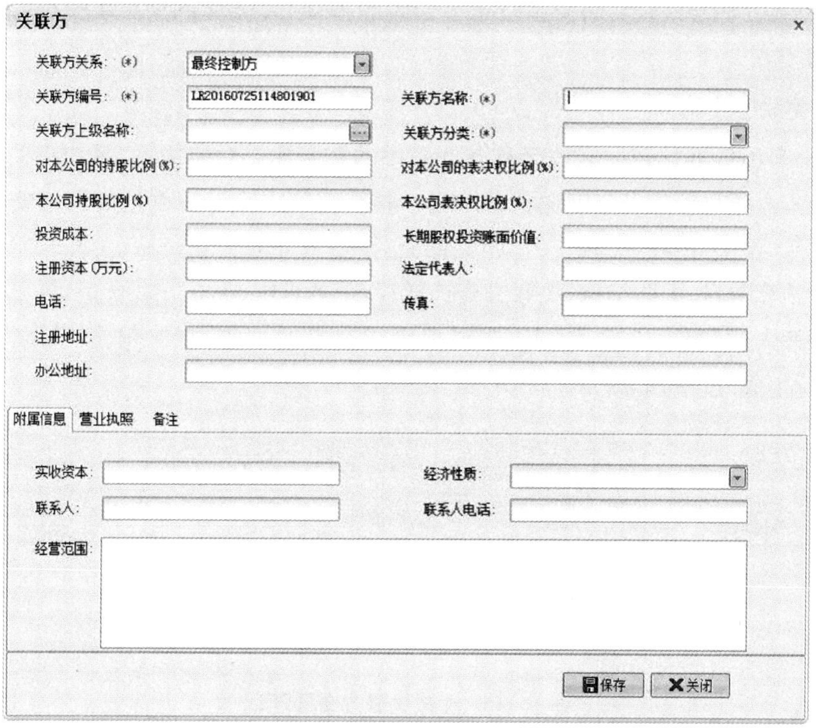

第十章　实质性程序

图10-13　编辑关联方

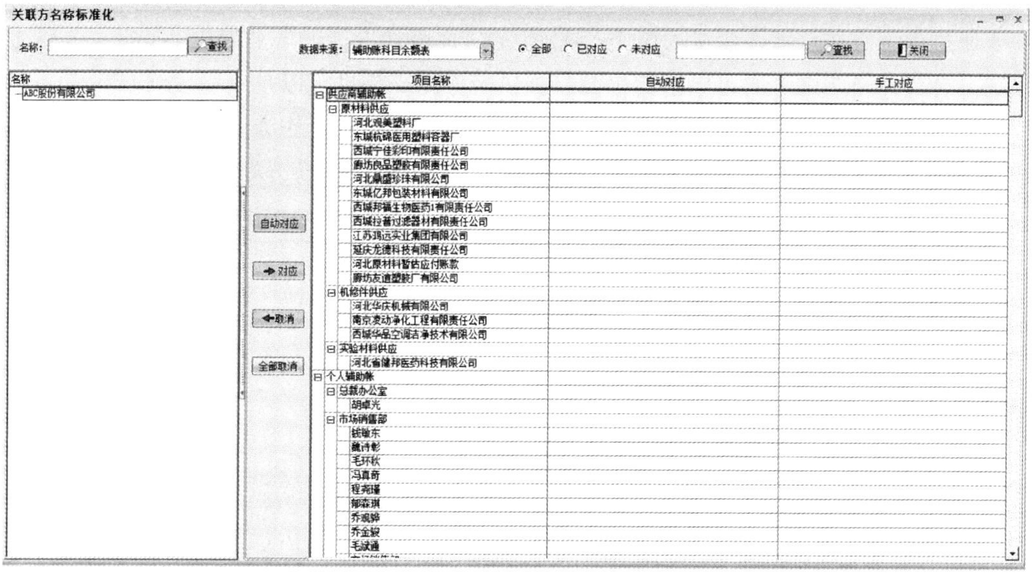

图10-14　关联方名称标准化界面

根据关联方清单的关联方关系字段和存在交易的关联方生成关联方关系,分为母公司及最终控制方、子公司、共同控制及重大影响的投资方、合营企业及联营企业和其他关联方五个页签。

(二) 关联方交易

关联方名称标准化使关联方名称与账簿中的客商建立对应关系,系统将关联方字段写入数据表,据此统计项目年度关联方交易。根据关联方交易类型把关联方交易界面分为:销售商品/提供劳务的关联交易、购买商品/接受劳务的关联交易、关联托管/承包、关联租赁、未结算项目、关联担保、关联方资产转让/债务重组、关联方资金拆借、其他关联交易、关键管理人员薪酬10个页签。选择拟生成交易的页签,依次单击"生成关联方交易"—"执行生成"按钮,如图10-15所示。

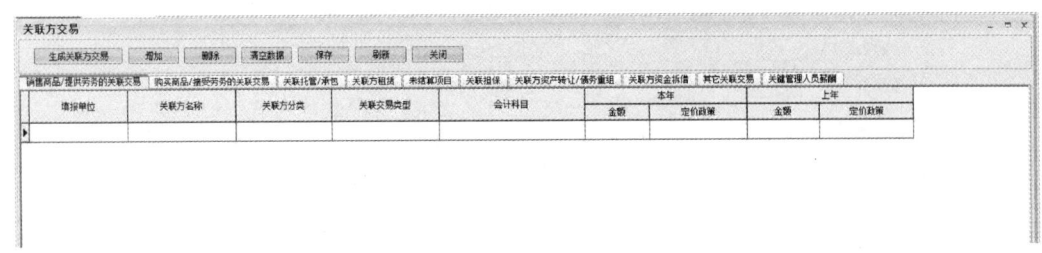

图10-15 生成关联方交易界面

审计人员勾选存在关联方交易的关联方名称、系统根据交易类型给出可能存在的会计科目并统计出该科目明细账的对方会计科目(对方会计科目与交易类型相关),单击"执行生成",如图10-16所示,则会按对方会计科目明细生成项目年度关联方交易,上年交易需要通过前推方式取得。生成关联方交易需要结合审计人员的职业判断,如同一关联方在某一会计科目明细账既可以是销售商品提供劳务的交易也可以是出租、出包等情况,当这一关联交易作为销售商品提供劳务的交易那么就不可以重复作为出租或出包的交易生成。系统自动生成的交易金额双击联查明细和凭证,如果对交易金额有异议,审计人员可以自行修改关联方交易金额,修改后的结果不能执行联查凭证的操作。

完成关联方关系和关联方交易可以回写,生成关联方底稿。

操作提示

(1) 导入关联方清单后,需要"关联方名称标准化",将导入的关联方名称与账套中的名称对应。

(2) 关联方交易需要每个交易类型逐个生成。

(3) 维护好关联方信息,在实质性底稿的明细表页会体现出来。

四、利息测算工具

利息测算工具用于可以自动测算利息、利率等参数。操作步骤:打开CPAS系统作业端,依次单击"风险应对"—"利息测算工具",打开测算工具,窗口红字空白部分由审计人

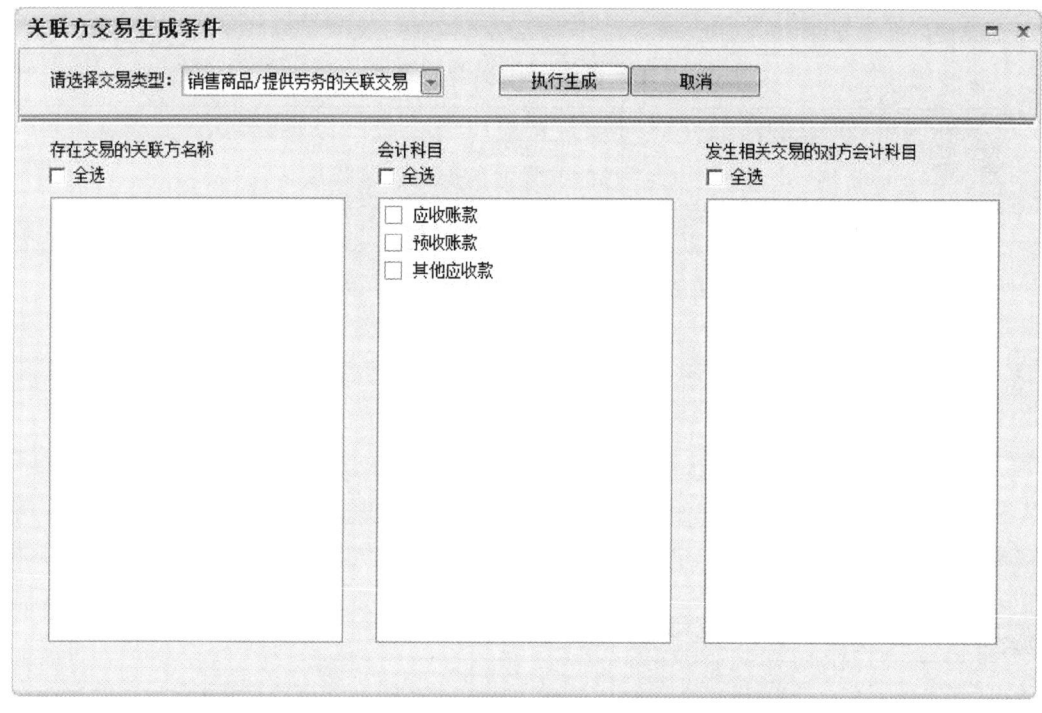

图 10-16　关联方交易生成条件界面

员根据实际情况填写借款合同编号、借款单位、借款账户、借款期间、本金、应计息时间、年利率等内容,然后点击"单利"或"复利"开始计算,最后系统计算出利息金额与被审计单位实际利息金额做比较。利息测算结果,会根据底稿设置的公式,可以用到"短期借款—利息计算检查表"中,如图10-17所示。

五、银行对账检查

银行对账检查功能用于自动核对被审计单位的银行日记账和银行对账单,并且形成银行存款余额调节表。

银行对账操作步骤:银行对账检查操作主界面包括"银行对账"和"银行存款余额调节表"两个页签,依次点击"银行对账"—"导入企业银行日记账、导入银行对账单",导入之后再点击"银行存款余额调节表",选择科目查询。

六、凭证高级查询

凭证高级查询功能提供多种条件任意组合的查询方式,如科目组合查询,便于审计人员对某一具体业务进行多角度查询,从而找到相应的凭证,为实现有针对性的分析奠定基础。

凭证高级查询操作主界面如图10-18所示,窗口左侧用于设置查询条件、排序条件、增加借贷方条件,窗口右上方显示查询结果("数据显示"和"数据选择"页签),窗口右下方

图 10-17 短期借款—利息计算检查表界面

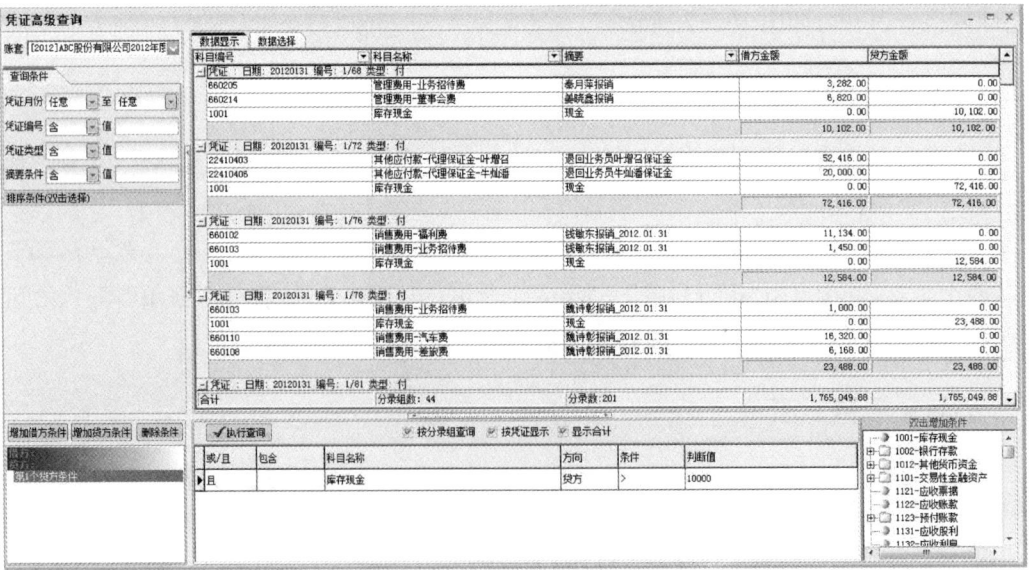

图 10-18 凭证高级查询界面

用于设置借贷方条件的具体内容(科目、金额等)。

七、综合查询工具

综合查询工具有助于审计人员通过设置单条件或多条件组合,对凭证库、科目库、年初数、分类账、明细账等数据进行组合查询。

综合查询工具操作主界面如图 10-19 所示,窗口的左侧显示要查询的数据库,右上方显示选中数据库的内容及查询结果,右下方为查询条件设置区域。

图 10-19 综合查询工具界面

上机操作 10-6

以 ABC 股份有限公司的数据为例,练习使用询证函汇总表功能,操作要求如下。

(1) 在辅助账取数中用关键字搜索曾艳融—延庆聚仁大药房有限公司、苏戎石家庄第一药业有限责任公司选择为需要发询证函的单位。

(2) 在总账取数中对银行存款—交通银行,银行存款—工行贷款户选择为需要发询证函的银行。

(3) 对已选单位或银行发出询证函。

(4) 交通银行和工行贷款户收到回函,回函日期为 2013 年 2 月 10 日,修改回函情况。

上机操作 10-7

以"应收账款""应付账款"科目为例,练习使用账龄分析工具功能,查找分析出应收账款和应付账款哪个账龄段占比较高应特别关注。

上机操作 10-8

以 ABC 股份有限公司数据为例,练习使用利息测算工具功能,参数如下。

合同编号：ABC2012121101
借款单位：ABC 有限公司
借款期间：20×2 年 12 月至 20×3 年 12 月
借款账户：20100200001
贷款银行：工商银行
计息期：1
本金：800 万元
年利率：8%
按复利半年计算

上机操作 10-9

以 ABC 股份有限公司数据为例，使用综合查询工具功能查看含有"预付水费"的摘要，分析是否存在错报？如存在错报请指出原因并编制调整分录。

上机操作 10-10

以 ABC 股份有限公司数据为例，使用综合查询工具功能查看含有"购空调配件"的摘要，分析是否存在错报？如存在错报请指出原因并编制调整分录。

本 章 练 习

姓名：_____ 学号：_____ 日期：_____ 分数：_____

一、填空题(5'×6)

1. 调整分录汇总表里面共有三种调整方式,即_____、_____和_____。
2. 关联方及关联方交易中包括关联方清单、_____和_____。
3. 利息测算工具中的利息包括_____和_____。
4. 如果想要详细的序时账可以去_____里面查找。
5. 调整分录汇总表,账项调整是通过_____进行添加的。
6. 综合查询工具,计算库含有财务报表、分类账、_____。

二、单选题(5'×4)

1. 账龄分析工具的取数来源是总账和( )。
   A. 明细账　　　B. 辅助账　　　C. 余额表　　　D. 月明细账
2. 综合查询工具,计算库不含( )。
   A. 辅助账科目余额表　　　B. 财务报表
   C. 分类账　　　　　　　　D. 明细账
3. 设置账龄区间,非一年以内的是( )。
   A. 3个月以内　　　　　　B. 3～6个月
   C. 6～12个月　　　　　　D. 1～2年
4. 账龄分析工具中,当项目是做了( )的不能进行设置坏账比例及账龄时段。
   A. 首次审计　　　　　　　B. 独立审计
   C. 调整分录　　　　　　　D. 其他

三、判断题(5'×6)

1. 账龄分析工具中,当项目是保持审计的时候可进行设置坏账比例及账龄时段。( )
2. 调整分录汇总表里面只有两种调整方式即账项调整和重分类调整。( )
3. 询证函汇总表的取数来源是辅助账和总账。( )
4. 账龄分析工具的取数来源是总账。( )
5. 关联方清单可以直接增加也可以 Excel 表格的形式导入进去。( )
6. 调整分录汇总只可以制作期末的调整分录。( )

兴趣拓展阅读

299亿现金离奇消失

一、康美药业被立案调查

2018年年底，证监会日常监管发现，康美药业财务报告真实性存疑，涉嫌虚假陈述等违法违规。证监会当即立案调查。2018年12月29日，康美药业发布《康美药业关于收到中国证券监督管理委员会立案调查通知的公告》，公告中表明公司因涉嫌信息披露违法违规，被证监会立案调查。2019年5月17日，中国证监会在新闻发布会上通报康美药业案调查进展。证监会已查明，康美药业披露的2016年至2018年财务报告存在重大作假，涉嫌违反《证券法》相关规定。主要问题体现在三个方面：一是使用虚假银行单据虚增存款，二是通过伪造业务凭证进行收入造假，三是将部分资金转入关联方账户买卖康美药业公司股票。

二、299亿现金离奇消失，康美药业如何自圆其说？

2019年4月30日，康美药业在年报披露即将收官的最后关头发布了2018年报。年报披露的同时，康美药业还发布一份会计差错更正说明，表示2018年以前年度的营业收入、营业成本、费用及款项收付方面存在账实不符的情况，其中货币资金多计299.44亿元，营业收入多计88.98亿元，营业成本多计76.62亿元。由于公司采购付款、工程款支付以及确认业务款项时的会计处理存在错误，造成公司合并现金流量表销售商品、提供劳务收到的现金项目多计102.99亿元。299亿元现金离奇消失，简直匪夷所思。2019年4月29日凌晨，康美药业董事长马兴田发布致歉信，将巨额的会计差错归咎为公司财务管理的不完善。然而，致歉信的发布似乎并未帮助康美药业实现自圆其说，相反加深了业界对康美药业财务状况的质疑。

三、正中珠江会计师事务所如何自证清白？

299亿元现金离奇消失？审计机构是没有函证吗？还是函证未能有效执行？除了对上市公司的质疑，康美药业的审计机构正中珠江会计师事务所也被推上风口浪尖。2019年5月28日正中珠江会计师事务所就证监会立案调查发布了《关于对康美药业股份有限公司的媒体报道有关事项的问询函》的专项说明。专项说明中明确指出正中珠江会计师事务所对康美药业的货币资金执行了五大审计程序。专项说明中对货币资金审计程序的说明摘录如下。

1. 银行存款函证

在对2017年年报审计时，我们对包含银行余额等事项向银行进行了邮寄或现场函证，其中母公司(银行存款为3 064 166.63万元)全部采取邮寄发函，由审计人员直接通过快递将银行询证函寄出,并保留快递留底联,回函均直接寄至本所函证中心,所函事项均得到回函确认。

2. 重要银行账户流水核查

2017年年报审计期间,我们由公司财务人员陪同前往重要账户所在银行取得了2017年全年的银行流水记录,并现场拍照留存;会计师对该银行流水发生额1 000万元及以上的交易进行复核,主要核对了包括业务摘要、对方公司名称、资金流方向、金额、收付款人等是否与账面记录情况一致,未发现重大不一致,详细核对过程均记录于审计底稿中。

3. 重要银行账户实地访谈

2017年年报审计期间,我们由公司人员陪同前往公司基本户开户银行获取了《已开立银行账户清单》《企业征信报告》、基本户银行流水;同时对银行进行了现场访谈,访谈内容包括公司在该银行账户资金是否受限、公司是否利用账户资金作为其他项目的融资安排等情况,均得到未存在异常情况的确认回复。

4. 银行对账单、企业开户信息资料核查

2017年年报审计期间,我们获取了公司母公司2017年12月31日银行存款的银行对账单原件,会计师逐一与公司财务账面余额进行核查,经核对银行对账单余额与公司记账金额一致。会计师根据《企业信用报告》逐一核对贷款信息,经核对与公司账面贷款余额一致。

5. 截止性测试

2017年年报审计期间,我们对主要银行账户2017年12月31日前后10天大额非银行间转账的银行收支业务进行了截止性测试,包括检查公司账务记录是否与银行对账单记录相一致、金额是否相等、是否存在跨期,经检查未发现公司账务记录与银行对账单记录不符或跨期的情况。

2018年年报审计期间,会计师重新获取了2017年度重要账户的银行流水,与上期获取的银行流水对比,发现存在不一致的情况,导致以前年度未能及时发现前期差错。

从货币资金审计程序的相关表述中,可以看出正中珠江会计师事务所实施了函证并对函证保持了全过程的控制。在函证程序有效实施的情况下,正中珠江会计师事务所是否能够从康美药业财务造假案中抽身而出,还有待证监会进一步的处罚公告证实。

注:资料根据《康美药业关于收到中国证券监督管理委员会立案调查通知的公告》和《关于对康美药业股份有限公司的媒体报道有关事项的问询函》的专项说明整理所得。

第十一章 审计完成及审计报告

本章学习导航

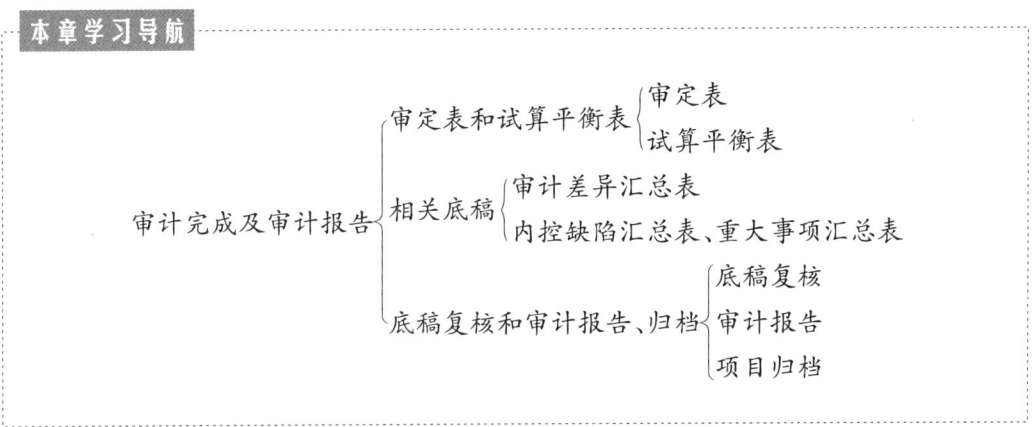

第一节 审定表和试算平衡表

审计完成阶段是审计的最后一个阶段。注册会计师按业务循环完成各财务报表项目的审计测试和一些特殊项目的审计工作后,在审计完成阶段汇总审计测试结果,进行更具综合性的审计工作,如评价审计中的重大发现,评价审计过程中发现的错报,关注期后事项对财务报表的影响,复核审计工作底稿和财务报表等。在此基础上,评价审计结果,在与客户沟通以后,获取管理层声明,确定应出具的审计报告的意见类型和措辞,进而编制并致送审计报告,终结审计工作。

一、审定表

审定表是指审计用的工作底稿的表格,审定表一部分是来自企业的会计数据,比如科目余额表、往来明细账、成本费用明细账等审计调账是根据审计程序,查找出会计差错才需要调账;一般来说,审定表就是从未审数经过审计调整到达审定数的过程,再把去年对应的数填在相应位置,进行两期的比较,如果有审计调整就把数字填入单科目的审定表并且把审计分录,过入试算平衡表。

在 CPAS 系统中,"审定表"用于查看审定数,会列示相关审计调整,操作步骤如下:在作业端主界面，依次单击菜单“完成及总结”—“审定表”，打开“审定表”，如图 11-1 所示，在审定表界面可选择一级科目并显示下级科目，还可以进行数据初始化或重取调整数，重新生成审定表。

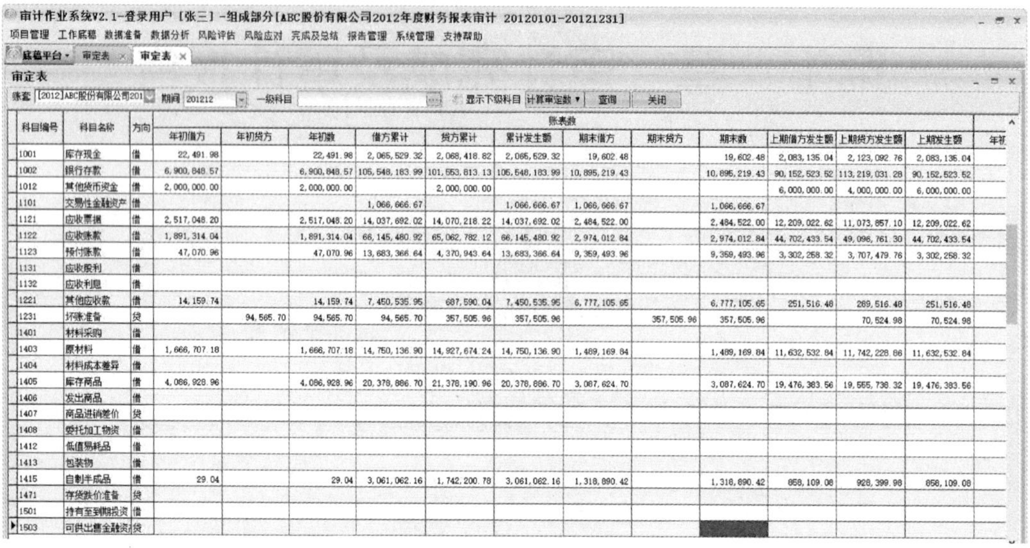

科目编号	科目名称	方向	账表数											
			年初借方	年初贷方	年初数	借方累计	贷方累计	累计发生额	期末借方	期末贷方	期末数	上期借方发生额	上期贷方发生额	上期发生额
1001	库存现金	借	22,491.98		22,491.98	2,065,529.32	2,068,418.82	2,065,529.32	19,602.48		19,602.48	2,083,135.04	2,123,092.76	2,083,135.04
1002	银行存款	借	6,900,848.57		6,900,848.57	105,548,183.99	101,553,813.13	105,548,183.99	10,895,219.43		10,895,219.43	90,152,523.52	113,219,031.28	90,152,523.52
1012	其他货币资金	借	2,000,000.00		2,000,000.00		2,000,000.00					6,000,000.00	4,000,000.00	6,000,000.00
1101	交易性金融资产	借				1,066,666.67		1,066,666.67	1,066,666.67		1,066,666.67			
1121	应收票据	借	2,517,048.20		2,517,048.20	14,037,692.02	14,070,218.22	14,037,692.02	2,484,522.00		2,484,522.00	12,209,022.62	11,073,857.10	12,209,022.62
1122	应收账款	借	1,891,314.04		1,891,314.04	66,145,480.92	65,062,782.12	66,145,480.92	2,974,012.84		2,974,012.84	44,702,433.54	49,096,761.30	44,702,433.54
1123	预付账款	借	47,070.96		47,070.96	13,683,366.64	4,370,943.64	13,683,366.64	9,359,493.96		9,359,493.96	3,302,258.32	3,707,479.76	3,302,258.32
1131	应收股利	借												
1132	应收利息	借												
1221	其他应收款	借	14,159.74		14,159.74	7,450,535.95	687,590.04	7,450,535.95	6,777,105.65		6,777,105.65	251,516.48	289,516.48	251,516.48
1231	坏账准备	贷		94,565.70	94,565.70	94,565.70	357,505.96	357,505.96		357,505.96	357,505.96		70,524.98	70,524.98
1401	材料采购	借												
1403	原材料	借	1,666,707.18		1,666,707.18	14,750,136.90	14,927,674.24	14,750,136.90	1,489,169.84		1,489,169.84	11,632,532.84	11,742,228.86	11,632,532.84
1404	材料成本差异	借												
1405	库存商品	借	4,086,928.96		4,086,928.96	20,378,886.70	21,378,190.96	20,378,886.70	3,087,624.70		3,087,624.70	19,476,383.56	19,555,738.32	19,476,383.56
1406	发出商品	借												
1407	商品进销差价	贷												
1408	委托加工物资	借												
1412	低值易耗品	借												
1413	包装物	借												
1415	自制半成品	借	29.04		29.04	3,061,062.16	1,742,200.78	3,061,062.16	1,318,890.42		1,318,890.42	858,109.08	928,399.98	858,109.08
1471	存货跌价准备	贷												
1501	持有至到期投资	借												
1503	可供出售金融资	贷												

图 11-1 审定表界面

二、试算平衡表

试算平衡表是注册会计师在被审计单位提供未审财务报表的基础上，考虑账项调整分录、重分类调整分录等内容以确定已审数与报表披露数的表式。调整分录汇总表和重分类分录汇总表编制完成后，再据以编制资产负债表试算平衡表和利润表试算平衡表。注册会计师认可的财务报表最终反映的数额应以试算平衡表调整后的数额为准。

在 CPAS 系统中试算平衡表功能用于根据既定的财务报表模板，查看审前和审后财务报表。

操作步骤：在作业端主界面，依次单击菜单“完成及总结”—“试算平衡表”，打开“试算平衡表”，如图 11-2 所示，在界面左上方能看到“审前”“审后”“模板”三个页签。

当完成了数据转换并进行了初始化数据操作，单击“审前”页签后，再单击“201212 月份”，在右边就会出现审前报表数据了。

如果在审计的过程中进行了调整分录或重分类相关操作，单击“审后”页签能看到“试算平衡表”或“审定表”。

需要对报表模板进行修改时，单击“模板”页签可以对报表的格式和公式进行修改。报表模板界面如图 11-2 方框所示，当需要对某一报表公式进行修改时，可以单击第一行工具栏中的“fx”后在公式栏中进行修改。如果需要进行详细修改，可以单击第二行工具条中的“fx ↓”，在出现的窗口对公式进行修改。

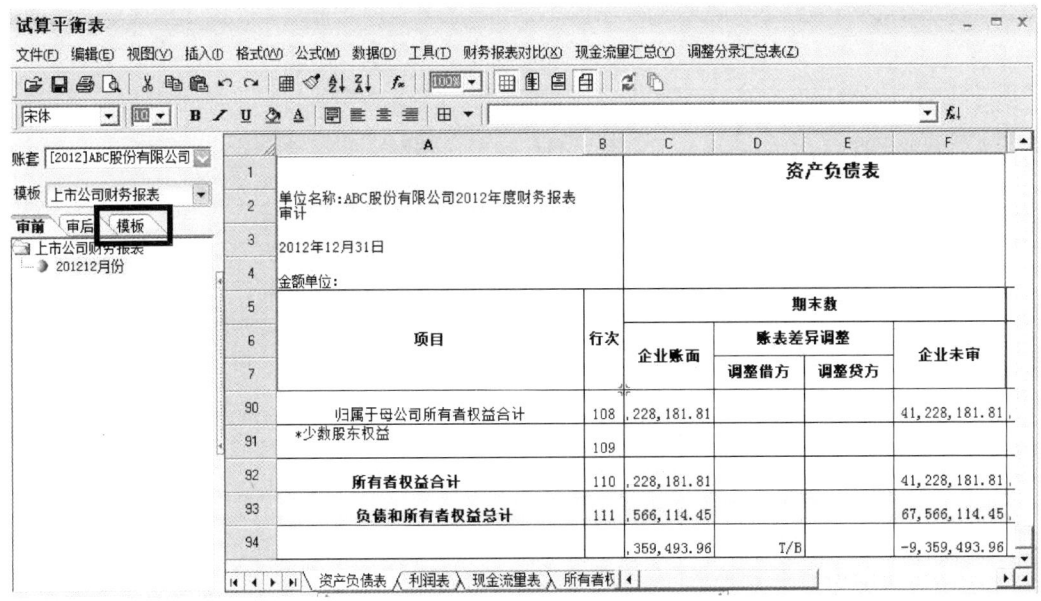

图 11-2 试算平衡表界面

第二节 相关底稿

一、审计差异汇总表

审计差异内容按是否需要调整账户记录可分为核算差异和重分类差异。前者是因被审计单位对经济业务进行了不恰当的会计处理而引起的差异,用审计重要性原则来衡量每一项核算差异,又可分为建议调整的不符事项和不建议调整的不符事项;后者是因被审计单位未按适用的会计准则规定编制财务报表而引起的差异。为便于审计项目的各级负责人综合判断、分析和决定,也为了便于编制试算平衡表和被审计单位调整财务报表,通常需要将这些事项汇总,编制审计差异汇总表、重分类汇总表等。

在 CPAS 系统中,审计差异汇总表功能界面可通过单击菜单栏"完成及总结"下的"审计差异汇总表"进入,用户可通过底稿 CPAS 系统加载项中"重大事项或错报"下的"增加错报"或功能界面的"增加"按钮来添加错报,所有添加的错报都会汇总到"审计完成与总结"菜单栏底下的审计差异汇总表中,如图 11-3 所示。

审计差异汇总表通过底稿"8115 汇总识别出的错报并评价其影响"来完成复核流程,错报相关信息需要单击底稿加载项中的刷新数据功能更新。

操作提示

在"审计差异汇总表"界面增加的错报显示为未更正错报,在"调整分录汇总表"处选择该错报进行调整,错报状态会变为"已更正"。

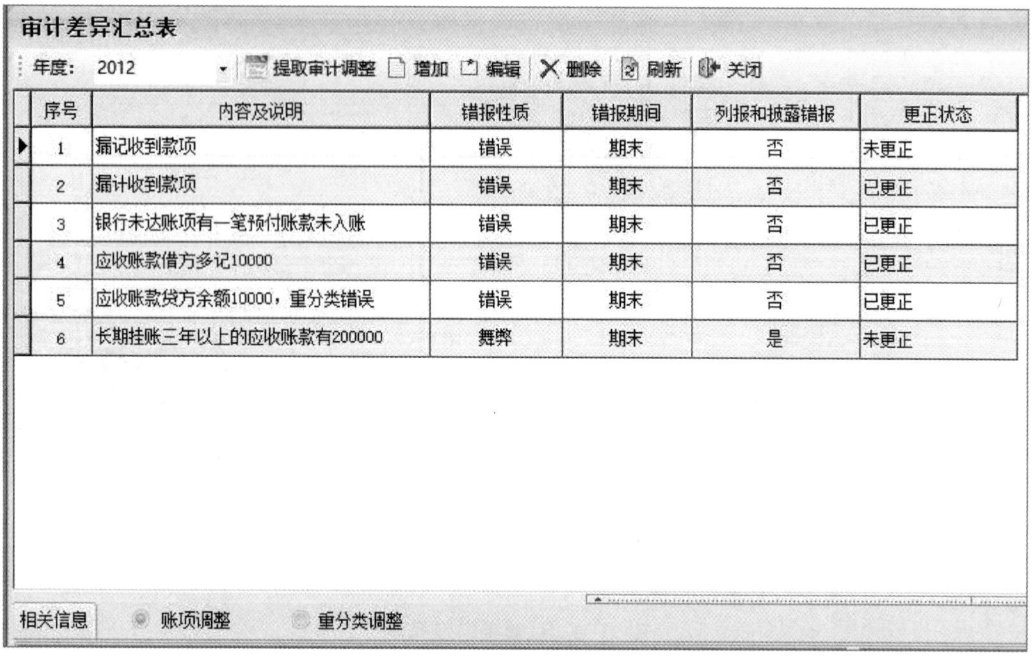

序号	内容及说明	错报性质	错报期间	列报和披露错报	更正状态
1	漏记收到款项	错误	期末	否	未更正
2	漏计收到款项	错误	期末	否	已更正
3	银行未达账项有一笔预付账款未入账	错误	期末	否	已更正
4	应收账款借方多记10000	错误	期末	否	已更正
5	应收账款贷方余额10000，重分类错误	错误	期末	否	已更正
6	长期挂账三年以上的应收账款有200000	舞弊	期末	是	未更正

图 11-3　审计差异汇总表

二、内控缺陷汇总表、重大事项汇总表

内部控制缺陷是指公司内部控制的设计或运行无法合理保证内部控制目标的实现。内部控制缺陷是内部控制过程存在的缺点或不足，这种缺点或不足使得内部控制无法为控制目标的实现提供合理保证，因此在审计完成阶段需要把审计过程中发现的内控缺陷汇总并形成底稿。

在 CPAS 系统中，内控缺陷汇总表功能界面可通过单击菜单栏"完成及总结"下的"内控缺陷汇总表"进入，用户也可通过底稿 CPAS 系统加载项中的或功能界面的按钮来添加内控缺陷，此操作已在第九章作过介绍，本小节不做详细操作说明，所有添加的内控缺陷都会汇总到内控缺陷汇总表中。

重大事项汇总表功能界面可通过单击菜单栏"完成及总结"下的"重大事项汇总表"进入，用也可通过底稿 CPA 系统加载项中"重大事项或错报"下的"增加重大事项"或功能界面的"增加"按钮来添加重大事项，此操作在第十章作出介绍，本小节不做详细操作说明，所有添加的内控缺陷都会汇总到重大事项汇总表中。重大事项汇总表通过底稿"8145 重大事项的评估与沟通"来完成复核流程，重大事项相关信息会在底稿打开时自动刷新。

第三节　底稿复核和审计报告、归档

一、底稿复核

在外勤工作阶段时,注册会计师所收集的审计工作底稿一般是分散的、不系统的。因此,在编制审计报告以前,注册会计师应根据审计计划中拟定的内容、范围,对审计工作底稿进行整理和复核。

项目负责人应当在审计过程的适当阶段及时实施复核,以使重大事项在审计外勤工作结束前得到解决。在出具审计报告前,项目负责人应当通过复核审计工作底稿与项目组讨论,确信获取的审计证据已经充分、适当,足以支持形成的结论和拟出具的审计报告。项目负责人应当对复核的范围和时间予以适当记录。

而一份审计工作底稿由一位审计人员独立完成的,编制者对资料的引用、对有关事项的判断以及对有关数据的加总计算,都可能出现差错,因此为了保证审计工作底稿的真实、完整和可靠,还应对审计工作底稿建立三级复核制度。

所谓的三级复核制度,是指审计工作底稿应由项目经理、部门经理和审计机构的主任会计师或专职的复核机构或复核人员对审计工作底稿进行逐级复核的一种复核制度。

项目经理(或者项目负责人)复核是三级复核制度中的第一级复核,称为详细复核。它要求项目经理对下属审计助理人员形成的审计工作底稿逐张复核,发现问题及时指出,并督促审计人员及时修改完善。

部门经理(或者是签字注册会计师)是三级复核制度中的第二级复核,称为一般复核。它是在项目经理完成了详细复核之后,再对审计工作底稿中重要会计账项的审计、重要审计程序的执行以及审计调整事项等进行复核。部门经理复核是对项目经理复核的一种再监督,也是对重要审计事项的重点把握。

主任会计师(或者合伙人)复核是三级复核中的最后一级复核,又称为重点复核。它是对审计过程中的重大会计师审计问题、重大审计调整事项及其重要的审计工作底稿进行的复核。主任会计师复核既是对前面两级复核的再监督,也是对整个审计工作的计划、进度和质量的重点把握。

如果部门经理作为某一审计项目的项目负责人,该项目又没有项目经理参加,则该部门经理的复核应该视为项目经理复核,主任会计师应另行指定人员代为执行部门经理复核工作,以保证三级复核制度的彻底执行。

在 CPAS 系统中,底稿复核通过单击菜单栏"项目管理"下的"底稿复核"进入复核平台,底稿复核最高为三级复核,系统默认复核级别为一级复核,复核级别的设置可以通过设置复核级别功能修改,如图 11-4 所示。复核人为项目经理、项目合伙人。质量复核人为有权限的用户。

复核的操作步骤如下:

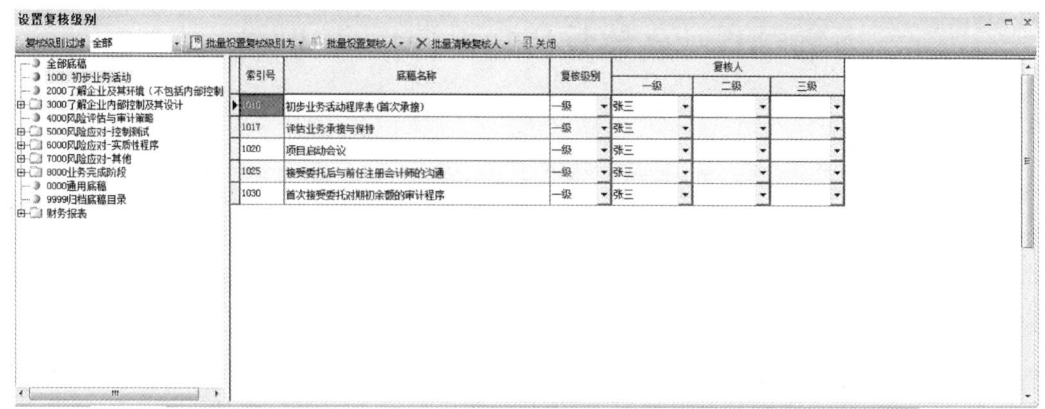

图 11-4 设置复核级别界面

（1）由项目经理登录被审计单位的组成部分并在底稿平台菜单栏单击复核下的设置复核级别进行设置：依次点击菜单栏"工作底稿"—"设置复核级别"，假设为三级复核，选择三级复核。

（2）分别设置一级、二级、三级复核人，复核人的选择范围为有复核权限的用户，也可点击"批量设置复核级别为"按钮进行批量设置，如图 11-5 方框所示，并上传复核级别，如图 11-6 所示。

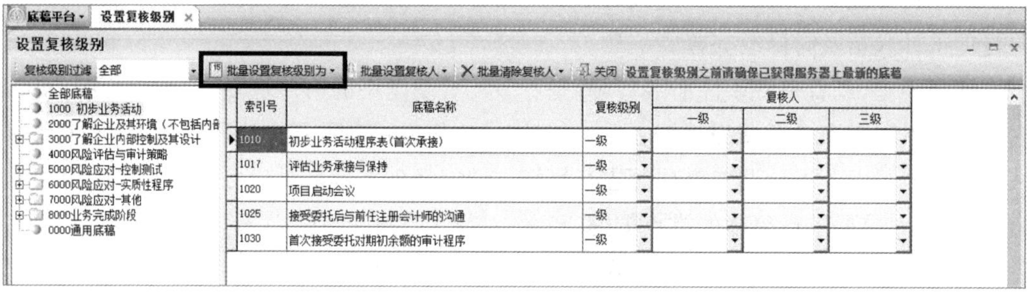

图 11-5 批量设置复核级别界面

（3）项目成员下载复核级别并对相关底稿进行编辑，达到提交复核状态，在底稿平台单击"提交"，如图 11-7 所示，进入提交复核界面，选中待提交底稿及复核人后确认提交，提交完成，然后通过"同步底稿"来上传已编制完成且已提交复核的底稿。

（4）切换用户由一级复核人登录项目及组成部分，下载已编制好的底稿并进入复核平台，看到相关底稿在待复核底稿下，双击打开底稿列表中已完成的底稿，进行复核，复核完成后单击页面左上方的"复核"按钮并进行复核意见的填写，如图 11-8 所示。

（5）确定后返回到底稿页面，通过单击"提交"按钮将底稿提交至二级复核人进行复核，如图 11-8 所示，提交成功的底稿自动移至已复核底稿下。

（6）切换用户由二级复核人项目及组成部分，重复以上（4）（5）步骤，进行二级复核及

第十一章 审计完成及审计报告

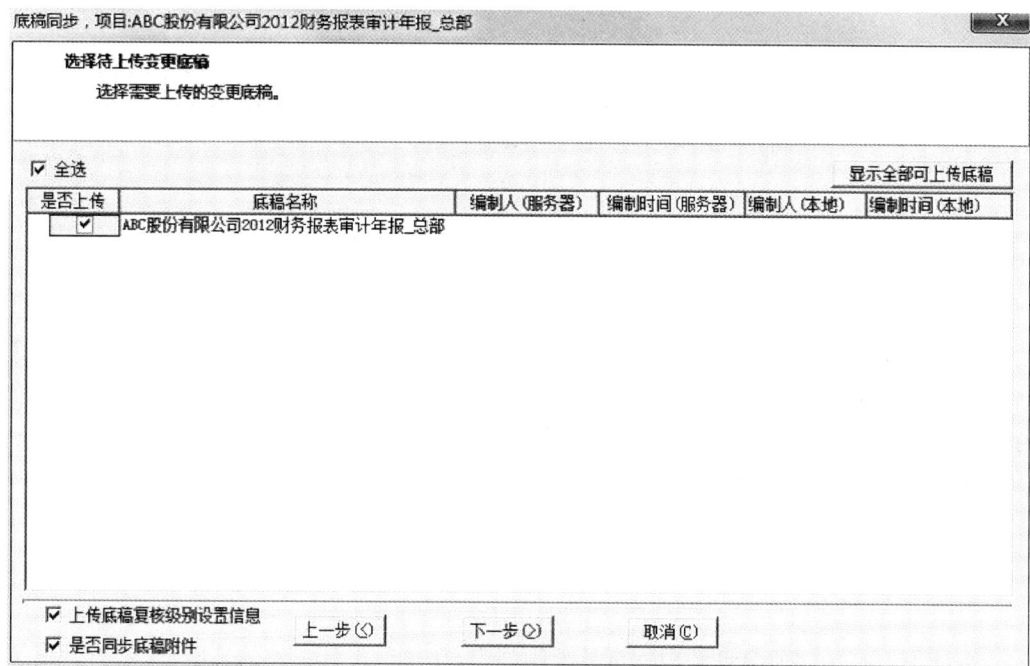

图 11-6 上传复核级别

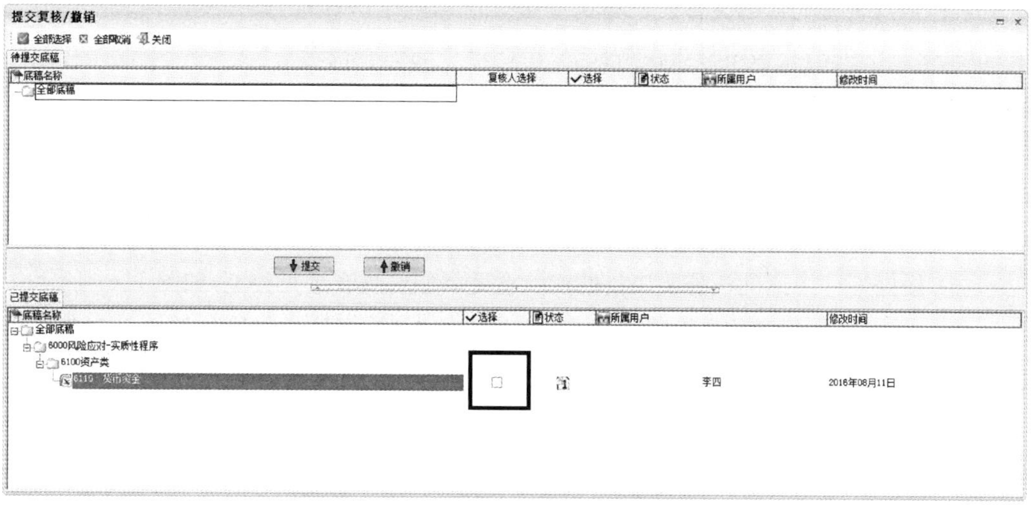

图 11-7 提交一级复核界面

提交三级复核。

（7）切换用户由三级复核人登录项目及组成部分，重复以上（4）（5）步骤，进行三级复核并最终完成整个复核流程。

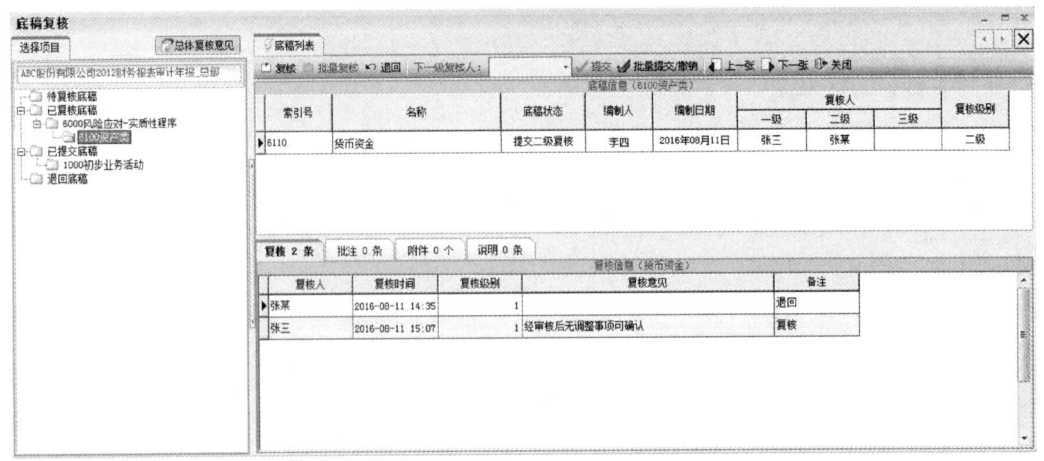

图 11-8　进行一级复核并提交二级复核

二、审计报告

审计报告是指注册会计师根据审计准则规定，在执行审计工作的基础上，对财务报表发表审计意见的书面文件。审计报告是审计工作的最终结果，是对审计工作的全面总结，是向审计服务需求者传送所需信息的重要手段，也是表明注册会计师完成了审计工作并愿意承担审计责任的证明文件。已审财务报表应当附于审计报告后，便于报表使用者正确理解和使用，并防止被审计单位替换、更改已审计的财务报表。

在完成终结审计工作后，需要按照相关规定出具审计报告，在 CPAS 系统中，审计报告出具可通过选择报告模板类型和输入审计报告信息自动生成审计报告、财务报表和报表附注，操作步骤如下：

（1）点击菜单"报告管理"—"单体报告"，进入"审计报告"界面。

（2）根据审计结论确认需要出具的审计意见类型并现在意见类型，如图 11-9 所示。

（3）点击"审计报告信息"，输入报告文书、收件人、被审计单位简称等审计报告基础信息，如图 11-10 所示。

（4）点击"生成审计报告"，然后输入索引号发送到"底稿平台"—"财务报表"—"审计报告"。

审定后的财务报表和报表附注的生成方式类似，本章节就不再重复介绍。

操作提示

（1）"审计报告信息"中维护的信息都会在审计报告中引用，一般写全称。

（2）选择了报告意见后，右侧会出现审计报告样式。

（3）生成审计报告的时候会提示输入索引号，索引号不能与系统中已存在的底稿索引号重复，由于生成的报告在财务报表阶段下，不属于 1000～8000 底稿，建议写 900X 作为索引号。

第十一章 审计完成及审计报告

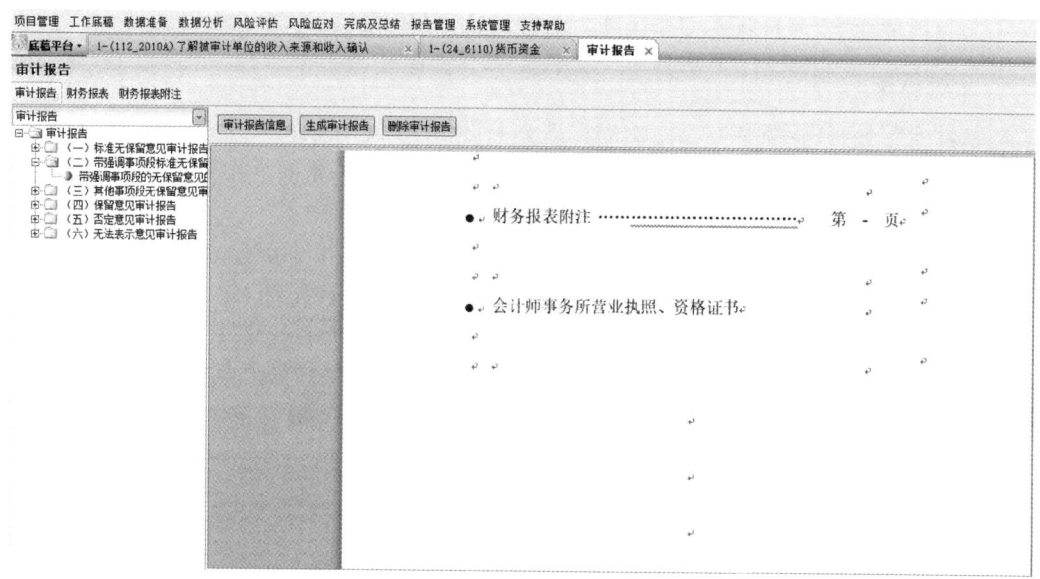

图 11-9 审计报告界面

三、项目归档

审计档案是指以一个或多个文件夹或其他存储介质,以实物或电子形式存储构成某项具体业务的审计工作底稿记录。注册会计师应当在审计报表日后及时将审计工作底稿归整为审计档案,并完成归整最终弄审计档案过程中的事务性工作。

在项目完成了所有的流程及工作,达到了归档要求或由于某种特殊原因,项目虽未完成,但仍有归档需求的情况下,可以进行项目归档操作。项目归档操作步骤如下。

(1)项目经理登录 CPAS 系统作业端"我的审计项目列表"选中项目,单击"提交归档"按钮,进行归档的提交申请,提交成功,项目状态从"准备"变为"提交归档"。

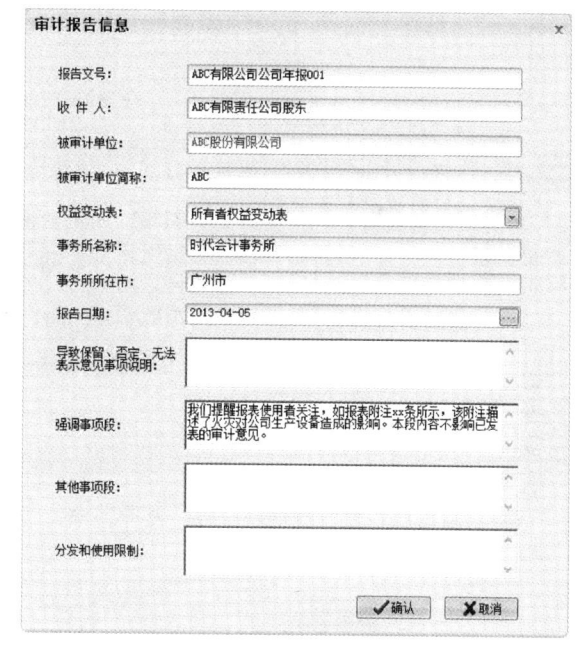

图 11-10 审计报表信息界面

(2)由项目合伙人登录 CPAS 系统管理端,选中相关项目,单击页面上方"项目归档"按钮进行归档确认。

(3)弹出提示"确认归档项目吗?",确定后弹出进度提示,"正在进行项目归档,请稍候…",归档成功后,项目状态变为由执行变成归档。

上机操作 11-1

根据案例数据,把项目"ABC 股份有限公司 2012 年度财务报表审计"的一级组成部分"ABC 股份"的"1010 初步业务活动程序表(首次承接)"设置为三级复核,并完成复核流程。

上机操作 11-2

根据表 11-1 相关参数编制完成的货币资金底稿中的审定表、账项明细表、银行存款明细表、披露表(上市)、抽凭—检查表等表页,并完成二级复核和提交归档。

表 11-1 相关参数表

参数名称		参数值	备注
登录用户		李四	角色是项目组成员
项目名称		ABC 股份有限公司 20×2 年度财务报表审计	
底稿编制	底稿名称	6110,货币资金底稿	
	底稿表页	审定表、账项明细表、银行存款明细表、披露表、抽凭检查表等	
	底稿附件格式	Word	
	底稿文件大小	1M 以内	
	底稿文件内容	不限定内容	
项目	科目	100201—银行存款—交行基本户	
	凭证借贷方向	贷方	
	贷方金额范围	≥100 万元,抽 20 张; <100 万元,抽 20 张	
设置复核级别	操作人员	张三	角色是项目经理
	一级复核人	张三	角色是项目经理
	二级复核人	张某	角色是合伙人
	底稿范围	1000~7000 阶段所有底稿	
提交归档人		张三	角色是项目经理
提交服务器地址		管理系统所在服务器 IP	
提交状态		成功	

本 章 练 习

姓名:_____ 学号:_____ 日期:_____ 分数:_____

一、填空题(9'×5)

1. "完成与总结—试算平衡表"中包括三个页签,分别为_____、_____、_____。
2. "试算平衡表"下"现金流量汇总"从调整分录里录入时,有_____、_____两类调整分录。
3. "完成与总结—试算平衡表"另存为的格式是_____。
4. 报告管理分为_____、_____两个功能点。
5. "报告管理—审计报告"功能界面里的"财务报表附注"生成的底稿默认是_____格式。

二、单选题(5'×4)

1. ( )的项目不可以删除。
   A. 预备　　　B. 执行　　　C. 终止　　　D. 归档
2. 管理系统底稿复核中底稿状态不包括( )。
   A. 编辑中　　　　　　　B. 提交一级复核
   C. 一级复核中　　　　　D. 复核完成
3. "报告管理—审计报告"功能界面里的"财务报表"提取的是( )数据。
   A. 项目年度上一年　　　B. 项目年度
   C. 项目年度下一年　　　D. 可以根据需要选择年度
4. 审计报告底稿生成在( )审计底稿阶段下。
   A. 1000　　　B. 8000　　　C. 9000　　　D. 0000

三、判断题(7'×5)

1. "审定经济指标分析"与"审定财务报表分析"回写的是不同的底稿。　　　( )
2. "完成与总结"下的"试算平衡表"和"审定表"都可以穿透明细账。　　　( )
3. "完成与总结—试算平衡表"可以设置密码以保护账表不被随意修改。　　　( )
4. "风险评估—重要性水平"中增加的重要账户与"完成与总结—重大事项汇总表"里重大事项涉及的报表项目在软件中的功能体现是一样的。　　　( )
5. "完成与总结—审定表"是从账套导入的,而不是系统计算生成的。　　　( )

兴趣拓展阅读

新绿股份制定"造假指南",自导自演一场"虚增大戏"

"不仅有计划、有组织地实施收入造假,还专门配备了'造假工作指南',业绩考核的主要不是销售人员,而是财务人员,按月度对财务人员造假完成情况进行考核。"2019年6月11日,证监会的一纸最严处罚决定,揭开了山东新绿食品股份有限公司自导自演的一场"虚增大戏"。

一、自导自演一场"虚增大戏"

山东新绿食品股份有限公司成立于2005年,位于山东省泗水县经济开发区,是一家以养殖、屠宰、深加工、销售为一体的综合性大型牛肉食品加工企业。2015年12月挂牌新三板。

而这出"虚增大戏"的起源正是筹备上市。

证监会处罚书指出,新绿公司公司在2015年8月披露的《山东新绿食品股份有限公司公开转让说明书(申报稿)》《泗水新绿食品有限公司审计报告及财务报表(2013年1月1日至2015年4月30日)》和2015年11月披露的《山东新绿食品股份有限公司公开转让说明书(反馈稿)》中通过虚构与收入相关的经济利益流入的方式虚增主营业务收入72 507.43万元,占公开披露金额的53.03%。其中虚增2013年主营业务收入26 582.67万元、2014年主营业务收入30 151.6万元、2015年1至4月主营业务收入15 773.16万元,分别占公开披露金额的53.77%、46.49%、70.29%;对同期利润总额影响数分别为4 246.79万元、5 037.76万元、2 631.05万元,占公开披露净利润总额的71.46%、74.19%、121.19%。

二、按月进行"造假考核"

证监会处罚书指出,新绿公司在有计划、有组织地实施收入造假。第一,新绿股份实际控制人陈思负责决策并安排收入造假,造假的直接动机是完成对赌协议约定的业绩。第二,建立了长期的、系统的造假账务处理及考核流程。公司形成《泗水上市工作流程交接报告》作为造假工作指南,记录了完整的收入造假会计处理流程,在公司根据对赌协议上的业绩确定需要虚增的业绩后,财务部门需根据虚增目标进行造假,并按月度对财务人员造假完成情况进行考核。第三,私设三套财务账套。公司设置税务账、上市账和内账三个财务账套,分别由南厂和北厂财务人员核算,核算系统和核算人员隔离。

三、隐瞒关联交易

转让说明书申报稿及反馈稿披露,莒南鸿润食品有限公司(以下简称莒南鸿润)、山东绿润食品有限公司(以下简称山东绿润)、北京绿润食品有限公司(以下简称北京绿润)是陈思控制的公司,系新绿股份的关联方。

申报会计期内,新绿股份通过对关联方资金往来不入账的方式,隐瞒与上述关联方的资金往来。新绿股份通过伪造、篡改银行收付款凭证隐瞒工行关联交易59 120.21万元,其中,2013年关联交易16 558.9万元,2014年关联交易32 617.21万元,2015年1至4月关联交易9 944.1万元。

另外,公司2015年年度报告披露,莒南鸿润、山东绿润、北京绿润三家关联方当年合计占用新绿股份资金约1亿元,归还1 600万元。

而实际情况却是,公司在2015年使用工行莒南支行账户、工行泗水支行账户及农行账户,与莒南鸿润、山东绿润、北京绿润、绿色乐园四家公司及新绿股份董事长陈星全年累计发生关联方资金往来超过4亿元,较披露发生额高出近3亿元。

四、偷偷签订"对赌条款"

新绿股份的造假还不仅仅局限在虚增收入和隐瞒关联交易方面。

申报会计期间,该公司虚增销售收入和利润,导致工行莒南支行账户银行存款会计期末余额虚高,虚增2015年4月30日银行存款5 080.91万元。

转让说明书申报稿及反馈稿披露,新绿股份董事长陈星持有新绿股份39.76%股权,系新绿股份实际控制人。经查,在新绿股份股票公开挂牌转让前,陈思长期代陈星履行控股股东及实际控制人职权,并在申报期内实际代陈星履行公司董事长职务及股东权利。依据相关规定,陈思亦为新绿股份的实际控制人。

另外,转让说明书申报稿及反馈稿中披露,陈思、陈星与嘉兴硅谷天堂盈祥投资合伙企业(有限合伙)、上海建银国际投资咨询有限公司、方正和生投资有限责任公司、北京方正富邦创融资产管理有限公司、邵某海等5个股东(合计持有新绿股份7.24%股权)签署的投资协议中没有业绩对赌条款。此外,转让说明书申报稿及反馈稿还披露了陈思于2015年8月11日出具的《承诺》,内容为自承诺签署之日起,陈星与上海联新投资中心(有限合伙)等16名股东不签订任何形式的对赌协议。经查,相关协议中均存在对赌条款。

五、新三板之路终结,被"终止挂牌"

证监会认为,新绿股份在股票公开转让申报材料、定期报告及临时公告中有计划、有组织地编造重大虚假内容,数额巨大,情节严重。

最终的处罚决定是:对新绿股份给予警告,并处以60万元罚款;对陈星等4人分别给予警告,并分别处以10万元罚款;对其他多位相关责任人分别给予警告,并处以3万元罚款。另外,对陈思给予警告,并处以30万元罚款,成为新三板首例终身禁入市场案例。

2019年5月16日,新绿股份因未能按照规定时间披露2017年年度报告,全国中小企业股份转让有限责任公司对其作出自 2019 年 5 月 17 日终止其股票挂牌的规定。

注:资料根据《关于山东新绿食品股份有限公司股票终止挂牌的公告》《中国证监会行政处罚决定书(山东新绿食品股份有限公司、陈思、陈星等 14 名责任人员)》济南时报《伪造银行收款、还有造假工作指南……山东新绿股份遭证监会严罚》整理所得。

第十二章 集团审计

本章学习导航

集团审计 ┬ 新建集团审计项目及管理组成部分 ┬ 新建集团审计项目
         │   └ 管理组成部分
         └ 集团审计底稿管理 ┬ 对集团财务报表审计的特殊考虑
                           ├ 风险评估与风险应对
                           └ 合并报表

第一节　新建集团审计项目及管理组成部分

集团审计是以母公司和组成部分的企业集团为审计对象,对母公司编制的综合反映企业集团财务状况、经营成果及现金流量的合并财务报表是否不存在重大错报提供合理保证,从而提高预期使用者对集团财务报表的信赖程度。

在 CPAS 系统中集团财务报表审计包括对集团审计项目的新建、组成部分的管理、集团审计底稿的特殊考虑、合并过程的操作等部分。

集团审计需要用到用友审计合并系统,合并系统与 CPAS 系统实现无缝对接,数据互联,内嵌权益调整、权益抵销、关联方交易抵销等业务模型,同时提供方便易操作的合并底稿模板。在作业系统单体报表、单体附注基础上,能够快速编制合并试算平衡表、合并报表、合并附注底稿,自动生成合并审计报告。

一、新建集团审计项目

新建集团审计项目主要分为三步:输入项目基本信息、增加附加信息、新建集团审计组成部分,具体如下。

(1)输入集团审计项目基本信息。在新建与维护窗口中,单击"新建"按钮弹出新建项目对话框。在新建项目对话框中,系统根据当前环境自动生成或填写项目的部分信息。新建项目时,必须指定该项目的"合伙人"与"项目经理"。项目经理默认为创建项目的当前登录用户。项目的"质量复核人"可以通过人员分配功能指定。

（2）增加附加信息。在新建项目对话框（基本信息页面）中，单击"下一步"按钮，进入附加信息页面。可以根据需要添加若干条关于该项目的附加说明，每条附加信息均由标题和内容构成。

（3）完成审计项目的创建。此时，项目处于"预备"状态。

集团审计项目被创建之后，还要确定该集团审计项目的组成部分，并及时执行处于"预备"状态的集团审计项目。

二、管理组成部分

组成部分是指某一实体或某一业务活动，其财务信息由集团或组成部分管理层编制并应包括在集团财务报表中。

集团审计中往往涉及到母公司（集团本部）、子公司、分公司、合营企业及按权益法或成本法核算的被投资实体，这些单位就是要合并的组成部分。集团审计中需要对这些组成部分进行管理。

组成部分的管理包括以下三个步骤。

（1）在管理端"新建与维护"窗口中，单击按钮"编辑"—"管理组成部分"。

（2）选中母公司，然后单击"编辑"按钮。在编辑组成部分对话框中输入组成部分的常规信息。

（3）新建并提交项目的其他组成部分。

新建集团审计项目及其组成部分的操作方法如下。

（1）新建审计项目：在 CPAS 系统管理端"新建与维护"窗口中，单击"新建"按钮，在新建项目对话框中输入项目的基本信息。

（2）修改并提交项目的基本组成部分：在"新建与维护"窗口中，单击按钮"编辑""管理组成部分"。在管理组成部分对话框中，选中 CPAS 系统为该项目自动创建的基本组成部分，然后单击"编辑"按钮。在编辑组成部分对话框中输入组成部分的常规信息。

（3）新建并提交项目的其他组成部分：在管理组成部分对话框中，选中组成部分，然后单击"新建"按钮，填写新建组成部分客户、名称、合伙人等信息。

（4）完成集团审计项目"首次承接与保持"页签下"业务承接评价表"底稿后，进行该项目执行。新创建的集团审计项目处于"预备"状态，只有经过执行使之变为"执行"状态，该项目才能被同步至作业端，项目组成员才可以在作业端针对该项目进行审计工作。具体同步操作与新建工作集团项目相似，此处不作详细介绍。

通过同步管理可以在管理端与作业端之间同步项目信息，在集团审计业务进行小组作业时，可以在审计人员客户端与服务器之间同步底稿内容。

示例，以项目组成员身份登录作业端，点击"同步新建"按钮，完成作业端中"集团审计"项目同步新建工作，并开始在作业端进行集团审计项目的审计工作，如图 12-1 所示。

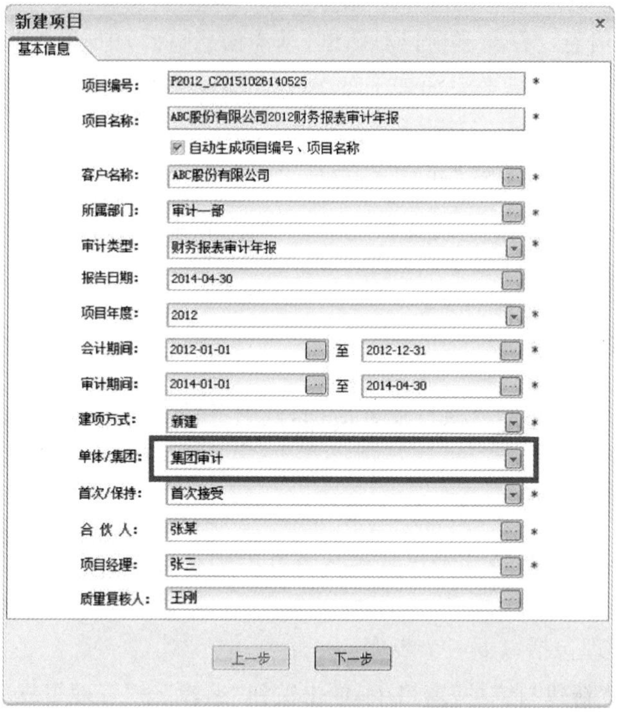

图 12-1 集团审计同步界面

上机操作 12-1

根据案例数据创建并执行 ABC 股份有限公司 20×2 年财务报表集团审计项目及组成部分创建。

假设中华所接受 ABC 股份有限公司的委托,承担 ABC 股份有限公司 20×2 年度的财务报表集团审计业务。中华所指派审计一部完成该审计项目,王刚负责质量控制复核,张某出任项目合伙人,张三担任项目经理,其他项目组成员包括李四等。项目的基本信息如表 12-1 和表 12-2 所示。

表 12-1　ABC 股份有限公司 20×2 年财务报表集团审计项目基本信息

项目名称	ABC 股份有限公司 20×2 年度财务报表审计	项目年度	20×2 年
客户名称	ABC 股份有限公司	所属部门	审计一部
审计类型	财务收支审计年报	报告日期	2015-8-31
建项方式	新建	单体/集团	集团审计
项目合伙人	张某	项目经理	张三
质量复核人	王刚	项目组成员	李四
财务数据	D:\UFCPAS\演示数据\ABC 股份有限公司-2011/2012/20110.aud			

表 12-2　ABC 股份有限公司 20×2 年度财务报表集团审计项目各组成部分信息

名称	ABC 股份	ABC 江苏鸿远	ABC 海南星达	ABC 北京较环辰
行业	工业			
区域	华北地区	西南	华东	华东
币种	人民币			
底稿模板	中注协风险导向审计工作底稿			
首次/保持	首次接受			
项目经理	张三			
项目合伙人	张某			
质量复核人	王刚			

操作要求：以项目经理张某的身份完成 ABC 股份有限公司 2012 年财务报表集团审计及其组成部分的创建，最后执行该项目。假设张某登录 CPAS 系统管理端之后，已打开"新建与维护"窗口。

第二节　集团审计底稿管理

当管理端创建的项目是集团财务报表审计时，作业端的底稿编制平台会结合项目属性和底稿属性自动生成一套集团审计的底稿。图 12-2 列示的是除单体审计与集团审计项目通用的底稿之外的集团审计底稿，这些底稿分布在集团审计底稿平台中各个底稿阶段。

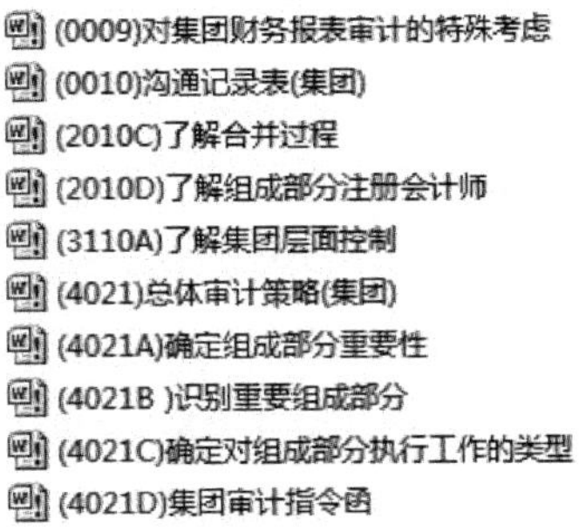

(0009)对集团财务报表审计的特殊考虑
(0010)沟通记录表(集团)
(2010C)了解合并过程
(2010D)了解组成部分注册会计师
(3110A)了解集团层面控制
(4021)总体审计策略(集团)
(4021A)确定组成部分重要性
(4021B)识别重要组成部分
(4021C)确定对组成部分执行工作的类型
(4021D)集团审计指令函

图 12-2　集团审计底稿

一、对集团财务报表审计的特殊考虑

底稿《0009 对集团财务报表审计的特殊考虑》是一张指导性底稿，指导注册会计师如何开展整个集团审计工作。它记录了从通过了解集团及其环境（包括了解合并过程、组成部分、集团层面控制等）来识别和评估重大错报风险，然后制定总体审计策略（包括确定重要组成部分、确定重要性水平等），针对评估的风险采取应对措施，最后确定审计结论的全过程。

底稿"0010 沟通记录表"记录了集团审计过程中集团项目组和组成部分沟通的情况，包括沟通文件名称、日期等。这两张底稿贯穿整个集团审计过程，CPAS 系统将其暂放在"通用底稿"节点下，注册会计师可以根据需要调换至其他阶段。

二、风险评估与风险应对

2000和3000阶段的底稿,用于了解被审计单位及其环境(包括内部控制)。集团审计底稿"2010C 了解合并过程"和"2010D 了解组成部分注册会计师"作为"2010 了解被审计单位及其环境"底稿的辅助底稿,是在2010底稿了解的基础上作进一步地了解。

3000阶段下的"3110A 了解集团层面控制"底稿也是"3110 了解和评价被审计单位整体层面内部控制"的辅助底稿,如果在对被审计单位内部控制进行了解时,已经包括了与集团层面控制相关的内容,可不再编制3110A工作底稿。

4000阶段下的底稿是对前面识别的风险进行汇总以及后面风险应对计划的制定。除风险评估结果汇总表、确定重要性水平之外,还包括总体审计策略(集团)、确定组成部分重要性、识别重要组成部分等专门针对集团审计的底稿。

4021A到4021D底稿是"4021 总体审计策略(集团)"底稿的辅助底稿,详细记录了重要性水平、重要组成部分的确定过程。

对于确定重要性水平,"4021A 确定组成部分重要性"底稿适用于集团项目组确定组成部分重要性,在确定集团财务报表整体重要性时使用"4020A 确定重要性水平"工作底稿。

三、合并报表

注册会计师在进行集团审计工作时,需要对母公司及下级子公司财务报表数据内容进行合并抵销,包括合并报表、合并附注、合并报告三部分内容。

合并报表功能的前提是合并范围内的母子公司均使用相同结构的财务报表模板,合并报表的合并是在同一项目下集团内各组成部分即各单位报表调整后的审定数基础上生成的。

合并报表前首先要做的准备工作包括,对母公司及子公司的报表进行数据转换提取准备工作,对母公司及合并范围内的子公司进行数据初始化工作,分别提取组成部分即子公司的审定后的财务报表数据。在CPAS系统中合并报表编制由单独的合并报表系统来完成,故不在此小结中阐述。

本 章 练 习

姓名：_____ 学号：_____ 日期：_____ 分数：_____

一、填空题(11′×5)

1. 初始化报表数据是将_____、_____、_____等从作业系统导入合并系统的操作。

2. _____合并范围操作将重新初始化当前报表数据。

3. 导入合并数据的文件格式应为_____。

4. 导入外部数据包括_____和_____。

5. 系统根据关联方余额汇总记录以及当前合并层级组成单位关系，自动生成_____、_____；抵销记录在_____抵销，披露记录上报_____继续抵销。

二、单选题(5′×5)

1. 合并财务报表的报告主体是(　　)。
   A. 母公司　　　B. 子公司　　　C. 企业集团　　D. 关联方企业

2. 长期股权投资的权益调整明细表会列示(　　)。
   A. 母公司　　　　　　　　　　B. 各子公司
   C. 关联方企业　　　　　　　　D. 以上都有

3. 从作业系统(　　)菜单可以进入合并系统。
   A. 完成与总结　　　　　　　　B. 报告管理
   C. 项目管理　　　　　　　　　D. 合并系统

3. 合并系统内进行公允价值调整会生成不包括(　　)。
   A. 公允价值调整分录　　　　　B. 公允价值调整后的现金流量表
   C. 公允价值调整后的资产负债表　D. 公允价值调整后的利润表

4. 如存在某组成部分报表、底稿数据不在作业系统中时，使用导入外部数据功能，可以导入(　　)格式的单体报表、附注数据等。
   A. Excel　　　　B. Word　　　　C. hbd　　　　D. PDF

5. 关联余额抵销时，(　　)菜单可以实现本合并层级的所有组成部分的关联方的债权债务的记录汇总，按资产类、负债类分别列示。
   A. 关联余额展示　　　　　　　B. 关联余额汇总
   C. 关联余额抵消分录　　　　　D. 关联余额数据校验

三、判断题(4'×5)

1. 进行公允价值调整前需要先选择好非同一控制的子公司。 ( )
2. 导入利润表公允价值表时可以选择不覆盖已有数据。 ( )
3. 系统中合并附注底稿模板包括上市公司、标准、国资委三套。 ( )
4. 导入利润表公允价值表时可以选择不覆盖已有数据。 ( )
5. 根据合并范围内组成部分报表,系统自动生成合并资产负债试算平衡表。( )

兴趣拓展阅读

集团组成部分的识别及重要性水平的确定

一、集团的组成部分

集团财务报表审计与单体企业财务报表审计最大区别在于审计范围不同。集团财务报表审计范围的确定正确与否直接影响集团财务报表审计的意见的客观、公正。在确定集团财务报表审计范围时，最为重要的是确定集团的组成部分。

（一）集团及组成部分概念

集团是指由所有组成部分构成的整体，并且所有组成部分的财务信息包括在集团财务报表中。集团至少拥有一个以上的组成部分。组成部分是指某一实体或某项业务活动，其财务信息由集团或组成部分管理层编制并应包括在集团财务报表中。

（二）组成部分的识别

（1）集团结构影响如何识别组成部分。例如有些集团的组织结构规定，由母公司、子公司、合营企业以及按权益法或成本法核算的被投资实体编制财务信息；或由集团本部、分支机构编制财务信息；或是将两者结合。这些集团的财务报告系统可能是按照这样的组织结构来组织的。相应地，母公司、子公司、合营企业以及按权益法或成本法核算的被投资实体，或者集团本部、分支机构可被视为组成部分。而其他一些集团可能按照职能部门、生产过程、单项产品或劳务（或一组产品或劳务）或地区分布来组织财务报告系统。在这种情况下，集团管理层或组成部分管理层可能以职能部门、生产过程、单项产品或劳务（或一组产品或劳务）或地区为单位（报告主体或业务活动）编制财务信息并将其包括在集团财务报表中。相应地，这些职能部门、生产过程、单项产品或劳务（或一组产品或劳务）或地区可被视为组成部分。

（2）集团财务报告系统中可能存在不同层次的组成部分。在这种情况下，在汇总层次上识别组成部分，可能比逐一识别更为合适。

（3）将某一层次的组成部分汇总起来，可以构成集团审计的一个组成部分。然而，这一组成部分也可能需要编制包括其所有组成部分（即子集团）财务信息的财务报表。因此，本准则也适用于不同的集团项目合伙人及其项目组对大型集团中的子集团进行的审计。

（4）随着单个组成部分对集团具有的财务重大性的增加，集团财务报表的重大错报风险通常也会增加。集团项目组可以将选定的基准乘以某一百分比，以协助识别对集团具有财务重大性的单个组成部分。确定基准和应用于该基准的百分比属于职业判断。根据集团的性质和具体情况，适当的基准可能包括集团资产、负债、现金流量、利润总额或营业收入。例如，集团项目组可能认为超过选定基准15%的组成部分是重要组成部分。然而，较高或较低的百分比也可能是适合具体情况的。

(5) 某些组成部分由于其特定性质或情况,可能存在导致集团财务报表发生重大错报的特别风险,集团项目组可能将其识别为重要组成部分。例如,某组成部分进行外汇交易,虽然其对集团并不具有财务重大性,但仍使集团面临导致重大错报的特别风险。

二、集团财务报表审计重要性的确定

集团项目组应当确定与重要性相关的下列事项。
(1) 在制定集团总体审计策略时,确定集团财务报表整体的重要性。
(2) 根据集团的特定情况,如果存在特定类别的交易、账户余额或披露,其发生的错报金额低于集团财务报表整体的重要性,但合理预期将影响财务报表使用者依据集团财务报表作出的经济决策,则确定适用于这些交易、账户余额或披露的一个或多个重要性水平。
(3) 如果组成部分注册会计师对组成部分财务信息实施审计或审阅,基于集团审计目的,为这些组成部分确定组成部分重要性。为将未更正和未发现错报的汇总数超过集团财务报表整体的重要性的可能性降至适当的低水平,组成部分重要性应当低于集团财务报表整体的重要性。
(4) 设定临界值,不能将超过该临界值的错报视为对集团财务报表明显微小的错报。

如果基于集团审计目的,由组成部分注册会计师对组成部分财务信息执行审计工作,集团项目组应当评价在组成部分层面确定的实际执行的重要性的适当性。

如果因法律法规或其他原因要求对组成部分进行审计,并且集团项目组决定利用该审计为集团审计提供审计证据,集团项目组应当确定下列方面是否符合本准则的规定。
(1) 组成部分财务报表整体的重要性。
(2) 组成部分层面实际执行的重要性。

资料来源:根据中国注册会计师审计准则第1401号及应用指南整理而得。

第十三章 基于用友 CPAS 系统的审计实训

本章学习导航

基于用友 CPAS 系统的审计实训 { 被审计单位基本资料 / 实训情形设定 / 益发五金部分业务凭证

基于用友 CPAS 系统提供的"五金公司 20×5 年演示账套"AUD 和本教材后附的记账凭证、原始凭证、银行对账单,根据本章第一节提供的被审计单位的基本资料,在 CPAS 管理系统新建项目并在作业系统完成同步后,按照本章第二节提供的实训情形设定在 CPAS 系统完成审计工作,具体包括开展基于 CPAS 系统的计划审计工作、风险评估、风险应对等。

第一节 被审计单位基本资料

一、公司基本情况简介

四川益发五金有限公司(以下简称"益发五金")的基本情况如表 13-1 所示。

表 13-1 四川益发五金有限公司的基本情况

公司名称	四川益发五金有限公司	公司法定代表人	路达益
地址	四川省成都市川麻大道 55 号	邮编	523000
电话	0769-88868000	联系人	李想
电子邮箱	luyida@Yifa Hardware.com	网址	www.yifa.Hardware.com

益发五金成立于 20×0 年 1 月,是由四川益发控股有限公司(中方)、德国诺托集团出资设立的民营中型五金制作企业。目前,益发五金的注册资本为 580 万元,员工近 400 人,厂区占地面积 18 万平方米,厂房建筑面积 6 万平方米,有槽车类产品和低温储罐类产品两条

生产线,总资产 1.3 亿元。益发五金的经营范围是开发、制造和销售槽车类产品和低温储罐类产品,主要产品有储罐、槽车,共三个等级 28 种规格。益发五金的注册商标是"传承"。

二、公司股权结构及控制关系

四川益发控股有限公司(中方)、德国诺托集团(外方)各占 50%。

三、公司治理结构

益发五金建立了以董事会为权力决策机构、经理层为执行机构,各司其职、各尽其责、相互协调、有效制衡的法人治理结构,能够有效保证公司生产经营各项工作的正常开展。

益发五金的董事会共 4 人,董事长为吴雨格。董事会能够以合理谨慎的态度,勤勉尽责,维护公司整体利益;各董事能够按时出席董事会,认真阅读会议文件,主动调查研究以获取作出决策所需的资料,并对所议事项表达明确的意见;认真阅读公司的财务报告及媒体对公司的有关报道,及时了解并持续关注公司经营管理状况,并及时向股东报告公司经营管理中存在的问题。各位董事在控股股东处领取薪酬。公司相对于各控股股东在业务、人员、资产、机构、财务等方面都是独立完整的。

四、公司组织机构

益发五金组织结构如图 13-1 所示。

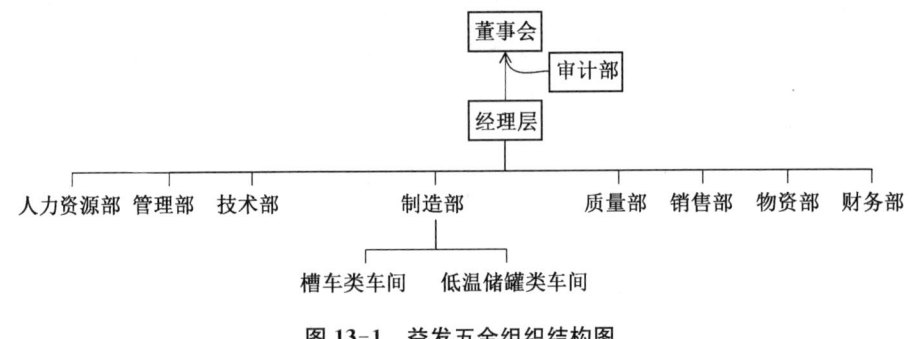

图 13-1　益发五金组织结构图

1. 高级管理人员和员工情况

益发五金管理人员职务简介如表 13-2 所示。

表 13-2　益发五金管理人员职务简介

职位	姓名	分管部门
总经理	王云	人力资源部
总工程师	郭顺林	技术部、制造部、质量部
销售总监	赵国强	销售部、物资部
财务总监	陈小萍	财务部
总经理助理	张涛	管理部

2. 在职员工的人数

20×5 年年末在职员工人数为 381 人,20×4 年年末在职员工人数为 371 人。

3. 在职员工专业构成

生产服务人员 305 人,技术人员 24 人,行政人员 21 人,营销人员 25 人,财务人员 4 人。

4. 在职人员教育程度

研究生及以上学历 2 人,本科 67 人,大专 138 人,中专 144 人,其他 30 人。

5. 各部门员工人数

高管 5 人,管理部 10 人,人力资源部 8 人,审计部 4 人,财务部 4 人,技术部 24 人,物资部 12 人,销售部 20 人,质量部 9 人,制造部 285 人(其中槽车类车间管理人员 5 人,生产工人 136 人;低温储罐类车间管理人员 5 人,生产工人 139 人)。

6. 财务部岗位分工

益发五金财务部人员岗位简介如表 13-3 所示。

表 13-3 益发五金财务部人员岗位简介

岗位	姓名	职责
财务经理	彭程	协助总经理制定公司发展战略并负责公司财务管理及内部控制
会计主管	马小龙	负责公司全盘账务及报表,统筹管理项目公司财务工作和部门人员管理等
出纳	陈安安	负责现金及支票的管理
核算	郭玉涵	协助财务总监处理核算模块的日常工作等

五、公司内部控制状况简介

(1) 本着合理保证企业经营管理合法合规、资产安全、财务报告及相关信息真实完整,提高经营效率和效果,促进企业实现发展战略的目标,考虑了控制环境、风险评估、控制活动、信息与沟通和内部监督五个基本要素,公司建立了比较全面的内部控制体系。

(2) 公司设立审计部,共 3 人,对公司内部控制的设计与执行进行监督,定期对内部控制的健全有效性进行评估,以确保内部控制的有效运行。

(3) 公司建立了对高级管理人员的考评及激励机制。公司根据年度生产、销售、效益等指标完成情况,按照公司《员工绩效考核办法》对高级管理人员进行考评,建立了高级管理人员的薪酬与经营目标挂钩的激励机制。20×4 年 8 月公司股东大会批准一项利润分享计划,如 20×5 年度实现净利润较上年增长 20%以上,按净利润增长部分的 10%给予管理层奖励。

(4) 企业文化。

经营理念:创新带发展、质量求生存、管理促效益、诚信引客户,以人为本、重视人才,通过企业文化,让各部门组织发挥出巨大力量,形成了完整而独特的企业文化理念体系,为公司和个人的可持续发展奠定基础。

企业愿景:成为先进的五金行业优秀的生产商。

(5) 控制活动。

① 采购业务。根据公司发展战略，公司制定了多基地、多产品、多业务模式下的采购策略，通过供应商资源管理系统、招投标系统、电子采购平台、订单系统、入库及验收管理、付款管理、电商平台、筹建类信息化平台等多方式综合手段，确保供应链高效合规运行。

② 销售业务。根据业务需求与分析，公司建立市场体系，明确了与销售环节相关的岗位职责和权限，不相容岗位分离、相互制约、相互监督；从组织与人员上保证销售职能的完善与健全；以项目带动各业务部门，全面、精准、高效地完成产品交付。

③ 资产管理。公司规范了资产全生命周期过程中申购、入厂、验收、使用、清理、盘点等资产管理工作，提升资产投资的能力与投资回报率，提高固定资产的使用效率，确保固定资产管理工作规范有序，保证公司财产安全。

④ 财务报告。公司根据《会计法》《企业会计准则》《企业内部控制基本规范》等法律法规，结合公司的具体情况建立了完善的财务会计制度。公司设立独立的会计机构，在会计核算和财务管理方面均设置了合理的岗位，实行专人专岗，各岗位均配备了专职人员以保证财务工作的顺利进行。公司对会计机构实行岗位责任制并明确职责分工，批准、执行和记录职能分开，各岗位严格遵守相关法律法规和公司流程操作，保证了财务核算与财务报告的准确、真实、完整。

益发五金销售业务流程及相关控制措施如表13-4所示。

表13-4 益发五金销售业务流程及相关控制措施

销售业务流程	相关控制措施
订单	根据客户类别，对销售订单采用以下两种方式。 1. 现有客户 收到现有客户的采购订单后，销售业务员将订单金额与该客户已被授权的信用额度以及至今尚欠的账款余额进行检查，经销售建立审批后，交至销售经理复核。如果是超过信用额度的采购订单，须由总经理批准。 2. 新客户 对于新客户，销售业务员将对客户背景进行调查，获取包括信用评审机构对客户信用等级的评定报告等，填写"新客户基本情况表"，并附相关资料交至销售经理审批。 根据审批后的新客户基本情况表，销售信息管理员将有关信息输入系统，在系统中建立新客户档案（包括客户地址、相关资质、银行账户等信息）。 完成上述程序后，新客户即可向益发公司发出采购订单。如果新客户连续六个月及时支付货款，信用良好，则按"现有客户"进行交易
签订合同并生成销售订单	订单经批准后，销售业务员根据公司固定的销售合同模板草拟销售合同，提交销售经理审核，审核内容包括客户是否经审批、合同是否采用公司模板签订、合同信息与客户采购订单信息是否一致等。销售经理审核后交由总经理签署合同。如果客户要求对公司固定的销售合同模板作出修改，须经法律部负责人同意。 销售合同均预先连续编号。 根据已签订的销售合同，销售信息管理员将有关信息输入系统，经销售经理审核录入信息无误后，在系统中批准，系统将自动生成连续编号的销售订单（此时销售订单显示为"待处理"状态）。生产部门据以安排生产，开始生产后，系统中销售订单显示为"在产"状态

(续表)

销售业务流程	相关控制措施
发货	仓库部门按照销售订单所列的发货品种和规格、发货数量、发货时间、发货方式、接货地点等组织发货,形成相应的发货单据,并连续编号。 以运输合同或条款形式明确运输方式、商品短缺、毁损或变质的责任、到货验收方式、运输费用承担、保险等内容,货物交接环节应做好装卸和检验工作,确保货物的安全发运,由客户验收确认。客户验收单、销售订单单独装订成册。 做好发货各环节的记录,填制相关原始凭证,每月由仓库管理员盘点存货并交由财务部门进行记录
产成品入库并记录应收账款	产品生产完工入库后,生产信息管理员将系统内的订单状态由"在产"更改为"已完工入库"。 销售业务员根据系统内显示的完工销售订单信息,通知客户前来提货。 仓库部门办理出库事宜。货物发出后,仓库信息管理员将出库单等信息录入系统,仓库经理审核录入信息无误后,在系统中进行批准,系统将销售订单状态由"已完工入库"更新为"已出库"。 应收账款记账员根据系统显示的"已出库"的销售订单信息开具销售发票,经会计主管审核无误后在系统中进行批准,系统内销售订单的状态将更新为"已开票",自动生成记账凭证,记入相应的应收账款明细账和营业收入明细账。 每月末,销售信息管理员从系统中导出尚处于"已完工入库"状态和"已出库"的销售订单信息汇总报告,提交销售经理复核。如果发现客户未及时提货的销售订单,销售经理将联系客户进行进一步调查。对于"已出库"的销售订单,销售经理联系会计主管进行进一步调查并作出相应处理(包括账务处理)
收款	销售业务员收到客户的支票、本票或汇票后,填写收款通知单,连同票据一起交给财务部出纳员。出纳员检查收到的票据后在收款通知单上签字确认,于当日或次日将票据解入银行。应收账款记账员将收款通知单、银行收款回单等进行核对无误后,在系统中编制收款凭证并提交会计主管复核。 在完成对收款凭证及相关单证的复核后,会计主管在系统中批准收款凭证,在打印收款凭证后附的单证上加盖"核销"印戳。 出纳员根据经复核无误的收款凭证及时登记现金和银行存款日记账
对账与调节	每月末,应收账款记账员向主要客户发送对账单。如有对账差异,应收账款记账员联系销售经理进行进一步调查。根据对账情况,应收账款记账员编制对账报告和调整建议(如有),交给会计主管复核。 经会计主管复核后,应收账款记账员进行必要的会计调整
计提坏账准备和核销坏账	每季度末,销售经理根据客户应收账款的账龄分析报告、客户实际财务状况以及所了解的其他信息,编写应收账款可收回性分析报告。销售经理、财务经理和总经理在季度管理会议上讨论该报告,财务经理根据讨论结果,按照公司会计政策计算并计提坏账准备,经总经理复核后入账。 对于确定无法收回需要核销的坏账,由销售业务员填写坏账核销申请表,并附证明货款无法收回的相关资料,经销售经理审核后,金额在 10 万元以下的,由财务经理和总经理审批;金额在 50 万元人民币以上的须提交董事会审议批准。 应收账款记账员根据经适当批准的核销申请表进行账务处理
维护客户档案	每月末,销售信息管理员从系统中导出月度客户信息更改报告,附同经审批的新客户基本情况表提交销售经理复核。销售经理检查是否所有新客户基本情况表均经处理、所有变更是否得到适当审批等。如发现任何异常情况,将进一步调查处理。当复核完成后,销售经理签署月度客户信息更改报告作为复核的证据

六、开户银行资料

益发五金开户银行资料如表 13-5 所示。

表 13-5 益发五金开户银行资料

开户银行	账号	账户性质	核定现金库存限额
中国建设银行 A 支行	622908 3909 9823 6532	一般户	—
中国工商银行 B 支行	621226 20100 4499 8500	一般户	—
中国银行 C 支行	623058 0000 1631 7689	基本户	10 000 元

七、税务资料

(1) 主管税务机关:国家税务总局成都市高新区税务局。
(2) 税种、计税依据及税率如表 13-6 所示。

表 13-6 税种、计税依据及税率

税种	计税依据	税率
增值税	销售产品、原材料销售收入	17%
企业所得税	应纳税所得额	25%
城市维护建设税	应缴纳流转税税额	5%
教育费附加	应缴纳流转税税额	3%

八、工商登记资产

注册资金:580 万元人民币
主管工商机关:四川省成都市工商行政管理局
统一社会信用代码:8470389893988871

九、行业状况

20×3—20×5 年,全球五金电动工具行业市场规模呈现上升趋势,20×4 年全球五金电动工具行业市场规模为 314 亿美元,到 20×5 年增长至 326 亿美元,20×4—20×5 年仅增长 12 亿美元,年均增长 3 亿美元,增长幅度较小,主要是由于五金电动工具行业市场趋于成熟,增长主要来自亚非等发展中国家,但是这些发展中国家市场增长空间较小。

当下,五金市场规模逐年攀升,我国五金制品业的转型升级将迎来新的外贸格局。在我国五金工具能够进一步提高其质量和工艺,甚至是在生产过程中的新技术,以及交货期等各项标准都能与世界级水平接轨的条件下,我国的五金市场未来前景很广阔,同时面临的挑战也不少。

在电子商务的快速发展趋势下,互联网的优势显而易见,这种新型便捷的平台给了很多企业极大的冲击力,并成功为企业节省各种成本,成为企业家中意的线上进货平台。这就是典型的五金行业中具备前瞻性的产物,此模式受到五金企业的广泛重视,四川企业电子商务较有前瞻性,凭此四川五金市场占据一席之地;同时,四川近年来房地产市场持续火热,也带动了五金行业持续升级,五金行业整体向好。

(1) 20×5年同行业毛利率数据如表13-7所示。

表13-7 20×5年五金行业毛利率

产品	行业平均毛利率	A企业毛利率	B企业毛利率	C企业毛利率
槽车类	19.21%	20.21%	19.34%	19.10%
低温储罐类	18.95%	17.99%	18.76%	19.31%

(2) 20×5年行业流动比率为1.4,行业资产负债率为52%。

十、公司经营状况

目前,益发五金的产品质量高,并建立了稳定的用户群,主要产品在国内市场占有率为10%,并开拓海外市场。多年来,公司始终坚持走循环创新经济道路,生产销售储罐类、槽车类五金制件。公司加大环保技术投入,节能减排,提质降耗,控制产品成本。公司坚持科技兴企,增强自主创新能力,成功研制新产品,生产工艺水平大大提高,截至20×5年年末公司已形成多项专有技术,大大提高了整体技术装备水平。

20×6年年初制定公司未来发展战略:在发展过程中着重提高企业的装备水平,加强管控,以市场为导向灵活经营,增强企业竞争能力,努力取得良好的经济效益,使企业不断发展壮大。坚持发展创新循环经济,发展创新五金制品,进一步实现清洁生产,走可持续发展道路,把公司建设成为现代化高效节能五金生产企业。

20×5年总体经营目标:获得银行融资升级固定资产,提高生产能力,实现营业收入1 500万元以上,净利润达到190万元以上。

公司20×5年经营措施及情况介绍:

(1) 向银行大额融资购买设备生产更优质、更多元化的产品;开拓南部市场,紧紧围绕市场需求,开发新产品,提高产品质量,优化产品结构,扩大市场占有率;去年由于负债过高,没能获得银行贷款导致扩张失败。

(2) 为了促进公司业绩实现年初初定目标,公司董事会调整绩效政策,大幅提高管理层效益工资与当年实现盈利的比例。

(3) 稳原材料、辅料采购,充分利用招标、议标、比价采购,合理确定供应商与其充分沟通,降低采购成本,同时积极获取原辅料市场变动信息,及时调整采购策略,灵活采购。

(4) 加速销售资金回笼,加大营销人员绩效考核力度,确保资金安全,提高资金使用。

(5) 大力推进增产降耗、节能减排,产供销联动以及安环管控等工作,进一步建立健全内部考核责任制,使增产降耗与员工考核紧密结合,充分调动员工积极性,努力降低生产成本。

(6) 为了巩固市场,自 20×5 年 6 月 1 日起,公司将产品交货方式由本公司仓库交货改为运至客户指定地点交客户签收。

(7) 20×5 年 11 月生产工艺改进成功,原料消耗降低,基本抵消了原料价格上涨对产品成本的影响。根据股东的统一要求,自 20×5 年 1 月 1 日起,公司引入 ERP 系统,完善并合并公司的销售、采购、生产成本、薪酬、库存、财务等系统,在以前年度,利用相互独立的会计核算软件、销售、采购等系统,1~2 月为过渡月份,以往的独立系统和 ERP 系统双系统同时运作,3 月开始独立正式运作 ERP 系统。其中,ERP 系统中的成本核算系统是由公司 IT 专员开放的存货账龄分析子模块,于每月末自动生成存货账龄报告,公司会计政策规定,应当结合存货账龄等因素确定存货期末可变现净值,计提存货跌价准备。

第二节　实训情形设定

一、关于审计主体的情形设定

(1) 审计主体:新华会计师事务所(地址:广东广州黄埔大道东 30 号,联系人:张三)。
(2) 不存在影响注册会计师独立的情形与因素。
(3) 项目组成员熟悉五金行业,项目组关键人员具有执行相关业务的经验,具备必要的技能和知识。在需要时,能够得到专家的帮助。

二、关于审计过程的情形设定

20×5 年 5 月 5 日,新华会计师事务所与益发五金就达成年报审计意向,并开展初步业务活动。最终新华会计师事务所接受委托,按照中国注册会计师审计最终对益发五金 20×5 年财务报表(包括资产负债表、利润表、现金流量表、所有者权益变动表、财务报表附注)进行审计。

本次审计为新华会计师事务所首次接受委托对益发五金进行审计。益发五金 20×4 年财务报表由古梅会计师事务所审计,因古梅会计师事务所业务繁忙,益发五金董事会决议变更审计机构。经益发五金同意,新华会计师事务所已就益发五金 20×5 年的审计事项与古梅会计师事务所进行了沟通,评价其专业胜任能力和独立性,其结果令人满意。已证实其 20×5 年期年初余额不存在对本年财务报表有重大影响的错报和漏报。因此,本次审计不专门对益发五金年初余额进行全面审计。

三、关于审计对象的情形设定

(一) 情形设定一:对被审计单位进行风险评估,识别、评估重大错报风险并开始审计计划

假设新华会计师事务所 20×5 年 10 月 25 日开始了解被审计单位及其环境,了解后

决定以资产总额的1‰作为报表重要性水平,实际重要性设为报表重要性的50%,明显微小错报设为报表重要性的5%,明显微小错报临界值为5 000元。20×5年12月25日为项目组预备会,20×5年12月31日完成与前任注册会计师沟通,与管理层和治理层会议为20×6年3月前,与专家和有关人士沟通不考虑,20×6年4月15日为项目组总结会。20×6年4月15日为项目组总结会,初定20×6年4月22日前出具年度审计报告。请阅读益发五金的资料后完成下列审计工作底稿的填写:

(1) 2010 了解被审计单位及其环境。
(2) 3225 了解和评价销售与收款循环中的"了解业务流程"和"了解内部控制汇总表"。
(3) 4020 总体审计策略。
(4) 4020A 确定重要性水平。
(5) 4015 风险评估汇总表。

(二) 情形设定二:货币资金审计之库存现金监盘

假定20×6年1月9日早上进行现金监盘,监盘前一天现金日记账余额为8 642.5元,监盘结果如下:

(1) 1月8日库存现金面值明细如表13-8所示。

表13-8　益发五金20×6年1月8日库存现金面值明细

面值	100元	50元	20元	10元	5元	1元	5角	1角	合计
张数	80	50	25	48	31	7	1	0	—
金额	8 000	2 500	500	480	155	7	0.5	0	11 642.5

(2) 保险柜中有下列单据已收付款,但没有及时入账。
① 20×6年1月8日,收到郭顺林还款10 000元。
② 20×6年1月8日,员工赵小林报销材料费6 500元。
③ 20×6年12月31日,出纳员以白条借给员工张建国500元,未经领导批准,也没有说明用途。

(3) 20×6年1月1日至1月8日,现金增加12 100.61元,现金支出7 958.11元(只根据情形假设,未与益发五金期末数核对)。

(4) 企业银行存款人民币户20×5年12月对账单如第三节业务凭证13-26所示。

要求:
(1) 登录CPAS系统查询四川益发五金账套"库存现金"明细账,结合货币资金情形设定填写6110货币资金底稿中的"库存现金监盘表"。
(2) 结合中国工商银行(8 500户)银行对账单(业务凭证13-26),通过"明细账"查询银行存款日记账或通过登录CPAS系统查看四川益发五金银行存款日记账,填写6110货币资金底稿中的"对银行存款余额调节表的检查"底稿。

(三) 情形设定三：货币资金审计之银行存款函证，但由于数据限制，假设银行存款美元户不存在重大错报，不要求对银行存款美元户进行审计

假定 20×6 年 1 月 10 日对四川益发五金的建行 6 532 户、工行 8 500 户、中行 7 689 户实施函证，1 月 12 日收到银行回函：

(1) 工行 8 500 户函证结果不相符，回函金额为 1 094 883.57 元。

(2) 建行和中行回函表示结果相符，其中建行函证回函上附免责声明如下：本次提供的本信息仅出于礼貌，我方没有义务必须提供，我方不因此承担任何明示或暗示的责任、义务和担保。

要求：

(1) 通过"科目余额表"查询四川益发五金账套银行存款二级科目工商银行、建设银行、中行，结合提供的银行对账单，刷新并填写货币资金底稿中的"货币资金—银行存款明细表"底稿。

(2) 根据"科目余额表"查询四川益发五金各银行存款余额，并结合银行借款情况填写 8311 底稿中的"银行询证函"和 6110"银行存款函证结果汇总表"。

(3) 对 12 月的银行存款进行抽凭：52 000 元为区间，大于或等于 52 000 元抽 10 张，小于 52 000 元抽 10 张，刷新"货币资金—抽凭—检查表"，假设抽中 20 张凭证中，其中包括 10 月记 75、12 月记 51、12 月记 73，填写这三张凭证"货币资金—抽凭—检查表"的核对内容。

(四) 情形设定四：由于在风评阶段识别出营业收入发生、截止认定可能存在重大错报，注册会计师对主营业务收入进行发生和截止测试

(1) 假设选择 6 月记 89、11 月记 61、12 月记 75 共三张凭证进行主营业务收入发生测试，填写"营业收入"底稿中的"主营业务收入发生测试"底稿。

(2) 截止测试要求，截止日前后 5 天抽取大于或等于 52 000 元的主营业务收入进行截止测试，在"营业收入"底稿中的"主营业务收入截止性测试"进行当页刷新，填制"主营业务收入截止性测试（从明细账到出库单）"底稿；"主营业务收入截止性测试（从出库单到明细账）"（从出库单到明细账）（由于没有提供完整的出库单，不要求填写）。

经过上述发生测试，确定是否存在错报，有错报的话增加相应的调整分录。

(五) 情形设定五：由于在风评阶段识别出应收账款"存在"有可能存在错报，注册会计师以应收账款进行函证

选择鸡西化学原料厂、BPW（梅山）车辆有限公司、比欧西气体（武汉）有限公司（大客户）和澳大利亚（CEM）公司（账龄较长）、北京普莱克斯实用气体有限公司（1 030 000.00 余额较大）进行积极函证，假设 1 月 15 日发函，1 月 20 日均收到纸质回函。

其中，北京普莱克斯实用气体有限公司回函："我公司 20×5 年 12 月 31 日所购罐车（103 万元）系目的地交货，我公司于 20×6 年 1 月 7 日验收。所以截止到 20×5 年 12 月 31 日，我公司只欠贵公司 6 000 元"。

澳大利亚（CEM）公司回函："我司只欠该公司 148 145.09 元，请查明"。

第十三章 基于用友 CPAS 系统的审计实训

BPW(梅山)车辆有限公司未回函,经过进一步调查发现该公司由于经营不善于 20×6 年 1 月倒闭清算。

其他客户均表示"信息相符",其中,鸡西化学原料厂回函中附免责声明:"本信息是从电子数据库中取得,可能不包括被询证方所拥有的全部信息"。

要求:

(1) 利用"调整分录汇总表"工具,假设经过审计仅需对"应收账款—北方环城五金塑料厂""宁夏银河仪表公司""湛江港海陆机械厂"进行负值重分类,请制作三组重分类调整分录。

(2) 利用"账龄分析"工具进行辅助账取数,对应收账款账龄区间"1~2年内自定义"应收账款客户明细进行账龄分析检查,假设账龄分析结果均无误,将账龄分析结果保存至"6113.03 应收账款—明细账"底稿中。

(3) 根据设定条件在 CPAS 系统进行发函并生成应收账款询证函,根据回函结果填写"6113.08 应收账款—函证结果汇总表""函证结果调节表"。

(4) 假设经过审查除通过函证发现存在错报和往来款负值需要重分类外,其余应收账款均不存在错报,请刷新并编制"6113.03 应收账款明细账"。

(六) 情形设定六:审计差异调整及审计完成阶段

要求:

(1) 根据前面五个情形设定,对发现的错报利用"调整分录汇总表"工具填写调整分录汇总表。

(2) 假设与管理层沟通后,益发五金公司仅不同意对应收账款—北京普莱克斯的错报进行调整,其他错报均同意调整,请出具审计报告。

第三节 益发五金发放部分业务凭证

业务凭证 13-1

记 账 凭 证

凭证日期 20150630　　凭证编号 89　　　　凭证类型 记

□ 全抽

抽	摘要	科目名称	科目编号	借方金额	贷方金额
□	北京化工研究院30立方乙烯贮罐	主营业务收入-低温储罐类产品	600102		829,059.83
□	北京化工研究院30立方乙烯贮罐	应交税费-应交增值税-销项税额	22210104		140,940.17
□	北京化工研究院30立方乙烯贮罐	应收账款-应收账款	112201	970,000.00	
				970,000.00	970,000.00

类	项目名称	项目编号	摘要	科目名称	科目编号	借方金额	贷方金额
客	客商核算-化工部北京化工研究	112201-1$90	北京化工研究院30立方乙烯贮罐	应收账款-应收账款	112201	970,000.00	

6月记89　记账凭证

业务凭证 13-2

增值税电子普通发票

发票代码:0239900987689
发票号码:08987678877
开票日期:2015年6月30日
检验码:09778 98766 98999 43279

购买方	名称:北京化工研究所					密码区	略	
	纳税人识别号:略							
	地址、电话:略							
	开户行及账号:略							
项目名称	规格型号	单位	数量	单价	金额		税率	税额
贮罐	30立方米	个	10	82905.98	829059.83		17%	140940.17
价税合计(大写)		玖拾柒万元整			小写¥970000.00			
销售方	名称:四川益发五金有限公司					备注		
	纳税人识别号:略							
	地址、电话:略							
	开户行及账号:略							

收款人:陈安安　　　　　　复核:彭程　　　　　　开票人:李伟

6月记89　原始凭证

业务凭证 13-3

产品出库单

用途:销售　　　　　2015年6月30日　　　　　NO:1004009

类别	编号	名称及规格	计量单位	数量	单位成本	总成本	备注
产成品		乙烯贮罐	个	10			北京研究所

制表:王开　　　保管:李明　　　会计:马小龙　　　经手人:王开

6月记89　原始凭证

业务凭证 13-4

记 账 凭 证

凭证日期 20151031　凭证编号 75　　　　凭证类型 记

□ 全抽

抽	摘要	科目名称	科目编号	借方金额	贷方金额
□	中汽福达专用汽车公司货款	银行存款-工行(人民币户)	100201		6,000.00
□	中汽福达专用汽车公司货款	应收账款-应收账款	112201	6,000.00	
□	北方能源设备总厂往来款	银行存款-工行(人民币户)	100201		500,000.00
□	北方能源设备总厂往来款	应付账款-应付账款	200201	500,000.00	
				506,000.00	506,000.00

类	项目名称	项目编号	摘要	科目名称	科目编号	借方金额	贷方金额
客	客商核算-	112201-1$6	中汽福达专用汽车	应收账款-应收账	112201	6,000.00	
客	客商核算-	200201-1$2	北方能源设备总厂	应付账款-应付账	200201		500,000.00

10 月记 75　记账凭证

业务凭证 13-5

中国工商银行 分行转账支票存根　　**中国工商银行** 分行转账支票存根

支票号码 No 1111113　　　　　　　支票号码 No 1111114

科目　　　　　　　　　　　　　　　科目

对方科目：　　　　　　　　　　　　对方科目：

签发日期　2015 年 10 月 31 日　　　签发日期　2015 年 10 月 31 日

收款人：北方能源设备总厂　　　　　收款人：中汽福达专用汽车公司

金额：500000.00　　　　　　　　　 金额：6000.00

用途：支付前欠货款　　　　　　　　用途：支付前欠货款

备注：　　　　　　　　　　　　　　备注：

单位主管　　　　　　会计　　　　　单位主管　　　　　　会计
复　核　　　　　　　记账　　　　　复　核　　　　　　　记账

10 月记 75　原始凭证

业务凭证 13-6

记 账 凭 证

凭证日期 20151130　凭证编号 61　　　　凭证类型 记

□ 全抽

抽	摘要	科目名称	科目编号	借方金额	贷方金额
□	鹤岗市华盛气体公司15立方米贮罐	主营业务收入-低温储罐类产品	600102		225,034.19
□	鹤岗市华盛气体公司15立方米贮罐	应交税费-应交增值税-销项税额	22210104		38,255.81
□	鹤岗市华盛气体公司15立方米贮罐	应收账款-应收账款	112201	263,290.00	
				263,290.00	263,290.00

类	项目名称	项目编号	摘要	科目名称	科目编号	借方金额	贷方金额
客	客商核算-鹤岗市第二制药厂	112201-1$148	鹤岗市华盛气体公司15立方米贮罐	应收账款-应收账款	112201	263,290.00	

11 月记 61　记账凭证

业务凭证 13-7

增值税电子普通发票

发票代码:0230900987689
发票号码:08987698877
开票日期:2015年11月30日
检验码:09778 98766 98999 46799

购买方	名称:鹤岗市华盛气体公司 纳税人识别号:略 地址、电话:略 开户行及账号:略					密码区	略		
项目名称	规格型号	单位	数量	单价		金额	税率		税额
贮罐	15立方米	个	100	2250.34		225,034.19	17%		38,255.81
价税合计(大写)						小写¥263290.00			
销售方	名称:四川益发五金有限公司 纳税人识别号:略 地址、电话:略 开户行及账号:略					备注		四川益发五金有限公司 9317XXXXXX 发票专用章	

收款人:陈安安　　　　复核:彭程　　　　开票人:李伟

11 月记 61　　原始凭证

业务凭证 13-8

产品出库单

用途:销售　　　　　2015 年 11 月 30 日　　　　　NO:10040015

类别	编号	名称及规格	计量单位	数量	单位成本	总成本	备注
产成品		低温储罐类	个	10			华盛气体

制表:王 开　　保管:李 明　　会计:马小龙　　经手人:王 开

11 月记 61　　原始凭证

第十三章 基于用友 CPAS 系统的审计实训

业务凭证 13-9

记 账 凭 证

凭证日期 20151231　　凭证编号 51　　凭证类型 记

□ 全抽

抽	摘要	科目名称	科目编号	借方金额	贷方金额
□	安阳市大桥化工厂来款	预收账款-预收账款	220201		460,000.00
☑	安阳市大桥化工厂来款	银行存款-工行(人民币户)	100201	460,000.00	
▶	北方宏业涂料化工公司货款	应收账款-应收账款	112201	242,963.36	
☑	北方宏业涂料化工公司货款	银行存款-工行(人民币户)	100201		242,963.36
				702,963.36	702,963.36

类	项目名称	项目编号	摘要	科目名称	科目编号	借方金额	贷方金额
客	客商核算-北方市涂料研究所	112201-1$120	北方宏业涂料化工公司货款	应收账款-应收账款	112201	242,963.36	
客	客商核算-安阳市大桥化工厂	220201-1$168	安阳市大桥化工厂来款	预收账款-预收账款	220201		460,000.00

12月记51　记账凭证

业务凭证 13-10

中国工商银行 分行转账支票存根

支票号码 No 1111143

科目

对方科目：

签发日期　2015 年 11 月 31 日

收款人：北方宏业涂料化工公司

金额 242963.36

用途 支付前欠货款

备注：

单位主管　　　　　会计
复　核　　　　　　记账

12月记51　原始凭证

业务凭证 13-11

中国工商银行进账单（回单或收账通知单）

付款人	全称	安阳市大桥化工厂	收款人	全称	四川益发五金有限公司
	账号	201001234568500		账号	201001234566678
	开户银行	工行B支行		开户银行	工行西门分理处
汇款金额 人民币(大写)		肆拾陆万元整			¥460000.00
票据种类	支票				
票据张数	1				¥460000.00
单位主管　会计　复核　记账				收款人开户行盖单	

12月记51　原始凭证

业务凭证13-12

记 账 凭 证

凭证日期 20151231　　凭证编号 73　　凭证类型 记
☐ 全抽

抽	摘要	科目名称	科目编号	借方金额	贷方金额
☐	北方能源设备总厂 转 款	应付账款-应付账款	200201	100,000.00	
☑	北方能源设备总厂 转 款	银行存款-工行(人民币户)	100201		100,000.00
☐	安家劳报公司劳务费	制造费用-外加工费	510112	10,996.06	
☑	安家劳报公司劳务费	银行存款-工行(人民币户)	100201		10,996.06
				110,996.06	110,996.06

类	项目名称	项目编号	摘要	科目名称	科目编号	借方金额	贷方金额
富	客商核算	200201-1$2	北方能源设备总厂 转 款	应付账款-应付账	200201	100,000.00	

12月记73　记账凭证

业务凭证13-13

中国工商银行　分行转账支票存根

支票号码　No 1111156
科目 _____
对方科目： _____
签发日期　　2015 年 12 月 31 日
收款人：北方能源设备总厂
金额：100000.00
用途：支付前欠货款
备注：
单位主管　　　　　　　会计
复　核　　　　　　　　记账

12月记73　原始凭证

业务凭证13-14

增值税电子普通发票

发票代码：0098709487689
发票号码：08753878567
开票日期：2015年12月31日
检验码：09778 23435 98999 43279

购买方	名称：四川益发五金有限公司						密码区	略	
	纳税人识别号：略								
	地址、电话：略								
	开户行及账号：略								
项目名称		规格型号	单位	数量	单价	金额		税率	税额
劳务费						略		略	略
价税合计（大写）		壹万零玖佰玖拾陆元零陆分						小写¥10996.06	
销售方	名称：四海安保有限公司						备注		
	纳税人识别号：略								
	地址、电话：略								
	开户行及账号：略								

收款人：王玲　　　复核：李芳　　　开票人：陈丽丽

12月记73　原始凭证

业务凭证13-15

记 账 凭 证

凭证日期 20151231　　凭证编号 74　　　凭证类型 记

□ 全抽

抽	摘要	科目名称	科目编号	借方金额	贷方金额
	湛江港港区政南化工厂	主营业务收入-低温储罐类产品	600102		-105,128.21
	湛江港港区政南化工厂	应交税费-应交增值税-销项税额	22210104		-17,871.79
	湛江港港区政南化工厂	应收账款-应收账款	112201	-123,000.00	
	湛江港港区政南化工厂	主营业务收入-低温储罐类产品	600102		53,846.15
	湛江港港区政南化工厂	应交税费-应交增值税-销项税额	22210104		9,153.85
	湛江港港区政南化工厂	应收账款-应收账款	112201	63,000.00	
	湛江港港区政南化工厂	主营业务收入-低温储罐类产品	600102		51,282.05
	湛江港港区政南化工厂	应交税费-应交增值税-销项税额	22210104		8,717.95
	湛江港港区政南化工厂	应收账款-应收账款	112201	60,000.00	

类	项目名称	项目编号	摘要	科目名称	科目编号	借方金额	贷方金额
客	客商核算-湛江港市港区政南化工厂	112201-1$119	湛江港港区政南化工厂	应收账款-应收账款	112201	-123,000.00	
客	客商核算-湛江港市港区政南化工厂	112201-1$119	湛江港港区政南化工厂	应收账款-应收账款	112201	60,000.00	
客	客商核算-湛江港市港区政南化工厂	112201-1$119	湛江港港区政南化工厂	应收账款-应收账款	112201	63,000.00	

12月记74　记账凭证

业务凭证 13-16

增值税电子普通发票

发票代码：02399024687689
发票号码：89876764879
开票日期：2015 年 12 月 31 日
检验码：09778 98768 98999 46469

购买方	名称：湛江港港区政南化工厂							
	纳税人识别号：略					密码区	略	
	地址、电话：略							
	开户行及账号：略							
项目名称	规格型号	单位	数量	单价	金额		税率	税额
低温贮罐	略	略	略	略	-105128.21		17%	-17871.79
价税合计（大写）	（负数）壹拾贰万叁仟元整						小写-¥123000.00	
销售方	名称：四川益发五金有限公司					备注		
	纳税人识别号：略							
	地址、电话：略							
	开户行及账号：略							

收款人：陈安安　　　复核：彭程　　　开票人：李伟

12 月记 74　原始凭证

业务凭证 13-17

增值税电子普通发票

发票代码：02399024687689
发票号码：898767643789
开票日期：2015 年 12 月 31 日
检验码：09778 98768 98999 46489

购买方	名称：湛江港港区政南化工厂							
	纳税人识别号：略					密码区	略	
	地址、电话：略							
	开户行及账号：略							
项目名称	规格型号	单位	数量	单价	金额		税率	税额
低温贮罐	略	略	略	略	51282.05		17%	8717.95
价税合计（大写）	陆万元整						小写¥60000.00	
销售方	名称：四川益发五金有限公司					备注		
	纳税人识别号：略							
	地址、电话：略							
	开户行及账号：略							

收款人：陈安安　　　复核：彭程　　　开票人：李伟

12 月记 74　原始凭证

业务凭证 13-18

增值税电子普通发票

发票代码：02399024687689
发票号码：89876764388
开票日期：2015 年 12 月 31 日
检验码：09778 98768 98999 46488

购买方	名称：湛江港港区政南化工厂 纳税人识别号：略 地址、电话：略 开户行及账号：略				密码区	略		
项目名称	规格型号	单位	数量	单价	金额	税率	税额	
低温贮罐	略	略	略	略	53846.15	17%	9153.85	
价税合计（大写）	陆万叁仟元整					小写¥63000.00		
销售方	名称：四川益发五金有限公司 纳税人识别号：略 地址、电话：略 开户行及账号：略				备注			

收款人：陈安安　　　　复核：彭程　　　　开票人：李伟

12 月记 74　原始凭证

业务凭证 13-19

记 账 凭 证

凭证日期 20151231　　凭证编号 75　　凭证类型 记

□ 全抽

抽	摘要	科目名称	科目编号	借方金额	贷方金额
□	北方能源设备总厂水电费	生产成本-燃料动力费	500104	3,659.44	
□	北方能源设备总厂水电费	应付账款-应付账款	200201		3,659.44
□	北京普莱克斯实用气体公司罐车	主营业务收入-槽车类产品	600101		880,341.88
□	北京普莱克斯实用气体公司罐车	应交税费-应交增值税-销项税额	22210104		149,658.12
□	北京普莱克斯实用气体公司罐车	应收账款-应收账款	112201	1,030,000.00	
□	北京普莱克斯实用气体公司罐车	其他业务收入-其他业务收入	605101		5,128.21
□	北京普莱克斯实用气体公司罐车	应交税费-应交增值税-销项税额	22210104		871.79
□	北京普莱克斯实用气体公司罐车	应收账款-应收账款	112201	6,000.00	
				1,039,659.44	1,039,659.44

类	项目名称	项目编号	摘要	科目名称	科目编号	借方金额	贷方金额
客	客商核算-北京普莱克斯实用气体有限公司	112201-1$169	北京普莱克斯实用气体公司罐车	应收账款-应收账款	112201	6,000.00	
客	客商核算-北京普莱克斯实用气体有限公司	112201-1$169	北京普莱克斯实用气体公司罐车	应收账款-应收账款	112201	1,030,000.00	
客	客商核算-北方能源设备总厂	200201-1$2	北方能源设备总厂水电费	应付账款-应付账款	200201		3,659.44

12 月记 75　记账凭证

业务凭证 13-20

四川省电力公司通用机打发票

发票代码：0098709487689
发票号码：08753878567
开票日期：2015 年 12 月 31 日
检验码：09778 23435 98999 43279

购买方	名称：四川益发五金有限公司		密码区	略
	纳税人识别号：略			
	地址、电话：略			
	开户行及账号：略			

项目名称	规格型号	单位	数量	单价	金额	税率	税额
供电*电力产品		度	3934.88	0.93	3659.44	略	略
价税合计（大写）	叁仟陆佰伍拾玖元肆角肆分				小写¥3659.44		

销售方	名称：四川省成都供电局		备注	（四川省成都供电局 9776XXXXXX 发票专用章）
	纳税人识别号：略			
	地址、电话：略			
	开户行及账号：略			

收款人：李力　　　　复核：吴芳　　　　开票人：张强

12 月记 75　原始凭证

业务凭证 13-21

用电分配表

2015 年 12 月 31 日

使用单位	用电量	单价（元/度）	分配金额
槽车车间	1 376.78	0.93	1 280.41
低温储罐车间	1 578.8	0.93	1 468.28
综合部门	979.3	0.93	910.75
合计	3 934.88	0.93	3 659.44

12 月记 75　原始凭证

业务凭证 13-22

产品出库单

用途：销售　　　　2015 年 12 月 31 日　　　　NO:1004034

类别	编号	名称及规格	计量单位	数量	单位成本	总成本	备注
产成品		20 立方低温储罐类	个	10			北京普莱克斯实用气体

制表：王开　　　保管：李明　　　会计：马小龙　　　经手人：王开

12 月记 75　原始凭证

业务凭证 13-23

客户签收单

商品名称	规格型号	数量	单位	出库日期	合同号	售后服务承诺备注
低温储罐	20立方米	10	个	2015.12.31	销2015093	有质量问题包退换

供货方：四川益发五金有限公司	购货方：北京普莱克斯实用气体有限公司
经办人：林小强	经检验以上产品与合同一致，验收合格
	经办人：吴 军
2016年1月8日	2016年1月8日

12月记75　原始凭证

业务凭证 13-24

增值税电子普通发票

发票代码：02399024687689
发票号码：89876764379
开票日期：2016年1月4日
检验码：09778 98768 98999 46469

购买方	名称：北京普莱克斯实用气体有限公司		密码区	略
	纳税人识别号：略			
	地址、电话：略			
	开户行及账号：略			

项目名称	规格型号	单位	数量	单价	金额	税率	税额
贮罐	20立方米	个	10	88034.18	880341.88	17%	149658.12

价税合计（大写）			小写¥1030000.00	
销售方	名称：四川益发五金有限公司		备注	目的地交货
	纳税人识别号：略			
	地址、电话：略			
	开户行及账号：略			

收款人：陈安安　　　　复核：彭程　　　　开票人：李伟

12月记75　原始凭证

业务凭证 13-25

增值税电子普通发票

发票代码：0239900687689
发票号码：08987678877
开票日期：2015 年 12 月 30 日
检验码：09778 98768 98999 46799

购买方	名称：北京普莱克斯实用气体有限公司			密码区	略		
	纳税人识别号：略						
	地址、电话：略						
	开户行及账号：略						
项目名称	规格型号	单位	数量	单价	金额	税率	税额
贮罐零件	30*23mm	个	20	256.41	5128.21	17%	871.79
价税合计（大写）					小写¥6000.00		
销售方	名称：四川益发五金有限公司			备注			
	纳税人识别号：略						
	地址、电话：略						
	开户行及账号：略						

收款人：陈安安　　　　复核：彭程　　　　开票人：李伟

12 月记 75　原始凭证

业务凭证 13-26

中国工商银行 B 支行(8500 户)12 月对账单

日期	银行	结算号	支出（贷方）	存入（借方）	余额
20×51201	银行存款-工行	现金支票-00124583	—	10 000.00	900 824.51
20×51201	银行存款-工行	现金支票-00124584	—	15 000.00	885 824.51
20×51201	银行存款-工行	现金支票-00124585		5 000.00	880 824.51
20×51203	银行存款-工行	电汇	1 221 231.90	—	2 102 056.41
20×51203	银行存款-工行	电汇	93 000.00		2 195 056.41
20×51211	银行存款-工行	转账支票-00066437	460 000.00		2 655 056.41
20×51211	银行存款-工行	转账支票-00066437	—	242 963.36	2 412 093.05
20×51212	银行存款-工行	转账支票-00066438		6 240.00	2 405 853.05
20×51212	银行存款-工行	转账支票-00066438		2 180.00	2 403 673.05
20×51212	银行存款-工行	转账支票-00066438		180.00	2 403 493.05
20×51212	银行存款-工行	电汇		3 883.00	2 399 610.05

(续表)

日期	银行	结算号	支出(贷方)	存入(借方)	余额
20×51215	银行存款-工行	委托收款	—	7 000.00	2 392 610.05
20×51215	银行存款-工行	委托收款		2 380.00	2 390 230.05
20×51220	银行存款-工行	转账支票-0066438	—	5 792.00	2 384 438.05
20×51220	银行存款-工行	转账支票-0066438		2 000.00	2 382 438.05
20×51221	银行存款-工行	转账支票-0066439		3 120.00	2 379 318.05
20×51221	银行存款-工行	转账支票-0066439	—	5 847.00	2 373 471.05
20×51222	银行存款-工行	委托收款	—	4 263.00	2 369 208.05
20×51222	银行存款-工行	委托收款		1 032.21	2 368 175.84
20×51223	银行存款-工行	转账支票-0066440		2 052.80	2 366 123.04
20×51223	银行存款-工行	转账支票-0066440	—	641.05	2 365 481.99
20×51224	银行存款-工行	电汇	—	4 234.20	2 361 247.79
20×51224	银行存款-工行	电汇		1 960.00	2 359 287.79
20×51225	银行存款-工行	电汇		44 404.64	2 314 883.15
20×51225	银行存款-工行	电汇		2 325.89	2 312 557.26
20×51225	银行存款-工行	转账支票-0066441		13 420.00	2 299 137.26
20×51225	银行存款-工行	转账支票-0066441		12 750.00	2 286 387.26
20×51226	银行存款-工行	转账支票-0066442		6 800.00	2 279 587.26
20×51226	银行存款-工行	转账支票-0066442		4 442.51	2 275 144.75
20×51227	银行存款-工行	委托收款	—	5 200.00	2 269 944.75
20×51227	银行存款-工行	委托收款	3 708.92	—	2 273 653.67
20×51227	银行存款-工行	电汇	—	1 500.00	2 272 153.67
20×51227	银行存款-工行	电汇	—	7 870.00	2 264 283.67
20×51228	银行存款-工行	电汇	—	2 000.00	2 262 283.67
20×51228	银行存款-工行	委托收款		444.05	2 261 839.62
20×51229	银行存款-工行	委托收款		550.00	2 261 289.62
20×51230	银行存款-工行	转账支票-0066443	—	1 967.00	2 259 322.62
20×51230	银行存款-工行	转账支票-0066444	—	30 023.17	2 229 299.45
20×51230	银行存款-工行	转账支票-0066445		600 000.00	1 629 299.45
20×51231	银行存款-工行	转账支票-0066447	—	7 267.12	1 622 032.33
20×51231	银行存款-工行	电汇	—	3 119.40	1 618 912.93
20×51231	银行存款-工行	电汇		1 400.77	1 617 512.16
20×51231	银行存款-工行	委托收款	—	1 280.00	1 616 232.16

(续表)

日期	银行	结算号	支出(贷方)	存入(借方)	余额
20×51231	银行存款-工行	委托收款	—	17 026.00	1 599 206.16
20×51231	银行存款-工行	委托收款	1 700.00	—	1 600 906.16
20×51231	银行存款-工行	转账支票-0066447	—	100 000.00	1 500 906.16
20×51231	银行存款-工行	转账支票-0066447	—	10 996.06	1 489 910.10
20×51231	银行存款-工行	电汇	—	15 000.00	1 474 910.10
20×51231	银行存款-工行	电汇	—	79 249.02	1 395 661.08
20×51231	银行存款-工行	电汇	—	338.00	1 395 323.08
20×51231	银行存款-工行	委托收款	—	41 451.00	1 353 872.08
20×51231	银行存款-工行	委托收款	—	290.00	1 353 582.08
20×51231	银行存款-工行	委托收款	—	55 417.31	1 298 164.77
20×51231	银行存款-工行	转账支票-0066448	—	191 281.20	1 106 883.57
20×51231	银行存款-工行	转账支票-0066449	—	12 000.00	1 094 883.57
20×512 合计	银行存款-工行	本月累计	1 779 640.82	1 595 581.76	1 094 883.57

业务凭证 13-27

中国建设银行 A 支行(6532 户)12 月对账单

日期	银行	结算号	支出(贷方)	存入(借方)	余额
20×51231	银行存款-建行	银行划转	0.00	0.06	15.83
20×512 合计	银行存款-工行	本月累计	—	0.06	15.83

业务凭证 13-28

中国银行 C 支行(7689 户)12 月对账单

日期	银行	结算号	支出(贷方)	存入(借方)	余额
20×51231	银行存款-中行	银行划转	44 404.64		44 588.68
20×51231	银行存款-中行	银行划转		44 404.64	184.04
20×512 合计	银行存款-工行	本月累计	—	44 404.64	184.04